Leon L. Altman
Praxis der Traumdeutung

Übersetzt von
Dieter Becker

Suhrkamp

Titel der Originalausgabe:
The Dream in Psychoanalysis. Revised Edition
© 1975 International Universities Press, Inc.

Die Deutsche Bibliothek – CIP-Einheitsaufnahme
Altman, Leon L.:
Praxis der Traumdeutung / Leon L. Altman.
Übers. von Dieter Becker. –
1. Aufl. – Frankfurt am Main : Suhrkamp, 1992
(Suhrkamp-Taschenbuch Wissenschaft ; 994)
Einheitssacht.: The dream in psychoanalysis <dt.>
ISBN 3-518-28594-7
NE: GT

suhrkamp taschenbuch wissenschaft 994
Erste Auflage 1992
© Suhrkamp Verlag Frankfurt am Main 1981
Suhrkamp Taschenbuch Verlag
Alle Rechte vorbehalten, insbesondere das
des öffentlichen Vortrags, der Übertragung
durch Rundfunk und Fernsehen
sowie der Übersetzung, auch einzelner Teile.
Satz und Druck: Wagner GmbH, Nördlingen
Printed in Germany
Umschlag nach Entwürfen von
Willy Fleckhaus und Rolf Staudt

1 2 3 4 5 6 – 97 96 95 94 93 92

Inhalt

Vorwort des Übersetzers 7
Danksagung 9
Einleitung 11

Teil I
Theoretische Betrachtung

1 Zusammenfassender Überblick über die
Traumtheorie 17
Traumquellen 18
Traumarbeit 19
Symbole 28
Darstellbarkeit des Traumes 36
Sekundäre Bearbeitung 38
Strukturtheorie 39

Teil II
Der Traum in der klinischen Praxis

2 Vorbemerkungen 47
3 Initialträume 55
4 Widerstand im Traum 65
5 Der Traum als Widerstand 84
6 Übertragung im Traum 92
7 Angst und Traum 119
8 Aggression im Traum 137
9 Traum und infantile Sexualität 159
10 Homosexuelle Libido im Traum 180
11 Ödipaler Konflikt im Traum 197
12 Adaptatives Ich und Über-Ich im Traum 218
13 Gegenübertragung im Traum 239

Bibliographie 249
Register 256

Vorwort des Übersetzers

Zur Übersetzung dieses Buches wurde ich angeregt, als ich für den Unterricht einen geeigneten Text suchte, der zusammengefaßt und doch vollständig das heutige psychoanalytische Wissen über die Traumlehre darstellt. Dafür schien mir die Einleitung besonders geeignet. Sich mit dem Traum zu befassen, lohnt nicht nur im Hinblick auf die therapeutische Arbeit; darüber hinaus können am Traum bestimmte metapsychologische Begriffe, wie Primär- und Sekundärprozeß, Verdichtung und Verschiebung lebendig veranschaulicht werden.

Schließlich habe ich mich entschlossen, das ganze Buch zu übersetzen. Es ist eine eindrucksvolle Ergänzung zu *Freuds Die Traumdeutung;* es zeigt, wie der Wandel der psychoanalytischen Theorie, insbesondere die Entwicklung der Ich-Psychologie, auch eine Veränderung im Umgang mit dem Traum mit sich bringt, der nicht mehr nur als Botschaft des Unbewußten behandelt wird, sondern zum intra- und interpersonellen Dialog in der Analyse führt. *Freud* hat nie eine umfassende metapsychologische Ergänzung zur Traumlehre vorgenommen. In *Altmans* Buch ist dies geschehen. Ich hoffe, daß der Leser sich genauso wie ich davon beeindrucken läßt, wie der Traum im Sinne der Ich-Psychologie mit all ihren therapeutischen Implikationen verstanden und gehandhabt werden kann.

Das Buch zeichnet sich durch äußerst anschauliche Darstellungen von Behandlungssituationen und -verläufen aus. Ich habe mich bemüht, die Lebendigkeit von *Altmans* Sprache ins Deutsche zu übertragen. An einigen Stellen, an denen der Originaltext sprachliche Feinheiten aufweist, für die es in der deutschen Sprache keine Entsprechungen gibt, habe ich in Fußnoten Erklärungen gegeben.

Bei der Fertigstellung der deutschen Ausgabe habe ich viel

freundliche Hilfe erfahren, für die ich mich an dieser Stelle bedanke. Herr Claus Simon hat mir mit seinen ausgezeichneten Kenntnissen der amerikanischen Umgangssprache bei der Übersetzung schwieriger Stellen sein Wissen zur Verfügung gestellt und mir dabei sehr geholfen; meine Frau hat die Adaptation des Literaturverzeichnisses vorgenommen, das Register hergestellt und mich mit viel Geduld bei der Überarbeitung und Korrektur des deutschen Textes unterstützt; schließlich danke ich meinen Kindern, die Verständnis dafür zeigten, daß ich so viele Stunden der Übersetzung widmete und wenig Zeit für sie hatte.

Danksagung

Meine Ausbildungskandidaten gaben die Anregung zu diesem Buch; meine Patienten ermöglichten es.
Ich will meine tiefste Anerkennung und Dank aussprechen:
Dr. Silvia Brody und Dr. Sidney Axelrad für ihren wertvollen Rat; Dr. Elise Snyder für ihre kritischen Bemerkungen und organisatorische Hilfe beim Zustandekommen des Buches; Miß Liselotte Bendix, Bibliothekarin am New Yorker Psychoanalytischen Institut, die mir bei der Literatursuche zahlreiche Freundlichkeiten erwies; Dr. Mark Kanzer für sein Interesse am und die fachkundige Durchsicht des Manuskripts – er bewahrte mich vor einer Anzahl peinlicher Unterlassungs- und Begehungssünden und machte wertvolle Vorschläge; Dr. Charles Fisher scheute weder Zeit noch Mühe, mir mit Sachverstand die wesentlichen Grundlagen der Traumphysiologie beizubringen, ging das Manuskript durch, machte wichtige Verbesserungsvorschläge und machte mir in jeder Beziehung Mut; Dr. Otto Isakower, obwohl nicht verantwortlich für den Inhalt des Buches, *ist* verantwortlich, denn er wies mich auf die innere Einstellung hin, die wir dem Traum entgegenbringen müssen, um ihn unseren Patienten nahezubringen – ich bin ihm besonders für die unschätzbaren Ratschläge verbunden, die er mir nach Durchsicht des Manuskriptes gemacht hat; Mrs. Janet K. Schneider für die gewissenhafte editorische Hilfe und das sorgfältige Durchgehen des Manuskriptes während seiner Entstehung und ihr Gespür für den passenden Stil. Ich danke meiner Frau, die mit dem Buch von Anfang bis Ende gelebt hat, provokative Fragen stellte, auf zahlreichen Verbesserungen bestand, es auf der Erde festhielt, wenn ich es auf den Mond schießen wollte, und ihm das Leben rettete, wenn ich glaubte, es müsse zu Grabe getragen werden.

Einleitung

Ursprünglich hielten alle Analytiker wie *Freud* die Traumdeutung für die »Via regia zur Kenntnis des Unbewußten im Seelenleben«. Heute hört man von verschiedenen Seiten, im Lauf der Zeit hätte die Behandlungstechnik den Stellenwert der klinischen Anwendung des Traumes verändert. Der Traum scheint außer Gebrauch gekommen zu sein. Eine ganze Reihe angesehener Analytiker betrachtet ihn als klinisches Hilfsmittel. Ich teile diese Meinung nicht. Ich sehe den Traum als wesentlichen Beitrag zur Erforschung des Unbewußten an. Ich glaube, eine Analyse ohne Einbeziehung der Träume ist oberflächlich und unvollständig.

Die Betonung der Ich-Psychologie mag dazu beigetragen haben, daß das Interesse am Traum nachgelassen hat. Als vor Jahren das Interesse noch stärker auf dem Es lag, stand auch der Traum mehr im Mittelpunkt. Die neuen theoretischen Formulierungen der Adaptation, Identität, psychischen Energie usw. haben die starke Betonung vom Es abgezogen. Vielleicht hat der Rückgang des Interesses am Es zu einem geringeren Interesse am Traum geführt und dazu beigetragen, ihm eine sekundäre Bedeutung zuzuweisen. Parallel zur Entwicklung der Ich-Psychologie haben die Lehranalysen bei den jungen Analytikern nicht die Überzeugung zu wecken vermocht, die nur durch die eigene Erfahrung mit Träumen entstehen kann. Keine Lehrveranstaltung kann diese Erfahrung ersetzen, die so wesentlich für das Verständnis der Bedeutung des Traumes in der Psychoanalyse ist.

Kollegen an den Ausbildungsinstituten in den USA und meine eigene Erfahrung bestätigen, daß viele junge Analytiker nicht wissen, was sie mit einem Traum anfangen sollen. Sie betrachten ihn eher als etwas Nebensächliches. Obwohl Ausbildungskandidaten und junge Analytiker die Träume aus der Sprache des Unbewußten in Worte übersetzen können, wissen sie doch nicht, wie sie die Träume mit den übrigen Problemen des Patienten in Verbindung bringen können. Unsere theoretische und klinische Ausbildung läßt etwas Wichtiges aus. Mein Hauptziel ist es, diesen Mangel auszugleichen und die Supervisionen zu ergänzen, indem ich die Umgangsweise eines Analytikers mit Träumen darstelle. Außerdem will ich Interesse und Begeisterung für den Traum wiedererwecken sowie Möglichkeiten und Grenzen seiner Bedeutung in der analytischen Behandlung erneut bestätigen und dem Lernenden helfen, seine Erfahrungen durch die meinigen zu vervollständigen.

Dieses Buch baut auf *Freuds* Traumlehre auf, setzt die Kenntnis der psychoanalytischen Methode und Theorie voraus und ist für Leser mit analytischer Ausbildung bestimmt. Es sollte in Verbindung mit *Freuds* Arbeiten zum Traum[1], insbesondere der *Traumdeutung* (1900 a) gelesen werden. Meines Erachtens wird es optimal all denjenigen von Nutzen sein, die sich mit Träumen, seien es die von Patienten oder die eigenen, beschäftigen.

Die psychoanalytische Traumtheorie ging immer Hand in Hand mit der klinischen Arbeit. Fortschritte des klinischen Verständnisses haben immer auch das theoretische Wissen ergänzt. Das eine ist nicht vom anderen zu trennen. Im ersten Teil des Buches gebe ich daher eine Zusammenfassung der Traumtheorie; im zweiten Teil stelle ich ausführlicher die praktische Verwendung des Traumes in der klinischen Arbeit dar.

Die Überschriften der Kapitel im zweiten Teil dürfen nicht mißverstanden werden. Träume können nicht wie Ware kategorisiert werden. Würde man sie sortieren und in Schubladen verpacken, würde man sie der Lebendigkeit berauben. Nur sehr wenige Träume eignen sich für Lehrzwecke; d. h., daß sich ihr Inhalt auf das Thema der Untersuchung beschränkt. Oft fiel mir die Entscheidung

1 S. Bibliographie »Basislektüre«.

schwer, ob ein bestimmter Traum mehr unter den einen oder anderen Gesichtspunkt paßt. Obwohl die Einteilung von Träumen in Kategorien irreführend und gezwungen sein mag, spricht das nicht gegen die Gliederung des Buches in bestimmte Kapitel. Sie erfolgte nach Schwerpunkten, die sich aus dem klinischen Zusammenhang ergaben.

Zu meinem Bedauern kommen Reichtum und Feinheit des Stundenablaufs bei der knappen Darstellung der Traumbeispiele nicht zur Geltung. Der Leser mit psychoanalytischer Erfahrung wird einwenden: »Aber so läuft das nicht bei meinen Patienten.« Natürlich nicht; auch nicht bei meinen. Aus Rücksicht auf die Lesbarkeit mußte die zwanghafte Genauigkeit der kohärenten Darstellung weichen. Der Straffung des Materials mußten zwangsläufig die subtilen Besonderheiten der Interaktion in der Psychoanalyse, die so oft unser Vorgehen beeinflussen, geopfert werden. Träume kommen nicht als ordentliche Päckchen an; genauso wenig die Assoziationen. In der Regel waten wir durch ein Meer von Weitschweifigkeit, bis wir zu des Pudels Kern gelangen. In ein paar Fällen habe ich aus längeren und komplizierteren Traumproduktionen einen Auszug vorgenommen. Aber ich habe die Träume weniger verändert als die Assoziationen, bei denen Abschweifungen die Regel sind. Abgesehen von einigen Fällen, bei denen meines Erachtens das Wechselspiel von Traum und Assoziation so lehrreich und lohnend war, daß eine Kürzung den Sinn der Analysestunde womöglich entstellt hätte, habe ich die Langatmigkeit gesichtet und gesiebt. Im großen ganzen sind Traum, Kontext, Assoziationen und Interventionen so wiedergegeben, wie sie sich abgespielt haben.

Jeder Patient, jede Situation und jeder Traum unterscheidet sich vom andern. Jede Deutung eines Traumes muß Maßarbeit sein, die sich auf die momentan optimale Erkenntnis des Analytikers stützt. Die Erfahrung muß ihn lehren, aus der Masse der Informationen und Eindrücke das Wesentliche auszuwählen. Ich wollte zeigen, wie der Analytiker bei der

Auswahl vorgeht und warum er den einen und nicht den anderen Gesichtspunkt betont.

»Interpretation« hat in der klinischen Praxis eine doppelte Bedeutung; jede dieser Bedeutungen kann als eine Stufe angesehen werden. Die Interpretation, die der Analytiker für sich selbst macht, ist eine Sache, die Interpretation, die er dem Patienten mitteilt, eine andere – sie ist das wichtigste Instrument in der Hand des Analytikers. Sie übersetzt in ihrer ersten, theoretischen Bedeutung den manifesten Trauminhalt in die latenten Gedanken. In ihrer zweiten, klinischen Bedeutung bietet sie die latenten Gedanken dem Patienten in einer Form an, die er verarbeiten kann.

In diesem Buch geht es um die zweite, die klinisch-therapeutische Interpretationsstufe und – die Kenntnis des Lesers über die erste Stufe vorausgesetzt – nur nebenbei um die Bedeutung der Träume. Es will das klinische Vorgehen nachzeichnen, wie der latente Inhalt für Patient und Analytiker in eine verständliche und nutzbringende Form gebracht werden kann, und es will erklären, wie die notwendige klinische Beurteilung vollzogen werden muß und welche Schritte zu diesem Ergebnis führen.

Ich hoffe, daß der Leser viel mehr in den Träumen finden wird als ich. Befaßt man sich nach einer gewissen Zeit wieder mit einem Traum, so kommt man zu neuen Einsichten, Verbindungen und Zusammenhängen. Das Buch soll nicht den Eindruck hinterlassen, daß ich unter Psychoanalyse ausschließlich das Arbeiten mit Träumen verstehe. Nichts liegt mir ferner.

Teil I
Theoretische Betrachtung

I Zusammenfassender Überblick
über die Traumtheorie

Freud entdeckte die Bedeutung des Traumes schon zehn Jahre vor Erscheinen der *Traumdeutung* (1900 a). Bei der Behandlung von Frau Emmy von N. (Breuer und Freud, 1893-1895) merkte er, daß sie von sich aus ihre Träume zusammen mit anderem Material erzählte. Nachdem Freud die Übertragung, den Widerstand und die Notwendigkeit eines autonomen Ichs für die Behandlung entdeckt hatte, gab er die Hypnose auf. Anders als die freien Assoziationen und die heute gebräuchliche psychoanalytische Methode führte sie nur zu Entstellungen und Komplikationen. *Freud* nahm dann den Traum zum Ausgangspunkt für die Assoziationen, die schließlich zu den unbewußten Gedanken hinter den Symptomen und Träumen führen und für sie verantwortlich sind. Zum ersten Mal wurde die Bedeutung der Träume wissenschaftlich erforscht.

Heute wissen wir, daß Schlafen gleich Träumen ist und nicht bloß ein »Zufall«. Die Erforschung des Schlafes und der Rapid Eye Movements (REM) (Fisher 1965) zeigten, daß Träumen nach neurophysiologischen Gesetzen abläuft und Traumentzug ernsthafte seelische und körperliche Folgen nach sich zieht. Die REM-Forschung beweist, daß das Träumen regelmäßig wärend des Schlafes auftritt. Die neurophysiologischen Veränderungen während der REM-Phase lassen vermuten, daß hierbei das limbische System einbezogen ist – ein Hirnabschnitt, dem die ursprünglichen Funktionen der Triebe und Affekte zugeordnet werden. Diese neurophysiologische Rückwärtsbewegung unterstützt *Freuds* Theorie, daß der Traum eine Regression zu ursprünglichen Kindheitsphasen sei. Wenn auch die moderne Schlafforschung die Zwangsläufigkeit, die Dauer und Beendigung des Träumens nachgewiesen hat, so sagt sie doch nichts über Traumbildung und Trauminhalt aus.

Soweit wir wissen, sind Träume Durchbrüche psychischer Aktivität. Sie strebt nach sensorischer Abfuhr, da im Schlaf die motorische Aktivität blockiert ist. Zusätzlich zur Einschränkung der Motilität setzt der Schlaf den Kontakt mit der Umwelt herab, so daß die perzeptive Funktion des Ichs – es schläft niemals völlig – mehr Energie für die inneren psychischen Vorgänge zur Verfügung hat. Sind die normalen Kontrollen des Wachzustandes und die Zensur antisozialer Impulse aufgegeben, so sind günstige Bedingungen für die Traumbildung geschaffen.

Traumquellen

Jeder Trauminhalt stammt aus Vergangenheit und Gegenwart. Aus der weit zurückliegenden Vergangenheit stammen Erfahrungen und Erinnerungen der Kindheit sowie Triebregungen, die Befriedigung suchen. Es gibt keinen Traum ohne Triebwunsch. Obwohl dieser aus der Kindheit stammt, behält er seinen Anspruch auf Befriedigung das ganze Leben lang aufrecht. Wenn infantile Triebregungen noch nach Monaten, Jahren und Jahrzehnten im Traum nach oben kommen, stoßen sie auf angeborene oder erworbene Hemmungen und Verbote von ebenso primitivem Charakter. Wir bezeichnen den Anteil des Traumes, der sich von den Impulsen, Gefühlen und Gedanken einer früheren Lebensphase ableitet als »Tiefentraum«.

Erfahrungen des täglichen Lebens, Affekte, Hoffnungen, Phantasien, Konflikte und Enttäuschungen, bewußt oder unbewußt, gehen ebenfalls in die Traumbildung ein. Ihren Beitrag zur Traumbildung nennen wir »Oberflächentraum«. Wenn auch Träume ihren Inhalt einem alltäglichen seelischen Ereignis verdanken, so reicht der Tagesrest doch nicht aus, einen Traum zu bilden. Er kommt erst dann zustande, wenn das Tagesereignis mit einem Impuls aus der Vergangenheit zusammentrifft, genauer: mit einem infantilen Wunsch.

Manchmal ruft ein rezentes Erlebnis ein vergangenes wach, so daß es eine infantile Triebbefriedigung an die Oberfläche bringt, die anderenfalls weitergeschlummert hätte. Umgekehrt können weit zurückliegende Ereignisse einer gegenwärtigen Erfahrung eine Bedeutung geben, die sie eigentlich nicht hat.

Wenn wir die Eigenschaften seelischer Vorgänge im Hinblick auf das Bewußtsein untersuchen, gehört der Trauminhalt zu qualitativ unterschiedlichen Zuständen des Bewußtseinsgrades und der verschiedenen Lebensperioden. Vom theoretischen Standpunkt aus verstehen wir unter Traum Verschiedenes: manifester Traum, latente Traumgedanken und Traumarbeit. Was der Patient als Traum erinnert und berichtet, ist der manifeste Traum. Er ist eine verborgene Botschaft, die dechiffriert werden muß. Hinter dem manifesten Traum verbergen sich Gedanken und Gefühle, die z. T. zur Gegenwart, z. T. zur Vergangenheit gehören; einige sind vorbewußt, andere unbewußt. Man nennt dies den latenten Trauminhalt. Obwohl wir uns für den manifesten Traum interessieren, sind die ihn hervorbringenden latenten Gedanken wichtiger. Genauso befassen wir uns mit der Art und Weise, wie sich die latenten Traumgedanken in Bilder umsetzen, die dann als Traum erinnert werden. Der Vorgang dieser Umsetzung heißt Traumarbeit; in ihr sah *Freud* den entscheidenden Teil des Traumes.

Traumarbeit

Das faszinierendste Merkmal des manifesten Traumes ist die offensichtliche Gleichgültigkeit gegenüber Realität, Logik und Zusammenhängen. Das Geschlecht ist unbestimmt, physischer Angriff und Gewalt sind nicht mehr von erotischer Leidenschaft zu trennen, Lust verschmilzt mit Schmerz, Anziehung mit Zurückweisung, Schreck mit Faszination und Verurteilung mit Billigung. Obwohl der Traum völlig verrückt erscheint, hat er doch Methode.

Wenn wir im Schlaf regredieren, tun wir das nicht nur in zeitlichem, sondern auch in funktionalem Sinn. Die Regression erfolgt teilweise auf eine primitive archaische Stufe seelischer Funktionsweisen, die für die früheste Seelentätigkeit typisch ist, d. h. zum Primärprozeß. Darunter verstehen wir die diffuse, unmittelbare und unkontrollierte Erregungsabfuhr. Der Primärprozeß drängt zu unmittelbarer Befriedigung und verträgt nicht den geringsten Aufschub. Er springt von einem Gedanken oder Bild zum anderen und läßt rationale Überlegungen außer acht; er gleicht mehr einem Energiefluß als dem Denken. Die Traumarbeit operiert nach den Prinzipien des Primärprozesses. Das erklärt weitgehend die bizarre Beschaffenheit des manifesten Traumes. Die Mobilität der psychischen Energie beim Primärprozeß und ihre unerbittliche Forderung nach unmittelbarer Entladung erklären die Mechanismen der Verdichtung und Verschiebung bei der Traumarbeit.

Verdichtung

Verdichtung ist die Verschmelzung zweier oder mehrerer Gedanken oder seelischer Bilder; sie schuf den Centaur, die Meerjungfrau, die Sphinx und das ganze Heer von Mischgestalten der Mythologie. Sie bringt auch die Mischgestalten der Träume hervor. Im einfachsten Fall vereinigt eine solche Gestalt einen oder mehrere Züge einer Person mit denen einer anderen.

Meine Mutter sprach, aber nicht mit ihrer Stimme. Es klang wie meine Schwester; sie hatte das rote Haar meiner anderen Schwester und trug ein Kleid von ihr.

Aus den Assoziationen der Träumerin wurde deutlich, daß sie die Gefühle zu ihrer Mutter aufzählte und sie mit denjenigen Eigenschaften ihrer Schwester in Verbindung brachte, die sie am wenigsten mochte.
Wir haben denselben Effekt, wenn wir zwei Wörter vereinigen wie in den Neologismen von Joyce: Moansday (Stöhn-

tag), Tearsday (Tränentag), Wailsday (Wehklagetag), Thumpsday (Schlagtag), Frightsday (Schrecktag), Shatterday (Schmettertag), um nur ein Beispiel zu nennen; oder wenn wir ein Wort mit einem Gefühlston unterlegen wie Churchill, wenn er Nazi so ähnlich wie nasty (schmutzig) aussprach. Tatsächlich sind Neologismen in Träumen etwas Vertrautes.

Die primärprozeßhafte Umwandlung der Besetzung gibt den Anstoß, verwandte Begriffe zu einem einzigen zusammenzuziehen. Eine einzelne Repräsentanz hat dann mehrere Bedeutungen. Wenn wir durch die freie Assoziation die Verdichtung aufheben und die Bedeutungen, die sie in einem einzigen Begriff hatten, wiederherstellen, fördern wir eine lange Gedankenkette zutage. Z. B. in diesem Traum:

Eine Lehrerin sitzt im Klassenzimmer am Pult. Sie spricht rumänisch.

Für den Träumer war der entscheidende Gedanke des Traumes die rumänische Sprache. Seine Mutter sprach rumänisch. Er hörte sie gerne in dieser exotischen Sprache reden. Der Analytiker sollte mit ihm sprechen, damit er die Worte einsaugen und sich gesättigt fühlen konnte. In seiner Phantasie war die Psychoanalyse ein Füttern. Rumänisch war eine geheime Liebessprache. Ohne die Assozationen zum Rumänischen der Mutter hätten wir niemals erwarten können, in diesem so kurzen Traum eine wirkliche Liebesgeschichte verdichtet zu finden – von der Liebe des Kindes zu seiner Mutter. Das Traumelement »rumänisch sprechen« brachte das in einen einzigen Gedanken.

Die Fähigkeit der Traumarbeit zu verdichten ist enorm. Die Analyse muß das Destillat wieder auflösen. Im Wachzustand haben wir viel weniger zu sagen; aus Angst, uns zu verraten. In unseren Träumen teilen wir mehr mit, als wir uns vorstellen. Ein Patient träumte:

Ich stand an der Tür des Klassenzimmers, niemand war drin außer dem Lehrer, der auf einen Bücherschrank deutete, in dem Kopien des »Buches der Erkenntnis« auf Lateinisch standen. Ich war überrascht, denn ich hatte noch nie von einer lateinischen Ausgabe gehört.

Wenigstens fünf Determinanten für das Bild des Lehrers im Traum wurden aufgedeckt. Der betreffende Lehrer war streng, aber freundlich. So war auch der Vater des Träumers. (Latein war die Sprache desjenigen Volkes, das Recht und Ordnung forderte.) Der wirkliche Lehrer war bei einem Autounfall umgekommen. Zur Zeit des Traumes befaßte sich der Patient mit Todesgedanken. Der wirkliche Lehrer war ein Deutscher. Der Träumer hatte einen permanenten Haß auf die Deutschen. Der Lehrer im Traum war männlich. Der Träumer war in eine Beziehung mit einer Lehrerin verwickelt und fürchtete, sie könne schwanger sein. Immer ängstlich gegenüber Frauen, hielt er sich an Männer. Sie schützten ihn vor den Frauen. So verdichtet sich in der Gestalt des Lehrers eine Fülle von Erinnerungen und Überlegungen.

Ein Auto in einer Garage; das Getriebe liegt auf der Werkbank; das Klappdach ist halb aufgerichtet.

Dieser kurze Traum brachte die folgenden Assoziationen zutage. Der Träumer fühlte sich in der Analyse bloßgestellt, als sei sein Inneres nach außen gekehrt (auf der Werkbank). Er klagte über Potenz- und Erektionsschwierigkeiten. (Halb aufgerichtetes Klappdach.) Sein Vater war ein Autonarr, kannte sich in der Mechanik aus und zog oft den Patienten zu Hilfeleistungen hinzu. Der Patient hatte in der Garage masturbiert. Er liebte die Garage, weil er hier spielte; er haßte sie, weil er seinem Vater helfen und die eigenen Interessen zurückstellen mußte.

Die Verdichtung bewirkt eine wahnsinnige Einsparung an Zeit und Energie. Das Einsparen an Aufwand führt zu Lust. Das illustriert ein Patient, der wußte, daß sein Analytiker einen Humber fuhr. Er berichtete diesen Traum:

Ich fuhr rund und rund um den Block, in dem Ihre Praxis liegt. Plötzlich merkte ich, daß mein Wagen ein Singer war. Ich begann zu lachen und konnte nicht mehr aufhören. Lachend wachte ich auf.

Es blieb dem Analytiker überlassen zu erklären, warum der Patient lachte.[1]

Verschiebung

Neben der Verdichtung ist die Verschiebung der zweite wesentliche Vorgang der Traumarbeit. Sie ist das Ergebnis einer schnellen Verschiebung der Energie von einem Gedanken oder Bild zum andern, wie es für den Primärprozeß charakteristisch ist. Die beiden Mechanismen sind eng miteinander verwandt und verantwortlich für einen großen Teil der Traumentstellung. Während Verdichtung die latenten Gedanken durch Verschmelzen oder Vereinigen verstellt, verlagert die Verschiebung die Betonung oder Wertigkeit. Die Verschiebung kann tausenderlei Formen annehmen. Die Verwandlung kann Menschen, Orte, Gegenstände, Handlungen oder Affekte betreffen. Eine Patientin, die durch die Rivalität mit ihrem Bruder um die Liebe der Eltern irritiert war, träumte:

Ich stand an einem bestimmten Platz in einem bestimmten Haus. In diesem Haus lebten wir, als mein Bruder geboren wurde. Ich stand an der Stelle, die mein Spielplatz war. Ich sah einen Ball vor mir liegen und gab ihm einen Tritt.

Tags zuvor hatte sie mit einem Mann gesprochen, der Ähnlichkeit mit ihrem Bruder hatte. Sie war mit einem

1 Der für deutsche Verhältnisse unverständliche Traum bedarf einer Erläuterung, die zugleich demonstriert, was Verdichtung bedeutet: Humber ist der Name eines in England hergestellten ziemlich teuren und vornehmen Wagens der Oberklasse. Der Singer wurde ebenfalls in England fabriziert, war aber viel bescheidener und entsprach etwa dem Volkswagen. Es gibt also einen deutlichen Unterschied zwischen ihnen. Nun kann »Humber« aber mit stummem »b« ausgesprochen werden, so daß es wie »hummer« (Summer) klingt. Jetzt ergibt sich ein Gegensatz zwischen »Summer« und »Singer«. Somit sagt der Träumer in der Traumsprache: »Mein lieber Analytiker, du kannst deinen tollen Humber fahren, während ich meinen mickrigen Singer kutschiere, *aber* ein Sänger ist mehr als ein Summer.«

unerklärlich gereizten Gefühl nach Hause gekommen. Ohne irgendeinen Anlaß kritisierte sie in verletzender Weise ihren Mann, zog sich dann ins Bett zurück und weinte. Ihr Mann zu Hause und der Ball im Traum hatten zu leiden, was ihrem Bruder galt.

Ein Patient hatte folgenden Traum, nachdem er geäußert hatte, die Analyse abzubrechen; doch erschrak er vor den Konsequenzen.

Ich ging in ein Drugstore an der Ecke, nahe bei Ihrer Praxis. Das Geschäft schien schlecht zu gehen und sollte geschlossen werden. Hinter der Theke träumte der Verkäufer. Er schenkte mir keine Aufmerksamkeit, und ich dachte: »Der wird nicht lange bleiben«.

Der träumende Verkäufer stand für den Analytiker, der »nicht lange bleiben« wird. Das Drugstore erinnert diskret an die analytische Praxis. Die Verschiebung betraf Ort und Person.

Der folgende Traum zeigt eine doppelte Verschiebung:

Ich wartete mit meiner Schwägerin im Kino auf ein Mädchen. Es ist nackt, nur mit einem Fischnetz bedeckt, und es tanzt sinnlich. Ich werde zu diesem Mädchen, dann zu einer Katze. Die Katze lockt mich in ein Zimmer und will mich nicht gehen lassen.

Der Traum verschob die sexuelle Frustration der Frau auf ein tanzendes Mädchen und dann auf die Katze. Eine weitere Verschiebung war die Ersetzung der Analyse durch das Kino.

Die Verschiebung betrifft nicht nur Objekte, Menschen und Orte, die schafft auch eine Mehrdeutigkeit, indem sie einen Teil für das Ganze anbietet. Eine Patientin hatte folgenden Traum:

Ich betrachtete in einem Schaufenster eine Auslage von Damenwäsche. Es gab da Seidenstrümpfe, die attraktiv ausgelegt waren, wie nur Franzosen es fertigbringen. In einer Ecke war das Modell eines Beines mit einem ungewöhnlichen Stück Trikotware. Es stand abseits, und ich starrte es lange an. Es erinnerte mich an etwas, aber ich konnte nicht sagen, woran, auch nicht, warum es mich so faszinierte.

Ihre Phantasien beschäftigten sich mit Brüsten und Genitalien, aber ihr Traum bezog sich nur auf das Bein. Es ersetzte den Penis, der wiederum für die ganze Person stand. Genitalien werden häufig nach oben oder auf andere Körperzonen verschoben.

Der folgende Traum illustriert die enge Verwandtschaft zwischen Verschiebung und Verdichtung.

Ich schien im Nachbarhaus des Hauses zu sein, in dem ich geboren war. Im Fenster war Licht.

Das beiläufig gesehene Haus und Licht standen in Beziehung zur Trauer des Patienten über den Tod seines Vaters. Weder das Ereignis noch die Reaktion waren in dem indifferenten Trauminhalt enthalten. Eine solche Lücke ist charakteristisch für die Verschiebung im Traum. Die Traumarbeit hat dem Ereignis die emotionale Intensität genommen.

Eine Variante der Verschiebung ist die Umkehrung, eine besonders effektive Methode der Entstellung. Der Traum spricht von Massen, wenn er eigentlich etwas Geheimes meint. Er vervielfacht Teile des Körpers als Anspielung auf ihr Fehlen. Das zeigt beispielsweise die Absicht des Träumers gegenüber einer anderen Person:

Ich lag auf der Couch, als jemand sich mir von hinten näherte und mir auf den Kopf schlug.

Die offensichtliche Feindseligkeit des Patienten machte deutlich, wer hier schlagen wollte.

Die Traumarbeit dreht nicht nur die Handlungsrichtung und die Rollen, sondern auch die Affekte völlig um.

Auf der Straße. Niemand war da, aber ich fühlte Scham und Verlegenheit, die sich in Schreck umwandelten. Ich dachte, eine Million Augen schauten auf mich.

Die Träumerin war mit Prostitutions- und Exhibitionsphantasien beschäftigt. Der Traum ersetzte die positive Lust der sexuellen Phantasien durch die negativen Affekte von Scham und Schreck. Der Schauplatz ihrer Phantasien war stark bevölkert, die Straße im Traum betont leer.

Ein junger Mann hatte außergewöhnliche Anstrengungen unternommen, dem Wehrdienst zu entgehen. Er träumte:

Ich war in einem großen Musterungsbüro, und eine Menge Leute saßen herum. Ich hatte einen Test gemacht, ich hatte einen Bogen weißes Papier in der Hand. Ich hatte den Test nicht bestanden und schämte mich vor all den Leuten. Aber niemand schenkte mir die leiseste Beachtung. Niemand spendete mir Aufmerksamkeit.

Hier ist die Scham keine Umkehrung, sondern sie bezieht sich auf die Haltung des Patienten, der selbst ein tadelnswertes Verhalten darin erblickte. Niemand spendete ihm Aufmerksamkeit: ist das Gegenteil seiner Angst, daß jeder weiß, was er getan hat. Dieser Traum gehört in die Gruppe klassischer Träume von Nacktheit in Verbindung mit bemerkenswerter Indifferenz seitens der Zuschauer gegenüber dem Zustand des Träumers. Die Zuschauer im Traum heucheln genauso wie die jubelnden Untertanen des nackten Kaisers. Sie wissen genau, was vor sich geht, aber aus Opportunismus halten auch sie ihre Meinung zurück. Und wen anders mögen die Zuschauer im Traum repräsentieren? Sie stehen für den Träumer selbst. Zum Beispiel kann jeder Beliebige, gleichgültig welchen Geschlechts, so lange Stellvertreter des Träumers sein, wie ein Vergleich zwischen ihnen möglich ist.

Clark Gable war auf der Straße und schrie, er sah krank aus. Ich wollte ihm helfen.

Die großen Ohren stellten die Verbindung zum Träumer her. Die Phantasien des Träumers von Weltruhm und Erfolg bei Frauen erklärten Clark Gables Auftreten im Traum.

Das folgende Traumfragment zeigt das Zusammenwirken von Verdichtung und Verschiebung. Es wurde in einer

Periode positiver Übertragung berichtet, einen Tag, nachdem die Patientin den Impuls zu masturbieren unterdrückt hatte.

Ich war in einem Haus, hoch oben auf dem Berg oder in der Atmosphäre. Ich hatte einen ulkigen (jocular) Ausblick. Sogar im Traum dachte ich: das ist eine verrückte Art, sich ein Bild davon zu machen.

Der Traum brachte eine Atmosphäre von Lust und guter Absicht hervor. Sexuelle Untertöne wurden deutlich. Ulkig (jocular) ließ sie an Unterhosen (Jockey-Shorts) und Suspensorium (Jock Straps) denken. Der Ausblick war eine Verdichtung ihrer Schaulust und ihrer Gedanken über das Sexualleben. Der Wunsch, die männlichen Genitalien zu betrachten, wurde auf den harmlosen Ausblick auf die Landschaft verschoben. Die »verrückte« Vorstellung war eine geistreiche Ersetzung ihrer Neugierde an den männlichen Genitalien, die sie bewunderte und verlachte. Zugleich schützte sie sich selbst, indem sie einen erhabenen Ausblick bezog und sich über ihre Wünsche amüsierte.

Ein maßlos narzißtischer Mann, der meisterhaft Frauen ausnutzte und fallen ließ, sah sich einer klebrigen Frau konfrontiert, die aus ihren eigenen Schwierigkeiten heraus den Wunsch hatte, ihn zu heiraten. Aus entsprechend zwingenden Gründen war er entschlossen, sich ihrem Begehren zu widersetzen. In einem seiner Träume wurde das zugrundeliegende Problem allmählich von oben nach unten verschoben.

Ich hatte die Analysestunde. Ich wiederholte dauernd: Ich will nicht heiraten, ich will nicht heiraten. Ich ging und wollte unten meinen Wagen suchen. Nirgends war er zu sehen. Ich schaute überall, konnte ihn aber nicht finden. Dann sah ich ein hinreißendes Mädchen von mir weggehen. Ich mußte ihm folgen. Dann war ich in einem Appartement und untersuchte auf meinen Knien den Teppich. Ich wollte einen anderen haben und schnitt ein Muster heraus. Ich bat das Mädchen, das im Zimmer und zugleich in einer entfernten Stadt war, mir beim Kauf eines neuen Teppichs zu helfen.

Dann legten zwei Männer ihre Arme um mich und wollten mich küssen.

»Nicht heiraten« erscheint zuerst als Rede, dann als Verlust des Wagens (in diesem Fall Symbol der Frau), dann, indem er einem anderen Mädchen folgte. Das erklärt sich dann durch den Neukauf des Teppichs (als Symbol der Frau) und indem er ein Mädchen rief, das hier und weg war. Schließlich zeigte der Traum durch die Anspielung auf die Homosexualität die tiefste Schicht seiner Abneigung gegen das Heiraten.

Symbole

Die Mechanismen der Traumarbeit sind Verdichtung und Verschiebung. Zu ihnen gesellt sich die Symbolisierung und entstellt die latenten Traumgedanken noch mehr. Symbole sind eine universelle Sprache. Sie verbinden Gedanken miteinander, die irgend etwas gemeinsam haben, obwohl ihre Verwandtschaft nicht immer leicht zu erkennen ist. Symbole sind Primärvorstellungen, von denen sie ihre Bedeutung bekommen. Die Beziehung wird nicht durch das vernünftige Denken des Erwachsenen hergestellt, sondern durch das infantile unbewußte Denken, das typischerweise Objekte, die eine gewisse Ähnlichkeit aufweisen, gleichsetzt. Die Interessen des Kindes sind eingeschränkt und beziehen sich auf das Körperliche; damit gewinnt das Konkrete Vorrang vor dem Abstrakten. Die Symbolsprache benutzt die elementaren Mittel der Begriffsbildung, wie sie für das Kind typisch sind, sieht man von Geisteskranken und bestimmten Künstlern ab; dem Erwachsenen sind sie fremd. Da der Mensch die infantile Denkweise, deren Überreste das Symbol ist, vergessen hat, kann er nicht mehr die Verbindung zwischen Symbol und seinem Ursprung sehen. Schlaf und Traum als zeitlich begrenzte Regression bringen eine Regression der Wahrnehmung und Begriffe zustande, die zur Symbolbildung und -sprache führen.

Durch die ganze Geistesgeschichte werden in der Literatur, Kunst, Folklore, Mythologie und dem Alltag Symbolisierungen benutzt und als Kommunikationsmittel akzeptiert. Merkwürdigerweise wird die Verwendung der Symbolisierung in der Traumdeutung oft als willkürlich angesehen. Der Verdacht liegt nahe, daß für diese Zurückweisung irrationale Gründe verantwortlich sind.

Jeder Träumer gebraucht aus einer riesigen Fülle bestimmte ausgewählte Symbole und benutzt sie sehr regelmäßig und beständig, so daß man von einem seelischen Fingerabdruck sprechen kann.[2]

Aufgrund typischer Symbolbilder kann der erfahrene Analytiker manchmal den Traum aus dem manifesten Inhalt übersetzen. Trotzdem, in einer lege artis durchgeführten Analyse ist die Deutung der Symbole ohne Kenntnis des Träumers und seiner augenblicklichen Lebensumstände ein wirkungsloses Unterfangen. Mag auch ein eindeutiges Symbol vorliegen, so kann der Traum nur mit Hilfe der Assoziationen richtig entschlüsselt werden. Sehr selten kann ein Symbol für sich allein stehen. Wir können die Symbole aber nicht vom Rest des Traumes oder vom Patienten abgetrennt betrachten.

Die Bedeutung der Symbole ist erstaunlich begrenzt. Sie beziehen sich auf die ursprünglichen und allgemeinen Interessen der Kinder; Geburt, Tod, den Körper und seine Funktionen, die Sexualorgane, Menschen, insbesondere die Familienmitglieder. Die große Diskrepanz zwischen der Vielzahl von Symbolen und den symbolisierten Gedanken (bei aller biologischer Identität erwarten wir nicht, daß ein australischer Buschmann sich wie eine Oxford-Kapazität ausdrückt) ruft zwangsläufig die Reaktion *Freuds* (1916-

---

2 Die wiederholte Verwendung desselben Symbols muß eine bestimmte Bedeutung haben, doch konnte ich bisher noch in keinem Fall nachweisen, daß sie durch persönliche Erfahrung des Patienten begründet ist. Warum benutzt jemand ein bestimmtes Symbol so konstant, daß man fast von Manieriertheit sprechen kann?

1917, S. 155) hervor: »Die Symboldeutungen sind im Gegensatz zur Mannigfaltigkeit der Traumdarstellungen sehr monoton. Das mißfällt jedem, der davon erfährt; aber was ist dagegen zu tun?«

Wer sich mit Träumen beschäftigt, muß sich mit den Symbolen vertraut machen. Um eine langweilige Aufzählung zu vermeiden, will ich mich auf die häufigsten beschränken. Das klinische Material wird noch weitere bringen.

Das Interesse des Menschen daran, wie er die Welt betritt und verläßt, spiegelt sich in einer großen Zahl von Symbolen über Geburt und Tod. Wasser, insbesondere Eintauchen, bedeutet immer Schwangerschaft und Geburt. Gleichzeitig hat Wasser und alles, was fließt, eine orale Bedeutung und ist unmittelbar mit Phantasien und Erlebnissen des Urinierens verbunden. Die Heimsuchung durch Würmer und Insekten bedeutet Samen und Schwängerung. Schlaf, Schweigen, in die Erde steigen, an Größe verlieren, reisen (besonders westwärts) und in einer Nebelhülle verschwinden sind alles symbolische Varianten des Todes.

Die Griechen nahmen die Proportionen des menschlichen Körpers zur Grundlage ihrer Architektur. Im Traum wird die Anatomie des Menschen durch Gebäude mit Fenstern und Türen, die den Körperöffnungen entsprechen, dargestellt. Körperteile und -zonen entlehnen ihre Symbolisierung der Natur: Landschaften, Berge, Hügel, Täler, Wälder und blühende Gärten kommen oft vor. Höhlen erinnern an Körperhöhlen; Simse und Überhänge in Architektur und Natur, ebenso Schwestern und Früchte, stehen für Brüste. Alle Gegenstände mit Spalten oder solche, in die man eindringen kann, symbolisieren die weiblichen Genitalien. Das Hufeisen stellt ihre Form, Juwelen ihren Wert dar. Muscheln und der Mund sprechen für sich. Öfen und Schränke bedeuten mehr den Uterus als die Vagina. Gehölz und Unterwäsche stehen für die Genitalien ganz allgemein. Treppen, Leitern, Flure und Tunnels kommen im Traum oft für die weiblichen Genitalien vor. Sind sie rot gefärbt, wird ihre Bedeutung eindeutig. Auch die Straße ist ein sexuelles Symbol – der Ort des Verkehrs mit Frauen. Ein Patient träumte, er stehe an der Straße und sehe eine Kolonne Lastwagen vorbeifahren. Auf den Lastwagen standen Fässer, auf welche die Zahl »O« gemalt war. Dieser Mann war vom Problem einer zwanghaften Promiskuität bedrängt und konnte sich nicht von dem Gedanken freimachen, jede Frau, der er auf der Straße begegnete, mit ins Bett zu nehmen. Der Traum fiel ihm ein, nachdem er die *Geschichte der O.* gelesen hatte.

Lewin (1948 a) hat auf die Bedeutung des »Nichts« aufmerksam gemacht, das so viel wie Vagina heißt. Eine verheiratete Frau begann fast jede Analysestunde mit der Bemerkung »Ich weiß nichts zu sagen«, bevor sie zu den Tagesereignissen überging, die gewöhnlich in einer Herabsetzung von Männern – besonders ihres Ehemannes – und ihrer Vorstellung bestand, es ginge ihr ohne Männer besser.[3]

Anspielungen auf die Farbe rot können die Menstruation darstellen. Dieselbe Bedeutung kann auch, wie ich festgestellt habe, »herunterfallen« (falling off) haben, ein Ausdruck, den Mädchen manchmal benutzen. Eine Frau, die auf ihre Periode wartete, träumte, daß sie auf ein Gebäude klettere, über die Dachkante guckte und Angst hatte, herunterzufallen. Manchmal ist es schwer, die Symbolik und die anderen Mittel der Darstellung auseinanderzuhalten.

Blumen und Augen können die männlichen oder weiblichen Genitalien darstellen. So auch das Schiff, das im einen Fall durchs Wasser gleitet, im anderen Fall ein Behälter ist.

Der Phallus wird durch alles symbolisiert, was ihm an Form, Funktion und allgemeinen Ähnlichkeiten gleicht; z. B. durch Brücken, die zwei Körper verbinden. Alle penetrierenden, sich ausdehnenden und schrumpfenden Gegenstände dienen als Penissymbol. Aufzüge, Flugzeuge, Vögel und Projektile, Dinge, die auf und ab gehen, sind symbolisch männliche

3 Traum Seite 175: »Ich war beim Präsidenten der Vereinigten Staaten . . .«

Organe, ebenso Kameras und Instrumente, mit denen man manipulieren kann. Der Mann, der vom Auto träumte, dessen Teile auf der Werkbank lagen und dessen Klappdach halb aufgerichtet war, war mit seiner Potenz beschäftigt.[4] Ein besser verstecktes Äquivalent ist die Zahl »drei«, die, abgesehen vom Traum, weltweit in Form des Triskelion, der Bourbonenlilie oder des Dreifußes zu finden ist.

Eine enge symbolische Beziehung besteht zwischen dem Phallus und Tieren – von der Ratte bis zum Elefanten. Schlangen sind uralte und geläufige Symbole. Daraus verstehen wir, warum Seile und Schläuche plumpe Anspielungen auf den Penis sind. Eine Frau, deren Penisneid typisch für ihre Charakterstörung war, träumte:

. . . ein kleiner Junge hatte einen Fuchs in der Hand. Es war ein kleines, keckes Tier mit roter Nase, mehr ein Spielzeug, aber es konnte beißen. Plötzlich kam es aus der Tasche heraus, zog sich wieder zurück und kam aus dem Hosenschlitz heraus.

Der kleine Mann, durch den Zwerg dargestellt, alles Mysteriöse und Magische, wie Amulette und Zauberei, sogar der Teufel, sind im Traum Substitute für den Penis. Männliche Kleidung, besonders Umhänge und Krawatten, sind gewöhnlich Phallussymbole. Dasselbe gilt auch für Kopf und Hut; Enthauptung entspricht der Kastrationsangst. Ein ziemlich geläufiger Traum (den ich nur bei Frauen gefunden habe) ist, ein Baby zu haben, das bei der Geburt schon gehen und sprechen kann. Dieses Baby muß als Penisersatz angesehen werden.

Sonne und Flamme sind Phallussymbole. Der Herd ist das weibliche Symbol, auf dem die männliche Flamme entzündet wird. Phallizität hat eine weitreichende Beziehung zu Hitze und allem, was Leidenschaft heißt. Ein Patient hatte diesen Traum, als er wegen seiner homosexuellen Gefühle die positive Übertragung abwehrte:

4 Traum Seite 22: »Ein Auto in einer Garage . . .«

Ich sitze mit meiner Frau im Hörsaal. Ein Mann hält eine Vorlesung über Hypnose. Die Luft ist plötzlich von einem merkwürdigen rosaroten Licht erfüllt. Der Hypnotiseur schaut mich an, und ich werde, gegen meinen Willen, durch die Luft zu ihm hingezogen. Ich kämpfe dagegen an, schreie und wache von diesem Alptraum auf.

Manchmal stehen Körperteile, z. B. ein vorgestreckter Arm, Bein oder Nase oder Schwanz eines Tieres für den Penis. Diese Gleichsetzung ist universell und erklärt Symptome, die medizinisch sinnlos erschienen, würde man die Symbolik ignorieren. Tatsächlich könnte dieser Abriß unendlich weitergeführt werden. Die Zahl der Dinge, die Bezug zum Phallus haben, ist in der Tat eindrucksvoll.

Zahnträume nehmen eine Sonderstellung ein. Es besteht nämlich vom rationalen Gesichtspunkt aus eine enorme Divergenz zwischen den Zähnen und der Erotik. Diese Träume weisen viele Variationen auf. Die Zähne können im Mund eigenartig angeordnet sein, sie können in großen Mengen herausgezogen werden, können von selbst ausfallen oder merkwürdigerweise schon bei Neugeborenen vorkommen. Wenn sie als Symbol im manifesten Traum auftauchen, gilt ausnahmslos, daß sie eine sexuelle Bedeutung (oft mit aggressiver Beimischung) haben. Es besteht eine Beziehung zu Masturbation, Sexualverkehr und bei Frauen zur Schwangerschaft. Zahnverlust symbolisiert Penisverlust und Angst vor Impotenz. Der Traum vom Verlust mehrerer Zähne betont die Kastrationsangst. Bei einem Patienten hatte in der Analyse die Kastrationsangst eine zentrale Bedeutung. Nachdem er masturbiert hatte, träumte er nachts:

Ich spielte mit meinem Vater Ball. Mein Vater verwandelte sich in einen Freund. Wir warfen den Ball immer heftiger hin und her. Plötzlich schwoll das Gesicht meines Freundes rot an, und er warf den Ball blitzartig auf mich. Er traf mich ins Gesicht und schlug mir drei Zähne aus.

Ein anderer Patient begleitete im Taxi zwei Mädchen nach Hause und spielte mit dem Gedanken, sie zu verführen. Als er sich schlafen legte, dachte er ans Masturbieren. Auch diesen Gedanken gab er auf und träumte:

Ich lag im Bett, als ich mich erinnerte, einen Termin bei meinem Zahnarzt zu haben. Dann fiel mir ein, daß ich ihn schon wahrgenommen hatte. Er hatte Löcher in zwei Zähne gebohrt, links oben und rechts unten. Die Löcher sollten bleiben und nicht gefüllt werden.

Gelegentlich kann es zur Verschiebung auf die Nase kommen. Ein Patient, der sich gegen den Drang zu masturbieren wehrte, weil er fürchtete, es dann nicht mehr lassen zu können, träumte:

Ich wollte gerade ein Haar aus der Nase ziehen. Ich erschrak, als ich sah, daß ein ganzes Haarbüschel herauskam.

Rhythmische Bewegungen, vom Tanzen bis zu sportlichen Spielen, symbolisieren den Sexualverkehr; ebenso das Auf- und Absteigen, Eintreten und Verschwinden, Bohnern oder Kleinerwerden. Flugträume können die Erektion symbolisieren. Gieriges sexuelles Verlangen wird oft durch Banketts oder Überfluß an Süßigkeiten dargestellt.
Autoerotische Lust wird durch allerlei spielerische oder sonstige Aktivitäten, einschließlich passiver Bewegung, dargestellt: getragen, gestoßen werden oder abstürzen. In diesem Traum mit sexueller Erregung ist eine typische Masturbationsphantasie dargestellt:

Ich ging in einen Aufzug. Ich spürte Atembeklemmung und atmete immer heftiger. Der Aufzug fuhr hoch und wurde immer schneller. Er kam zum Dach, fuhr weiter und schoß richtiggehend nach oben in die Luft.

Symbole kommen auch im Zusammenhang mit anderen körperlichen Grundbedürfnissen vor. Was gelbe Flüssigkeiten bedeuten, liegt auf der Hand. Symbolisch setzt der Traum Geld mit Kot gleich, die beide wiederum für Geschenke stehen. Ausscheidungen, dargestellt durch die Farben braun und golden, sind gewöhnlich zweideutig: wertlos oder äußerst wertvoll. Die symbolische Gleichsetzung von Kot, Penis und Baby kommt in der Symptombildung ebenso vor wie im Traum.

Infolge einer hartnäckigen Verstopfung machte ein Patient sich ein Klistier. Danach hatte er Verlangen nach sexuellem Verkehr. Nachts träumte er:

Ich fand einen riesigen Haufen von Goldmünzen, unendlich viele. Ich raffte sie fieberhaft auf. Sie schienen überall zu liegen.

Hervorragende Persönlichkeiten auf der Stufe von Göttern und Fürstlichkeiten bis zu Senatoren können als Stellvertreter der Eltern angesehen werden. Der Menschenfresser und die Hexe haben, abgesehen von der Projektion oraler Triebregungen, dieselbe symbolische Bedeutung. Ein Raum oder ein Haus können für eine Frau stehen, viele Räume für viele Frauen. Katzen sind gewöhnlich Symbole für Frauen. Die Mutter wird durch Königinnen, Hexen oder Spinnen repräsentiert. Darüber hinaus werden Frauen durch eine Fülle von Symbolen dargestellt, die mit *Material* zu tun haben: Papier, Holz, Stoff und Dingen, die daraus hergestellt werden. Das Auto steht für Männer und Frauen. Tiere symbolisieren Menschen im allgemeinen und die Eltern im besonderen. Kinder erscheinen als Würmer, Insekten oder winzige Tiere.

Ein Patient, der seine Frau in einem neuen, weniger günstigen Licht zu sehen begann, träumte:

Ich sah den Teppich auf dem Boden des Schlafzimmers. Er schien verändert: größer, am einen Ende schmutzig und verzogen. Ich sagte das einem Freund. Er erwiderte, er könne mir jederzeit einen anderen besorgen.[5]

Ein Patient, beschämt, mir schon wieder von seiner zwanghaften Promiskuität berichten zu müssen, verriet sich durch folgenden Traum:

Ich war in einer Bäckerei, einem blöden, dreckigen Laden. Ich kaufte

5 Traum Seite 27: »Ich hatte die Analysestunde . . .«

vom besten Kuchen. Dann sah ich Schokoladenkuchen mit Zitroneneis. Ich konnte nicht widerstehen. Ich naschte ein kleines Stück und wollte nicht, daß der Bäcker es sah oder Geld dafür verlangte. Ich ließ den Rest liegen und rannte weg.

Wenn wir die blöde, »dreckige Bäckerei« durch Analyse und Kuchen (cake) durch Dirne (tart)[6] ersetzen, ist die Bedeutung klar. Der Schokoladenkuchen mit Zitroneneis bedeutet die Stärke seines libidinösen Appetits.

Darstellbarkeit des Traumes

Visuelle Bilder drücken die Gedanken aus. Sie führen neben der Verschiebung, Verdichtung und Symbolbildung zur Entstellung des latenten Trauminhaltes. (Affekte werden dagegen nicht umgestaltet. Sie bleiben Affekte, auch wenn sie im manifesten Traum durch entgegengesetzte Affekte ersetzt oder überhaupt ausgelassen werden.)
Der Erfindungsreichtum des Traumes für die bildhafte Darstellung ist eindrucksvoll und mitunter lustig. Eine Patientin, die früher durch ihr äußerst verführerisches Auftreten mächtig Wind machen konnte, brachte folgenden Traum, nachdem sie ihren Mann und mich beschwindelt hatte:

Meine Katze hatte sich verirrt. Ich wußte, daß Katzen einer Schnur folgen, die am Boden entlang gezogen wird. Ich nahm deshalb ein Stück Schnur, ging hinaus, und eine lange Reihe von Katzen folgte nach. Dann reihten sich zwei lange Mäuse oder Ratten ein.

Die beiden Mäuse am Ende der Schnur waren ein Bild für den Ehemann und mich, über die sich die Patientin lustig machte.
Die bildhafte Darstellung von »weil«, »daher«, »aber«, »oder«, »wenn« erfordert grafische Erfindungsgabe. Die Beziehungen werden gewöhnlich durch Präpositionen, Kon-

6 Es handelt sich hier um ein Wortspiel, das sich nicht verdeutschen läßt. Tart heißt Törtchen und im Slang Dirne (Anmerkung des Übersetzers).

junktionen und andere sprachliche Mittel oder durch Inter-
punktionen hergestellt. Im Traum sind visuelle Darstellungs-
mittel erforderlich. Kausalbeziehungen, die gewöhnlich ausgelassen oder durch Verdichtung verkörpert werden, können
im Traum auch durch Unterteilung in zwei verschieden lange
Segmente dargestellt werden. Die Segmentfolge kann parallel
zu Ursache und Wirkung verlaufen oder umgekehrt sein. Der
Traum kann mit der Auswirkung beginnen und mit der
Ursache enden, aber in jedem Fall entspricht das längere
Segment dem Haupt-, das kürzere dem Nebensatz.

Will der Traum die Beziehung zwischen zwei Gedanken oder
Ereignissen herstellen, so stellt er die Bilder, die dafür stehen,
nah zueinander und ersetzt durch die räumliche die begriff-
liche oder zeitliche Beziehung. Um Überlegenheit auszudrücken, macht der Traum zwei Menschen verschieden groß.
Kleine Menschen in der Ferne deuten auf lang zurückliegende
Ereignisse hin. Um es noch einmal zu betonen: das ist eher die
Ausnahme als die Regel; gewöhnlich wird die Beziehung
ausgelassen oder durch Verdichtung ersetzt.

Die Wiederholung einer Handlung oder eines Traumelemen-
tes zeigt, daß das Ereignis wiederholt stattgefunden hat.

Ich sah Dutzende von Frauen sich aus den Fenstern beiderseits der
Straße lehnen und im gleichen Takt die Hände schütteln. Dann
kreischten sie und machten drohende Handbewegungen. Das
wiederholte sich immer wieder.

Der Traum spielt auf die Beziehungen des Patienten zu
Frauen an. Von Zeit zu Zeit nahm er Beziehungen zu Frauen
auf, nur um sie zurückzuweisen oder zurückgewiesen zu
werden. Dieses wiederholte Agieren und die vielen Frauen
repräsentieren die wiederholten Zurückweisungen.

Zu unserer Verwirrung kann ein gegensätzlicher Gedanke
durch die eine, die andere oder beide Vorstellungen ausgedrückt werden, als seien sie gleichwertig. Die dritte Alterna-
tive ist, beide Elemente in einem einzigen zu vereinen. Der
Kontext bestimmt dann, was gemeint ist.

Der Gegenwille »Nein, ich will nicht« in latenten Traumgedanken wird als Bewegungshemmung im klassischen Lähmungstraum dargestellt. Es ist uns auch sehr geläufig, daß
»Ich kann nicht« heißt »Ich will nicht«. Eine endlose
Variation von Träumen verrät die Absicht der Verneinung:
der versäumte Zug, das verlorene Auto, der vergessene
Name, die Unbeweglichkeit. Die Ähnlichkeit mit Fehlhand-
lungen liegt auf der Hand.

Kritische Stellungnahmen im Traum gehören zu den latenten
Traumgedanken. Z. B. findet sich der Hohn der latenten
Traumgedanken im absurden Inhalt des manifesten Trau-
mes.

Ich kaufte beim Schneider einen Anzug. Eine Frau zeigte mir
lächerliche Anzüge mit rotem Fischgrätenmuster. Ich alberte mit ihr
herum und sagte: »Geben Sie mir Dutzende und Aberdutzende. Ich
will den und den nehmen. Geben Sie mir alle.«

Die lächerlichen roten Anzüge drückten die Belustigung der
latenten Traumgedanken aus. Der Patient war äußerst kritisch gegenüber meinen Interpretationen und karikierte sie in
der Wirklichkeit und im Traum. Manchmal wird die Kritik
statt im Traum durch eine Bemerkung ausgedrückt, wie »Ich
hatte letzte Nacht einen lächerlichen Traum«.

Sekundäre Bearbeitung

Der riesige Aufwand bei der Entstellung der latenten Traumgedanken läßt sich nach der Strukturtheorie nur dadurch
erklären, daß das Ich des Träumers nie völlig schläft. Die
Zensur, welche den unbewußten Wünschen die Abfuhr in
ursprünglicher Form versagt, stellt sich den regressiven
Phänomenen entgegen, auch dem Traum. Aber während das
Ich, oft genug durch die Forderung des Über-Ichs ange-
spornt, das Motiv für die Traumentstellung liefert, kann es
keineswegs immer mit dem Ergebnis zufrieden sein. Auch der

entstellte Wunsch setzt sich durch, und die bewußte oder unbewußte Zensur des Ichs und Über-Ichs macht letzte Anstrengungen für ein annehmbares Ergebnis. Das ist eine weitere Triebfeder für die Traumentstellung.

Die sekundäre Bearbeitung bedient sich des sekundärprozeßhaften Denkens und versucht, dem Traum einen logischen Zusammenhang zu geben. Sie will Lücken schließen, Ordnung schaffen und ihn zu einem verständlichen Ganzen machen. Wir wissen, daß Zusammenhang und Logik im manifesten Traum das Ergebnis der sekundären Bearbeitung sind.

Oft hört man »das ist nur ein Traum«. Manchmal denkt das der Träumer im Wachzustand, manchmal direkt im Traum. In jedem Falle wird die Beurteilung vom Ich vorgenommen, dem Repräsentanten der sekundären Bearbeitung. Wenn es heißt »nur ein Traum«, bezieht sich das auf den Traumanteil, der das innere Gleichgewicht stört. Das Ich hat eine andere Dimension der Entstellung geschaffen, indem es für eine falsche Beruhigung sorgt.

Zu den Einflüssen der sekundären Bearbeitung zählt *Freud* (1900 a) auch die Phantasien des Wachzustandes, die in den Traum hinübergenommen werden. Da alle Phantasien entstellte infantile Wünsche sind, trägt ihr Auftauchen im Traum zur Entstellung bei. Der Patient, der nicht heiraten wollte,[7] brachte in den Traum eine frische Wachphantasie, auf die er seinen Konflikt verschob. In der Phantasie ging er mit jedem attraktiven Mädchen, das er traf, ins Bett; im Traum sah er ein hinreißendes Mädchen von sich weggehen und fühlte sich gezwungen, ihm zu folgen.

Strukturtheorie

Das Konzept vom Konflikt des Seelenlebens spielt in der Psychoanalyse und im Verständnis des Traumes eine zentrale

7 Traum Seite 27: »Ich hatte die Analysestunde . . .«

Rolle. Vor der Kenntnis der Strukturtheorie wurde der Konflikt als das Ergebnis des Gegensatzes zwischen bewußt und unbewußt angesehen. Die weitere klinische Erfahrung zeigte aber, daß der Widerstand gegen das Hochkommen unbewußten Materials selbst unbewußt ist. Man fand nämlich, daß Patienten, auch wenn sie mit dem besten Willen der Welt frei assoziierten, die verdrängten Gedanken des manifesten Traumes nicht aufzudecken vermochten. Ein weiteres Problem ergab sich im Zusammenhang mit Träumen, die einen überwiegend unlustvollen Affekt hatten. Solche Träume schienen ein glatter Widerspruch gegen die Annahme zu sein, der Traum sei eine Wunscherfüllung.

Die Einteilung des seelischen Apparates in Es, Ich und Über-Ich löst diesen offensichtlichen Widerspruch. Nach der Strukturtheorie spielen sich die Konflikte zwischen den verschiedenen Instanzen ab. Sie führen zu den unlustvollen Erscheinungen in Traum und Symptom und sind für das Phänomen des unbewußten Widerstandes verantwortlich.

Wir versuchen nun, Natur und Funktion der gegen den Trieb gerichteten Kräfte sowie die infantilen Triebe und ihre Abkömmlinge zu verstehen. Wir vermuten, daß beide Kräfte und die Verschiebung ihres Gleichgewichts von größter Bedeutung für die Traumbildung sind. Gewöhnlich können im Wachzustand die Ich-Funktionen ein ausreichendes Gleichgewicht aufrechterhalten. Aber nachts schwächt der Schlaf die Ich-Funktionen und nimmt die äußeren Hilfen weg, so daß der Trieb sich durchsetzen kann.

Bei der Beurteilung des Traumes gibt uns das Konzept der Strukturtheorie eine zusätzliche Hilfe. Es wäre eine Illusion, Es, Ich und Über-Ich sich als streng getrennte Systeme vorzustellen. Scharfe Grenzen zwischen den Strukturen sind willkürlich und werden weder im Leben noch durch die klinische Erfahrung bestätigt. Die Systeme sind nicht undurchlässig und stehen auch nicht völlig im Gegensatz zueinander; sie bekämpfen sich und kooperieren, um das

Überleben zu sichern. Während die abstrakte Theorie der strukturellen Vorgänge ein wertvolles und wesentliches Modell für den Analytiker ist, braucht sie die Motivation und das Verhalten des Menschen nicht auf quasi mechanistische Funktionen mit voneinander getrennten Handlungsbereichen zu reduzieren.

Die Strukturtheorie geht davon aus, daß das Es der Kessel sexueller und aggressiver Triebe aus allen Entwicklungsstadien ist. Diese Triebe stellen sich als Wünsche und Phantasien dar, die sich des Traumes bemächtigen, um unmittelbare Befriedigung zu erlangen. Sogar im Traum treffen sie auf die Gegenwehr von Ich und Über-Ich.

Die Ich-Funktionen der Integration und Synthese sind tätig, um Logik und Ordnung im Traum aufrecht zu erhalten. Die Wahrnehmungsfunktion des Ichs bringt ihren Beitrag dazu. Die Abwehrmechanismen des Ichs und die Angstentwicklung stellen sich den Impulsen des Es entgegen und verändern ihre Darstellung. Die Ich-Funktionen sind nicht immer oder ihrer Natur nach triebfeindlich. Die Organisation des Ichs hat genauso die Aufgabe, die Triebbefriedigung zu erreichen. Das Über-Ich beeinflußt den Traum, indem es zu Schuldgefühlen, Gewissensbissen und Bestrafung führt, wenn ein verbotener infantiler Wunsch befriedigt werden soll. Als eine Erweiterung des Ichs trägt es außerdem zur Angstbildung bei. Der Einfluß des Über-Ichs kommt im Traum als Zustimmung wie als Verwerfung vor.

Kein Traum ist jemals nur ein Es-Traum. Mit diesem Begriff wollen wir lediglich darauf hinweisen, daß die infantilen Wünsche der Triebrepräsentanzen und ihre Affekte so mächtig sind, daß sie weniger entstellt als gewöhnlich in den Traum gelangen. Tiefenträume, beherrscht von Impulsen, Gefühlen und Gedanken der frühen Lebensjahre, enthalten mehr Anteile des Es als der anderen Instanzen. Vom strukturellen Standpunkt aus zeigt das Überwiegen sexueller und aggressiver Triebrepräsentanzen der Kindheit die Es-Aspekte des Traumes.

Kein Traum ist einfach ein Ich-Traum. Das wäre im Sinne der Strukturtheorie eine Bezeichnung für Träume, die einen beträchtlichen Anteil an sekundärer Bearbeitung – einschließlich vorbewußter Phantasien, Affekte oder Gedanken – haben oder Sinneswahrnehmungen aus der Realität hineinnehmen und rezente Ereignisse ausdrücken – die Tagesreste. In diese Kategorie würde der Oberflächentraum fallen. Der Ich-Traum würde den Einfluß der unbewußten Abwehrmechanismen des Ichs auf die Darstellung infantiler Es-Wünsche zeigen.

Während die neuere Forschung zeigt, daß das Vergessen von Träumen in gewissem Sinn unabhängig von der Verdrängung ist und daß Träume von selber verklingen, bestimmen die unbewußten Ich-Anteile weitgehend, ob ein Traum oder Traumsegment erinnert oder vergessen werden. Sieht man von Narkotika und optimaler Aufwachzeit aus dem REM-Schlaf ab, sind Erinnerungen, Zurückhalten und Vergessen, Verschwommenheit und »Ungenauigkeit« des Traumes im allgemeinen das Werk der unbewußten Zensur und Verdrängung durch das Ich und Über-Ich. Das erklärt, warum der Rat, nachts oder gleich morgens den Traum aufzuschreiben, weitgehend nutzlos ist. Wenn das Unbewußte die Absicht der analytischen Arbeit durchkreuzen will, nützt auch die eindringlichste Bitte nichts, sondern wird in Wirklichkeit als Einmischung oder Zensur verstanden.

Kein Traum ist ausschließlich ein Über-Ich-Traum. Der Bestrafungstraum oder der Traum mit erdrückenden Schuldgefühlen weist unmißverständlich auf die Einwirkung des Über-Ichs hin. Obwohl das Über-Ich bei gesprochenen Worten eine besondere Rolle spielt (*Isakower*, 1954), hat ihr Vorkommen im manifesten Traum nach *Baudry* (1974) eine vielfältige Bedeutung. Gesprochene Worte können auf Gehörtes oder die Verbalisierung von Gedanken und Affekten zurückgehen. Sie können sich als Ausdruck libidinöser oder aggressiver Entladung vom Es ableiten. Sie können genausogut durch die integrative Funktion des Ichs und seiner Forderung nach Zusammenhang und Logik dem Ergebnis der sekundären Bearbeitung determiniert sein.

Der Traum spiegelt nicht nur das Ergebnis von Konflikten zwischen den Systemen des seelischen Apparates wider, sondern zeigt auch den Kampf innerhalb der Instanzen. Er drückt das Wechselspiel entgegengesetzter Kräfte und den Kompromiß aus, der zwischen den gegenläufigen Strebungen zustande gekommen ist: z. B. zwischen Aktivität und Passivität, zwischen Männlichkeit und Weiblichkeit, zwischen Mitteilung und Geheimhaltung. Im Traum treffen Zustimmung und Abweisung, Liebe und Haß, Bequemlichkeit und Notwendigkeit aufeinander und wetteifern miteinander. Jeder Traum ist ein Kompromiß aus Anteilen aller drei psychischen Instanzen. Es, Ich und Über-Ich suchen Befriedigung. Genauso wie der Traum in dieser Beziehung einen Kompromiß darstellt, kann er als Kompromiß zwischen Vergangenheit und Gegenwart angesehen werden, weil in ihm gegenwärtige und infantile Wünsche und Erfahrungen enthalten sind. Der Traum dient als Hüter des Schlafes, indem er eine partielle Befriedigung unbewußter Wünsche zuläßt. Er stört den Schlaf in dem Ausmaß, wie diese Wünsche überhaupt zugelassen werden.

Die Schwierigkeit und Komplexität der Traumdeutung ergibt sich daraus, inwieweit die latenten Traumgedanken im manifesten Traum entstellt werden. Erstens sind sie der Gegenstand der Entstellung und spiegeln die charakteristische primärprozeßhafte Natur der Traumarbeit, wie der Verdichtung und der Verschiebung, wider. Zweitens wird die Traumbildung durch Symbolisierung und die Begrenztheit der visuellen Darstellung von Vorstellungen und Gefühlen bestimmt. Schließlich wird die Entstellung noch durch kollidierende Bedürfnisse der Systeme des psychischen Apparates verstärkt. Dazu gehört das Bedürfnis des Ichs, in den Traum Logik, Ordnung und Zustimmung für all das zu bringen, was es als unlogisch, ungeordnet und anstößig empfindet.

Teil II
Der Traum in der klinischen Praxis

Genauso, wie die Psychoanalytiker den Ausdruck »Deutung« gebrauchen, um die Übersetzung des manifesten Traumes in den latenten Inhalt und dessen Mitteilung an den Patienten zu bezeichnen, verwenden sie das Wort »Traum« im doppelten Sinn. Theoretisch bezieht sich die Bezeichnung »Traum« auf den manifesten Traum, den latenten Inhalt und die Traumarbeit. Im klinischen Umgang verwenden wir den Ausdruck nicht nur in theoretischer Bedeutung, sondern schließen die Assoziationen, den Kontext und das Auftreten im therapeutischen Ablauf mit ein. Im klinischen Teil des Buches verwende ich die Bezeichnung Traum in metonymischer Bedeutung. Es wäre genauer, im Einzelfall zwischen Traum im klinischen und theoretischen Sinn zu unterscheiden, aber es wäre auch weitaus umständlicher. Ich erwähne das, um Mißverständnissen vorzubeugen, ich will nicht den Eindruck erwecken, daß die Bezeichnung »Traum« nur die engere theoretische Bedeutung hat.

Träume gehören zum Leben des Menschen wie das Atmen. Wenn wir richtig hinhören, wird uns der Patient unaufgefordert seine Träume berichten. Ich fand es nicht nötig, Patienten darauf hinzuweisen, daß wir uns für ihre Träume interessieren; die Patienten bestimmen das selbst, wenn das analytische Klima offen ist, es sei denn, ein tiefsitzender Widerstand hat eine unüberwindliche Barriere zum Unbewußten aufgerichtet.

Die wichtigste klinische Funktion des Traumes ist seine Bedeutung als Ausgangspunkt für Assoziationen. Sie sind Glieder einer Kette indirekter Aussagen des und Wegweiser zum Unbewußten. Der manifeste Traum »macht« nichts, »bedeutet« nichts, es sei denn, er dient der erwähnten Aufgabe. Bei der Betrachtung drängender Probleme oder emotionaler Umwälzungen, denen sich der Patient ausgesetzt sieht, dürfen wir dem Traum keine Vorzugsstellung geben. Unerbittliche Verfolgung des Traumes ist das sicherste Zeichen von Unerfahrenheit, schlimmstenfalls verrät es Angst oder zwanghaften Perfektionismus. Am besten entspannen wir uns, hören zu und denken nach. Will man mehr, bekommt man weniger.

Wir hören dem Traum mit gleichschwebender Aufmerksamkeit zu, wie allem, was der Patient äußert. Wir bemühen uns, mit dem Patienten zu fühlen. Wenn eine Mutter ihr Kind füttert, macht sie mit ihm den Mund auf; sie teilt das Erleben mit dem Kind; genauso versuchen wir es bei dem Patienten. Zwischen Analytiker und Patient kommt ein oraler Austausch wie zwischen Mutter und Kind zustande. Dabei behält der Analytiker seine Rolle wie auch die Mutter Mutter bleibt. An dieser Stelle kommt etwas »gleichmäßig Geteiltes« herein. Unsere kritische Fähigkeit bleibt erhalten, auch wenn sie in der Schwebe ist.

Im Prinzip hören wir unbefangen, neutral, unvoreingenommen, ohne kritische Stellungnahme und mit der Einstellung zu, Zweifel auszuschließen. In der Praxis ist das nicht immer zu realisieren. Der Ich-Zustand des Analytikers kann schuld für die ungünstige Aufnahmebereitschaft sein; er kann unbewußt auf die Probleme des Patienten reagieren und die Neurose des Patienten teilweise abstoßend finden. In dem Maße, wie persönliche Probleme und Verstrickungen des Analytikers zu unbewußter Voreingenommenheit führen, stören sie beim Zuhören dessen, was der Patient wirklich sagen will. Im Zentrum des analytischen Zuhörens steht die Fähigkeit des Analytikers, sein Unbewußtes und Vorbewußtes in die Arbeit miteinzubeziehen, um das Unbewußte des Patienten zu erforschen. Ist auch die Theorie von grundlegender Bedeutung, der Analytiker erweist dem Patienten keinen Dienst, wenn er sich übermäßig von theoretischen Vorstellungen leiten läßt und angestrengt versucht, den Traum mit ihnen in Einklang zu bringen. Akzeptiert der Analytiker den Traum nicht im Sinne des Träumers, läuft er

Gefahr, dem Traum Gewalt anzutun. Er versteht den Traum aus seiner eigenen Sicht und verbaut sich den Zugang zur Welt des Träumers. Er muß sich vor Augen halten, daß der Traum zu seinem Schöpfer gehört und dem Analytiker Gelegenheit bietet, dem Dialog zu lauschen, den der Träumer mit sich führt.

Wir hören mit gleicher Sorgfalt auf die scheinbar naiven Abschweifungen und eingestreuten Bemerkungen zum Traumbericht. Wie ein Patient mit einem Traum umgeht, gehört zu den Grundelementen seines Charakters, sagt ein gutes Stück über die Abwehr aus, gibt Anhaltspunkte zur darunter liegenden Pathologie und führt zu prognostischen Aussagen. Ein Patient, der oft ein »Traumfragment« erzählte, zeigte eine ähnliche Abneigung, auch anderes ganz herzugeben. Sein Leben war in Fächer eingeteilt, die Sexualität von Liebe und Gedanken von Sprache trennten. Nichts war einheitlich oder zusammenhängend. Eine Patientin mit »halben« Träumen führte nie etwas zu Ende, hetzte von einer Aktivität zur anderen und hinterließ wie einen Haufen Mist einen Rattenschwanz unverrichteter Vorhaben; eines davon war die Analyse. Ein anderer Patient verurteilte unverzüglich seine Träume und leitete sie so ein: »Ich kann nichts damit anfangen; ein gewöhnlicher Traum, der mir überhaupt nichts sagt.« Genauso entkleidete er alle seine anderen Aktionen und Beziehungen der Bedeutung.

Wenn wir einem Traum zugehört haben, benötigen wir Assoziationen. Wie bekommen wir sie? Sollen wir direkt danach fragen? Sollen wir zur Assoziation für jedes kleine Traumelement auffordern? Oder nur zu Assoziationen zu dem oder den lebhaftesten Traumteilen? Zu gesprochenen Worten im Traum, wenn welche vorkommen? Oder sollen wir nach Ereignissen des Vortages fragen?

Ich kann keine verbindliche allgemein gültige Anweisung oder feste Regeln geben. Die Umstände und der Stil des Analytikers sind verschieden. Ich persönlich frage lieber den Patienten, wenn auch mehr allgemein, um ihm zu helfen. Ich

49

kann fragen, ob er Gedanken zu einem bestimmten Traumstück hat, kann es aber auch lassen. Das hängt von Widerstand, Übertragung, Arbeitsbündnis und davon ab, was dem Bewußtsein am nächsten zu sein scheint. Aus bestimmten Gründen kann ich fragen – oder es lassen –, was sich am Tag zuvor ereignet hat oder warum er gerade jetzt den Traum hatte.

Was machen wir, wenn der Patient keine Assoziationen zum Traum hat und wenn weder Kontext und Symbole noch Wissen über den Patienten weiterhelfen? Sehr oft haben wir keine andere Wahl, als den Traum fallen zu lassen und auf eine bessere Gelegenheit zu warten. Ich habe Tage, Wochen, manchmal Monate gewartet, ohne etwas mit den Träumen von Patienten »anfangen« zu können. Entweder hatten sie keine Assoziationen oder die Assoziationen ließen mich völlig im Dunkeln tappen.

Angenommen, wir haben eine Ahnung, was der Traum bedeutet; die Vermutung ist sogar stark. Wie gehen wir mit dieser Information um? Sollen wir eine Interpretation machen oder nicht? Wenn wir sie anbieten, wie wissen wir dann, was wir wann sagen können? Unser analytisches Ziel ist es, dem Patienten etwas über ihn zu vermitteln, was er vorher nicht gewußt hat. Unser spezielles technisches Vorgehen ist die Interpretation, sei sie vollständig oder unvollständig, dynamisch oder genetisch. Andere Interventionen sind: Konfrontationen, die Verbindungen aufzeigen, Clarifikationen, die auf die Diskrepanz von Verhalten und Phantasie mit der Realität hinweisen, und Rekonstruktionen, die auf das Vorliegen vergangener Ereignisse schließen lassen. Sie unterstützen die Deutung, bahnen ihr den Weg und werden in diesem Sinne verwendet.

Der Traum ist eine Kompromißbildung von Konflikten zwischen Trieb und Abwehr, Vergangenheit und Gegenwart sowie dem Vorbewußten und Unbewußten. Dementsprechend bieten sich nicht eine, sondern mehrere Interpretationsmöglichkeiten an. Angesichts ihrer verwirrenden Vielfalt müssen wir eine Wahl treffen. Wir können uns aber auch entscheiden, nichts zu sagen. Wir können selbst etwas gelernt haben, uns aber fragen, ob diese Einsicht dem Patienten nützt. Bevor wir sie mitteilen, sollen wir sicher sein, daß der Patient sie verstehen kann. Wenn sich Patienten in einem starken Widerstand befinden, werden sie für Beobachtungen kaum offen sein, die einen weiteren Widerstand aufrichten können. Die Träume eines Patienten unter akuter Angst oder Verzweiflung können wichtige Informationen enthalten, die im Augenblick wertvoller für uns als für ihn sind. Wir schätzen sorgfältig die Übertragung und das Arbeitsbündnis ein und überlegen, ob wir ein zuverlässiges Ich vor uns haben, das unser Angebot aufnehmen kann. Wir müssen auch an die Zeit und unsere Verfügbarkeit denken. Ich vermeide es nach Möglichkeit, einen Traum kurz vor dem Ende der Behandlungsstunde zu deuten.

Unter Abwägung dieser Gesichtspunkte können wir den Widerstand, die Übertragung oder die Angst interpretieren. Oder wir lassen uns von den Assoziationen leiten. Unaufgefordert kann der Patient über ein bestimmtes Element des Traumes oder über etwas sprechen, das wir für uns als Äquivalent ansehen.

Assoziationen sind keine grundsätzlichen Offenbarungen; sie müssen immer abgewogen werden. Manche führen uns fast direkt zu den latenten Traumgedanken. Manche sind Zwischenglieder einer Kausalitätskette. Andere haben nicht nur eine wenig deutliche Beziehung zum Traum, sondern können dazu bestimmt sein, die Aufmerksamkeit vom latenten Traumgedanken abzulenken. Unter dem Einfluß des Widerstandes können Assoziationen uns auf den Holzweg führen. Die psychische Determination jedoch besagt, daß alle Assoziationen, auch die gekünstelten und intellektualisierten, von Bedeutung sind.

Fehlen die Assoziationen, dann haben wir es nur mit einem Teil »des Traumes« zu tun. In gewisser Weise bildet unser Wissen über den Patienten eine Sammlung von Assoziationen, kann sie aber nicht wirklich ersetzen. Manchmal können wir die Beziehung eines Traumes zu einem unmittelbaren Ereignis im Leben des Patienten sehen, auch wenn es ihm verborgen bleibt, und wir können den Traum »von oben« deuten, indem wir uns auf den Tagesrest beziehen. Wir können zum Assoziieren ermuntern und die Aufmerksamkeit auf ein bestimmtes Element des Traumes lenken oder zusätzliche Informationen erfragen. Mitunter fordern wir den Patienten auf, uns den Traum noch einmal zu erzählen, aber dieses Verfahren muß gut überlegt werden; der Patient soll nicht denken, der Traum habe eine magische Bedeutung.

Da zu den Symbolen gewöhnlich keine Assoziationen auftauchen, müssen wir sie aufgrund unserer Kenntnis der Traumsymbolik deuten. Das berechtigt uns jedoch nicht, dem Patienten ein Symbol zu interpretieren, ohne Widerstand, Übertragung, Angst, das Arbeitsbündnis und das Vorhandensein eines aufnahmebereiten Ichs zu berücksichtigen. Erhalten wir aber Assoziationen zu den Symbolen, handelt es sich meist um intellektuelle Bemerkungen. Sie sind dann eine Zurschaustellung der analytischen Sprache. Es gibt natürlich noch andere Gründe, weshalb der Patient nicht zu jeder Einzelheit des Traumes assoziieren kann. Dafür können Verdrängung und Widerstand verantwortlich sein; oder das Befangensein durch einen Traumaspekt und die Begrenzung der Zeit können sich ungünstig auswirken, weitere Elemente zu Ende zu verfolgen.

Bei der Formulierung unserer Interventionen ist es vernünftig, ein bewährtes Erziehungsprinzip anzuwenden und vom Vertrauten zum Unvertrauten, vom Bekannten zum Unbekannten voranzuschreiten. Man muß auch wissen, wieviel man sagen kann. Genauso wie ich mich in diesem Buch zurückgehalten habe, Traumbeispiele mit ausführlichen Fallgeschichten zu belasten (um Verwirrung zu vermeiden), muß der Analytiker achtgeben, Interpretationen anzubieten, die für den Patienten zu schwer zu verdauen sind. Konkrete, zurückhaltende Deutungen, die möglichst die Sprache des Traumes verwenden, werden vom Patienten am ehesten angenommen. Es ist besser, einen langen Weg zu gehen und dem Patienten Raum zu lassen, den er selbst ausfüllen kann. Die Rücksicht auf den Patienten erfordert, daß wir seiner Vorstellung etwas übriglassen und ihn mit unseren Interventionen zur Mitarbeit einladen, ohne die Fortführung der Untersuchung zu verhindern. Wir verlangen nicht, daß er die ganze Bürde trägt. Geben wir ihm so viel, daß er sich selbst helfen kann, werden unsere Interventionen wirkungsvoller. Stellen wir zu viele Verbindungen her, kann der Patient daraus weniger für sich entnehmen. Intervenieren wir zu oft, laufen wir Gefahr, die Assoziationskette zu zerreißen, und bewirken damit, daß sie abreißt. Wie jeder Traum überdeterminiert ist, kann jede Interpretation, sofern sie offen genug ist, mehrere Anregungen geben. Deutungen sind Annäherungen, nicht unfehlbare letzte Worte.

Nur selten können wir beweiskräftig den Effekt der Interpretation aufgrund der unmittelbaren Reaktion des Patienten beurteilen. Nur zu oft ist es seine Absicht, zuzustimmen oder vielleicht Mißfallen zu bekunden. Doch auch intellektuelles Verständnis kann mitunter zu tieferer Einsicht heranreifen. In der Analyse geschieht nichts überstürzt oder magisch; der kumulative Effekt zählt.

Nachdem ich versucht habe, bestimmte Richtlinien für die klinische Betrachtungsweise des Traumes aufzustellen, muß ich zugeben, daß ich in Wirklichkeit nicht immer sagen kann, warum ich so oder so interveniere. Die rückblickende Überlegung zu einer Stunde, die beim Schreiben dieses Buches notwendig war, läßt mich vermuten, daß die Interventionen gewöhnlich die vorbewußte Antwort auf die Gesamtsituation sind.

Wir dürfen nicht erwarten, den Zugang zum Traum mit einem Schlag zu bekommen. Der Lernende soll sich nicht entmutigt fühlen, wenn der Traum ihm entgeht. Das kann auch dem besten Fachmann passieren.

Ich halte die abstrakte Diskussion technischer Probleme für nicht besonders lohnend und beende daher meine allgemeinen Bemerkungen. Wenn der Leser in den folgenden Abschnitten bei den Beispielen denkt »Ich weiß nicht, wie der Altman darauf gekommen ist«, rate ich, das Material nochmals zu lesen. Oft kann ein Schlüsselwort oder Satz, der ihm beim ersten Lesen entgangen war, die Schwierigkeit beheben.

3 Initialträume

Eine Analyse ist nicht unbedingt »der Stoff, aus dem die Träume sind«. Noch stützt sie sich auf einen Traum. Doch manchmal eröffnen Patienten die Behandlung mit einem Traumbericht, mitunter kommen sie sogar wegen ihrer Träume in die Analyse. Deutet der Analytiker bereits den ersten Traum? Wie kann er das? Was ist, wenn der erste Traum oder die ersten Träume, wie behauptet wurde, den Kern der Neurose oder die Vorzeichen von Dingen enthalten, die da kommen sollen? Wie soll er das wissen? Unwissenheit verhindert jedes tiefere Verständnis eines Traumes, der zu Beginn der Analyse berichtet wird. Auch wenn wir über ein biographisches Bild des Patienten oder die übliche medizinische Vorgeschichte verfügen, wissen wir nichts über die unbewußten Quellen, aus denen der Traum hervorgeht. Wenn ein Traum zu Beginn der Analyse bereits eine wichtige Information über die tiefsten Probleme des Patienten enthält, möglicherweise solche vom Kern seiner Neurose, können wir allenfalls Vermutungen anstellen, so erfahren und klug wir auch bezüglich der tiefsten Bedeutung des Traumes sind. Wir würden dem Patienten auch dann unser Wissen nicht mitteilen, wenn wir dazu in der Lage wären. Ein Wagnis in der Analyse ruft Angst und Widerstand hervor. Voreilige Deutungen verstärken eher die Angst und die Abwehr. Vorsicht bei der Entwicklung des Behandlungsbündnisses soll unsere vornehmste Überlegung während der gesamten Analyse, besonders aber zu ihrem Beginn, sein.

Die Einschränkungen durch diese Regel verurteilen den Analytiker nicht zu völliger Passivität und verlangen auch nicht, daß er schweigt, wenn ihm in der frühesten Phase der Analyse Träume angeboten werden. Er kann zwar den Traum nicht tief deuten, aber er *kann* ihn verwenden, wenn er sich von der Oberfläche her nähert. Er weiß, was den Patienten augenblicklich beschäftigt, vor allem aber sieht er die Intensität der Reaktionen auf die Behandlung. Diese Reaktionen bewegen sich zwischen dem übertriebensten Optimismus und den schlimmsten Befürchtungen; oft handelt es sich um eine Kombination von beiden (der Arzt kann helfen und wehtun). Der Traum wirft ein Licht auf die vorherrschende Einstellung des Patienten gegenüber der Analyse bzw. dem Analytiker.

Ein Typ der Einstellung basiert auf dem Wunsch nach einem Wunder, der unbewußten Erwartung, daß die Analyse Unzulänglichkeit in Vollkommenheit verwandelt, zu nimmer-endendem Glück und Frieden führen wird und eine ewige Versicherung gegen des Lebens Müh' und Plage ist. Phantasien von Omnipotenz und Größe machen manche Patienten, besonders die passiven, empfänglich dafür, den Schlüssel zum Himmelreich zu erwarten. Alte Narben der Vergangenheit werden verschwinden; die infantile Glückseligkeit wird wieder hergestellt. Euphorische Visionen einer fortgesetzten Fütterung herrschen besonders bei oralen Charakteren vor.

Kurz nach Beginn der Analyse berichtete ein junger Patient folgenden Traum: Er legte dar, was er in der Analyse suchte und gab einen Hinweis darauf, was zu erwarten war, sobald sich die Übertragung entwickelt hatte.

Ich saß in der Badewanne, in dem Haus, in dem wir lebten, als mein Bruder geboren wurde. Meine Mutter kam herein und sah so jung aus, es war unglaublich. Sie fing an, mich zu baden.

Der Schauplatz des Traumes erinnerte ihn an die früheste Kindheit, als er seine Mutter ganz für sich hatte und sie in wunderbarer Gemeinschaft lebten. Als er das erste Mal zu mir kam, war er über die Ähnlichkeit meiner und ihrer Art zu sprechen erschrocken. Sie hatte ihm die Welt versprochen und für all seine Bedürfnisse gesorgt. Als er die Analyse aufnahm, hatte er ein Gefühl von Heiterkeit; die Analyse werde sein Glück machen.

Man mußte den Traum registrieren und sich merken. Die unausbleiblichen Enttäuschungen würden sich bald genug einstellen. Im Augenblick machten das Fehlen von Angst und die Hinweise, daß das Behandlungsbündnis im zerbrechlichen Vorstadium des Ausbrütens war, eine Intervention überflüssig.

Ein anderer Patient brachte früh diesen Traum mit:

Ein Zirkus. Ein komischer kleiner Mann mit Gehrock, Zylinder und Spazierstock benahm sich affektiert und balancierte auf einem dünnen Seil. Er verwandelte sich in einen wunderschönen Kater. Es gab viel Applaus.

Voller Sehnsucht sprach er über seine Jugendzeit, wo sein gutes Aussehen und die elegante Kleidung Komplimente und allgemeine Bewunderung hervorriefen. Er hatte sich immer gewünscht, ein munterer Kater zu sein, und er war immer sehr damit beschäftigt, welchen Eindruck er machte. Ich sagte: »Sie möchten gern wissen, was ich über Sie denke.« Mit Absicht vermied ich, die Interpretation weiter auszuführen. Wäre ich weiter gegangen, so hätte ich voreilig eine demütigende Bloßstellung seiner narzißtischen Erwartungen vorgenommen. Denn hätte ich gesagt »Sie möchten, daß ich denke, Sie sind wundervoll, und daß ich Ihnen das bestätige«, so hätte das zwar gestimmt, wäre aber taktlos gewesen und hätte den Aufbau eines guten Arbeitsbündnisses kaum gefördert. Vorsicht war um so mehr angebracht, als das »dünne Seil« auf die Spannung anspielte, die der narzißtischen Darstellung zugrunde lag, und darauf hinwies, daß er um Anerkennung bat. Natürlich war er sehr selbstunsicher und wollte Sicherheit. Meine Intervention berücksichtigte seinen Hilfeschrei.

So früh in der Analyse, daß es noch um den Aufbau des Prologes ging, brachte eine junge Frau folgenden Traum:

Ich war in einer Bücherei in England. Alle Bücher hatten deutsche Titel. Viele Leute sprachen deutsch, nur einer sprach englisch. Es wurde dunkel, und ich hatte ein Gefühl, wie wenn ich schlafe. Die englische Stimme sagte: »In Ordnung«.

Infolge einer Besonderheit meines Tonfalls und meiner Erscheinung scheinen mich die Leute für einen Engländer zu halten. Ich konnte daher vermuten, daß die Stimme im Traum zu mir gehörte. Deutsch, eine Sprache, die besonders mit der Psychoanalyse in Verbindung gebracht wird, spielte auf die Befürchtungen der Patientin bei Beginn der Analyse an.

Die Patientin erzählte, daß sie als Kind ein Zu-Bett-Geh-Ritual hatte, wobei sie die Eltern bat, ihr zu bestätigen, daß alles »in Ordnung« sei. Ich sagte: »Als wir uns das erste Mal sahen und die Absprache für die Analyse trafen, benutzte ich den Ausdruck ›in Ordnung‹, um damit auszudrücken, daß wir weitermachen können«. Über diesen Zusammenhang war sie erstaunt und sagte, daß ihr gerade diese Redewendung außerordentlich bedeutungsvoll, wichtig und unheimlich vorgekommen sei.

Ganz ohne Absicht hatte ich eine Saite zum Klingen gebracht; die Verbindung zwischen Vergangenheit und Gegenwart war hergestellt. Die Patientin übertrug ihre Erwartungen an ihre Eltern auf mich. Ich führte daher die Interpretation nicht weiter aus, etwa in dem Sinne: »Sie möchten, daß ich Sie beruhige, wie Ihre Eltern das zu tun pflegten.« Ich wollte die Entwicklung der Übertragung nicht stören.

Im Gegensatz zu so glanzvollem Beginn der Analyse steht die Erwartung schlimmer Vorahnungen. Je länger der Psychoanalytiker seinen Beruf ausübt, desto mehr neigt er dazu zu vergessen, wie ängstlich der Uneingeweihte das Gebiet der Psychoanalyse betrachtet. Viele Menschen sind schon beunruhigt, wenn sie einen Arzt, gleich welcher Fachrichtung, aufsuchen müssen. Psychoanalyse und die schauerlichen Assoziationen über seelische Krankheiten sind unendlich erschreckender. Vor allem gibt es in der Vorstellung vieler Patienten böse Ahnungen über den Schritt, den sie unternommen haben. Dabei spielt es keine Rolle, wie sehr der Arzt ihnen empfohlen worden ist; die Patienten haben Vorbehalte, sich in die Hand eines Fremden zu begeben. Sie fragen sich, ob ihr Zustand wirklich so ernst ist und ob sie Heilung erwarten können. Trotz offensichtlicher Gemütsruhe, Zustimmung, Gleichgültigkeit, sogar Sorglosigkeit können sie von einigen, wenn nicht von allen diesen Gefühlen bedrängt werden. Ihre Sorge ist auch nicht grundlos. Die analytische Situation bringt sie ihrem Unbewußten näher, und die ersten Begegnungen mit dem Unbewußten, auch wenn sie nur kurze Geplänkel sind, können Panik auslösen.

Ein Patient träumte zu Beginn der Analyse:

Ich war in einer Nervenklinik. Patienten in merkwürdiger Haltung standen herum, gaben aber keinen Laut von sich. Es war fürchterlich. Ich spürte, wie mir die Haut kribbelte. Plötzlich nahm mich ein riesiger Irrer mit einer Hand hoch und drückte mich an sich, als wäre ich ein hilfloses Kind. Ich schrie vor Entsetzen und wachte auf.

Der Patient spielte auf Menschen an, von denen er wußte, daß sie in einer psychiatrischen Klinik gewesen waren. Obwohl er nicht über seine Angst vor einer Geisteskrankheit sprach, merkte ich, daß er die Analyse als eine schreckliche Bedrohung erlebte. Er sollte merken, daß ich seine Angst verstand, und ich sagte deshalb: »Vielleicht fürchten Sie, durch die Analyse verrückt zu werden und die Kontrolle über sich zu verlieren.«

Vor ein paar Jahren erzählte ein Patient zu Beginn der Analyse folgenden Traum:

Ich war außerhalb des Hauses auf dem Feld mitten in einem heftigen Gewitter. Es war schrecklich. Ich sah ein Licht im Fenster des Hauses und darunter Ihr Gesicht böse blicken und mich bedrohen. Ich schrie auf und eilte zu dem Fenster und versetzte ihm einen Schlag. Schweißgebadet wachte ich auf.

Er fuhr fort, gegen alle Ärzte, besonders die Analytiker, zu wettern, bis ich unterbrach: »Es muß Sie sehr beunruhigen, mit ihren persönlichen Dingen hierher zu einem Fremden zu kommen, ohne zu wissen, was geschehen wird.«

Ich gebe zu, dieser Traum warnte mich. Ich wußte über den Patienten so wenig, wie er über mich. Außerdem neigte ich zu der Annahme, daß ein gewalttätiger Traum, in dem der Analytiker unentstellt vorkommt, zu Beginn der Analyse ein bedenkliches prognostisches Zeichen ist, das auf ein fruchtloses therapeutisches Bündnis, eine schwer zu handhabende Übertragung, schweres Agieren oder womöglich auf eine Psychose hinweist. Daher ließ ich äußerste Vorsicht walten. Nach drei Jahren beendete der Patient mit 65 Jahren zufriedenstellend die Analyse. Die prognostische Aussage über Träume dieser Art muß also nicht unbedingt, wie *Rosenbaum* (1965) meint, schlecht sein.

Ein dreißig Jahre alter Mann, Roy L.[1], mit der Vorgeschichte einer lange bestehenden hysterischen und depressiven Charakterstörung, erzählte in der ersten Woche seiner Analyse folgenden Traum:

Ich sah einen Soldaten auf einer Bahre liegen. Sie wurde von vier Soldaten getragen, an jeder Ecke einer. Ich sah eine abgeheilte Narbe, wo eigentlich der Penis sein sollte. Ich wußte, »es war vor langer Zeit passiert«.

Nach kurzem Schweigen sagte Roy: »Der Mann auf der Bahre erinnert mich daran, wie ich hier auf der Couch liege. Bei der Narbe muß ich daran denken, daß ich vor langer Zeit einen Jungen gesehen hatte. Er hatte eine Ohraufmeißelung, und die Narbe erschreckte mich. Ich hatte Angst zu fragen, warum und wie er dazu gekommen sei. Ich hatte Angst, daß mir dasselbe zustoßen könnte und wollte von meinen Eltern immer wieder beruhigt werden.«

Der Traum gab mir einen warnenden Hinweis, seine Vorstellung von der Analyse als eines Eindringens und einer

---

1 Natürlich nenne ich die Patienten nicht beim richtigen Vornamen. Ich habe denjenigen Patienten, die mehrmals in diesem Buch vorkommen, fiktive Vornamen gegeben, um dem Leser zu helfen, sie auseinanderzuhalten.

Verstümmelung sorgfältig zu beachten. Der Traum vereinigte die Ebenen weit zurückliegender Todes- und Kastrationsangst, aber die unmittelbare Bedeutung dieser Vorläufer lag im Beginn der Analyse und seiner Vorstellung über sie. Ich nahm deshalb eine Umdeutung in die Zukunft vor: »Sie fürchten, daß die Analyse Ihnen etwas wegnehmen wird.«

Aufgrund der Verdrängung wußte Roy nicht, daß die frühe Erinnerung etwas mit der jetzigen Situation zu tun hatte. Hätte ich zu diesem Zeitpunkt versucht, ihm die Verbindung aufzuzeigen, so hätte er sie nicht aufnehmen und verarbeiten können. Wir werden im Kapitel über die Angst wieder auf Roy L. zu sprechen kommen. Unterdessen werden wir erkennen, wie die Krankheitszeichen dessen, was bereits in diesem frühen Traum angedeutet wurde, erst später manifestiert werden.

Während zehn Beratungen in einem Zeitraum von acht Wochen ließ mich ein zweiunddreißig Jahre alter Mann, der noch keine sexuellen Erfahrungen hatte, wissen, daß er weder Wohlwollen noch Vertraulichkeit zuließ. Dieses *noli me tangere* war seine Losung. »Ich werde es selbst schaffen« sein Hauptverlangen. Die Eltern hatten ihn als Kind zu einem Psychiater gebracht, weil er zu Hause und in der Schule widerspenstig war. Zwischen zwanzig und dreißig Jahren brach er zwei kurze psychiatrische Behandlungen ab im Glauben, er könne mit seinen Problemen selber fertig werden. Depressionen und »Unzufriedenheit, wie mein Leben verläuft«, außerdem einige Ausbrüche unkontrollierter Wut in letzter Zeit machten ihn unsicher, daß es so weitergehen könne. In den acht Wochen saßen wir uns gegenüber, und er brachte keine Träume. Einen Tag nach der ersten analytischen Sitzung berichtete er folgenden Traum und sagte, er habe ihn verstört.

X war schwanger. Sie war verheiratet, aber sie wollte ihren Mann verlassen. Wenn ich auf sie wartete, würde sie für mich frei werden. Ich küßte sie auf die Stirn.

Er sagte, X sei eine Frau, die er kenne. Sie hätte ihm erzählt, daß sie heiraten wolle; und er hatte seiner Kusine, die schwanger war, gesagt, daß er eine Analyse beginne; er stürzte sich in eine pedantische Schilderung seiner sadistischen Phantasien, seines Nasenblutens, seiner Schlaflosigkeit, seiner Masturbation und der Schuldgefühle darüber. Gestern abend hatte er masturbiert.

»Gestern abend?« fragte ich und versuchte, eine mögliche Verbindung zwischen der Masturbation und dem Traum herauszubekommen. Als hätte ich nichts gesagt, fuhr er fort, sich zu fragen, ob er etwas mit einer Frau gemeinsam hätte, und betonte seine Vorliebe, allein zu Hause zu sein. Schließlich erwähnte er, die Veränderung in der Behandlung habe ihn durcheinandergebracht.

»Durcheinandergebracht?« fragte ich, um ihn beim Thema zu halten.

»Ja, als Sie sich gestern erhoben, erschienen Sie groß und eindrucksvoll. Ich dachte an einen erigierten Penis.«
Er wandte sich wieder dem Traum zu. Die Sentimentalität darin störte ihn. Er verabscheute Gefühle und wollte sich nicht auf Frauen einlassen und zog es vor, zu masturbieren und in Phantasien zu leben.

»Sie haben Angst, sich hier einzulassen«, sagte ich und bezog mich auf seinen Widerstand.

»Oh, ich weiß. Als Sie das eben sagten, hatte ich ein Ekelgefühl im Magen. Ich will nicht, daß Sie mir zu nahe kommen. Wenn ich mich je entspanne, Gott weiß, welche Impulse in mir hochkommen. Ich könnte hier sogar eine Erektion bekommen.«
Den Rest der Stunde verwandte er auf eine Verunglimpfung der Psychoanalyse, *Freuds* und meiner Person und gab seine Zweifel zu erkennen, sich zu einer Analyse entschlossen zu haben.

Der manifeste Traum ist, wörtlich genommen, eine schwach entstellte Wiedergabe des ödipalen Dramas. Ohne die Assoziationen und das Verhalten des Patienten während der

Stunde hätte ich ihn nicht verstanden. In den Zusammenhang gestellt, bestätigt er seinen Widerstand und seine Ambivalenz, eine Analyse zu beginnen, und gibt Hinweise auf seine Angst vor homosexuellen Gefühlen in der Übertragung. Die schwangere Frau stand in Verbindung mit seiner Kusine und der Analyse, die ihrerseits schwanger an Möglichkeiten ist. »Sie will ihren Mann verlassen«; er möchte die Analyse abbrechen, »möchte« oder möchte nicht »frei« für sie sein.

Meine erste Frage war offensichtlich voreilig, denn er zollte ihr keine Aufmerksamkeit. Die zweite Frage war nur wenig geschickter, wie sich aus der Art seiner Antwort zeigt. Meine dritte Intervention, die sich auf den Widerstand bezog, rief eine sehr differenzierte Reaktion hervor. Der Fortgang dieses Ablaufs zeigt, daß im Interesse des Arbeitsbündnisses der Beachtung des Widerstandes der erste Platz gebührt.

Zu Beginn der Analyse berichtete ein Patient einen Traum und fügte hinzu, er hätte einen tiefen Eindruck auf ihn gemacht. Er war erstaunt, daß etwas in ihm hochkam, woran er bestimmt dreißig Jahre nicht mehr gedacht hatte.

Ich war in einem Zimmer in dem Haus, in dem ich lebte, bis ich sechs Jahre alt war. Ich sah meinen alten Teddybär, dessen eines Auge beleuchtet war. Es schien in der Luft zu schweben und kam dann genau auf mein Gesicht zu und schaute mir direkt ins Auge. Ich wachte auf.

Er konnte sich erinnern, daß er in seinen Teddybär sehr vernarrt war und ihn jeden Abend mit ins Bett nahm. Er erinnerte sich daran, wie unglücklich er war, wenn der Teddy irgendwie verschwand.

Da weitere Assoziationen fehlten und ich nur wenig über den Patienten wußte, konnte ich nur annehmen, daß der Traum durch die Beschwörung der Kindheit etwas mit dem Beginn der Analyse und möglicherweise mit den Gefühlen mir gegenüber zu tun hatte.

Nach Monaten, als sich die Übertragung entwickelt hatte,

konnte ich dem Patienten sagen, mir sei aufgefallen, daß es ihm schwerfalle, mir bei der Begrüßung in die Augen zu schauen. Jetzt erinnerte er sich, wie seine Mutter ihr Gesicht nahe an seines zu bringen und zu sagen pflegte: »Schau mir direkt in die Augen und sag mir die Wahrheit, und ich werde dich nicht bestrafen.« Er hatte sie beim Wort genommen, doch nur, um zu erfahren, daß sie es gar nicht so gemeint hatte. Nach mehreren unglücklichen Erfahrungen hatte er gelernt, ihr nicht mehr zu trauen.

Ich erinnerte mich an den früheren Traum vom Teddybär, der ihm fest in die Augen schaute; für eine Übertragungsdeutung gab es jetzt keinen zwingenden Grund mehr, so daß ich darauf verzichtete. Es gab noch zwei Gründe, weswegen ich den Traum nicht für eine Übertragungsdeutung »nutzte«. Trotzdem half mir der Traum, die Art der Übertragung zu verstehen, und warf ein Licht auf eine Verhaltensweise, die ich beobachtet hatte – die Ambivalenz des Patienten, Menschen zu trauen, einschließlich mir. Der Traum wurde durch die Aufnahme der Analyse und die Notwendigkeit, auf die Vergangenheit zurückzublicken, angeregt – »Schau mir in die Augen, sag' mir die Wahrheit!« Der Teddy war wie seine Mutter Freund und Feind. Er hatte ihn verraten, wenn er verschwunden war, wie seine Mutter ihn durch die Strafe verraten hatte. Würde der Analytiker ihn auch bestrafen? Der Traum beinhaltete eine kurzgefaßte Aussage über die Objektbeziehungen, die Entwicklung der Übertragung, die intellektuelle Neugierde aufgrund des Voyeurismus (die angestrengt schauenden leuchtenden Augen) und die Trauer über den Verlust eines Kameraden der Kindheit und den Verlust der Kindheit selbst. All diese wichtigen Erfahrungen, Hoffnungen und Ängste wurden in der Gestalt des kleinen Teddybären verdichtet. Ich konnte den Traum erst nachträglich verstehen. Meistens wird die Bedeutung eines frühen Traumes erst Monate, sogar Jahre, nachdem wir ihn gehört haben, verständlich.

4 Widerstand im Traum

Die Entwicklung eines Widerstandes während der Analyse ist verwirrend, entmutigend, aber nicht zu vermeiden. Sobald der Patient den Entschluß gefaßt hat, sich der Erforschung seines Seelen- und Gefühlslebens zu unterziehen, zeigt er Zeichen der Abneigung gegen genau die Aufgabe, die er sich gestellt hat. Allein die Aussicht, das Unbewußte bloßzulegen, setzt eine Gegenbewegung in Gang. Alle vernünftigen Gründe, in die Analyse zu kommen, scheinen zu verpuffen. Die Diskrepanz zwischen der Erwartung und der Ablehnung von Hilfe kann weder angemessen noch erkennbar sein. Widerstand kann sich plötzlich verraten oder allmählich andeuten, aber er ist nicht zu verhindern.

Als Hindernis des analytischen Fortschritts und paradoxerweise eines seiner wesentlichen Bestandteile begleitet der Widerstand buchstäblich jede Phase der Behandlung. Wird er im psychoanalytischen Sinne verstanden, so bedeutet Widerstand nicht Verschlechterung. Wir verstehen ihn nicht in der landläufigen Bedeutung, sondern betrachten ihn als unbewußte Abwehr mit dem Ziel, das Unbewußte durch die Blockierung des analytischen Prozesses verborgen zu halten. Wir verstehen ihn als Grundbestandteil der Analyse, der ständig berücksichtigt werden muß. In gewisser Weise werden wir ihm in jedem der hier dargestellten Träume begegnen.

Der Widerstand macht sich alle drei Instanzen des psychischen Apparates zunutze. Die Art seiner Äußerung gibt die Grundstruktur des Charakters des Patienten zu erkennen und wirft ein Licht auf das lebenslange Abwehrverhalten des Ichs. Unbewußt bringen die Patienten einen Es-Faktor in den Widerstand mit hinein, indem sie sich an die durch die Regression aktualisierten infantilen Wünsche klammern. In der Analyse erwarten, ja fördern wir die Regression, doch müssen wir daran denken, daß sie sich als Befriedigung verselbständigen kann. Das Über-Ich kann, besonders wenn es sich in archaischer Weise gegen jegliche Form der Befriedigung und des Wohlbefindens stellt, den Widerstand verstärken, indem es den therapeutischen Fortschritt verhindert und an der Selbstverurteilung festhält. Die Anteile aller drei Instanzen am Widerstand kommen im Traum zum Ausdruck.

Wenn unsere Bemühungen, das Unbewußte aus der Verdrängung zu lösen, von Erfolg sein sollen, geht die Interpretation des Widerstandes – wie überhaupt der Abwehr – grundsätzlich der Analyse der Triebe voraus. Genau dasselbe gilt für den Widerstand und Trieb im Traum. Der Traum und die dazugehörigen Assoziationen helfen uns, die Verteilung der beiden Kräfte einzuschätzen und die Verfassung des Ichs, in dem sie vereinigt sind, zu beurteilen.

Der Widerstand bringt fruchtbare und verblüffende Umschwünge in das analytische Klima. Seine zahlreichen Erscheinungsformen machen es schwer, ihn zu erkennen. Der Traum hilft nicht nur, den Widerstand zu entdecken, noch bevor wir andere Informationen haben, sondern er ist auch eine Möglichkeit, ihn bewußt zu machen. Der Traum ist ein guter Zugang zur Erscheinungsform und den unbewußten infantilen Quellen des Widerstandes und versetzt uns in die Lage, seine feinere Struktur aufzuspüren. Wenn ich später ausführlicher auf die Angst eingehe, werden wir untersuchen, welche Rolle der Traum bei der Aufdeckung dieser Quelle des Widerstandes spielt. Der Traum ist tatsächlich die Via regia zur Erforschung der vielfältigen Aspekte des Widerstandes.

Ständiges Bemühen, im Mittelpunkt zu stehen und den älteren Bruder an die Wand zu spielen, beherrschte Jenny K.'s Kindheit. Ihre Eltern waren, gemessen an ihrer Energie, Intelligenz und Launenhaftigkeit, keine ebenbürtigen Partner; sie konnten auch ihren unersättlichen Forderungen nicht entgegentreten. Noch keine zwanzig Jahre alt, heiratete sie und verließ ihren Mann kurz nach der Geburt eines Kindes. Mit Erfolg plante und führte sie eine berufliche Karriere durch. Als auch eine zweite Ehe scheiterte, war Jenny K. – inzwischen vierundzwanzig Jahre alt – sehr enttäuscht darüber, daß sich ihre ehrgeizigen Wünsche in Liebe und Beruf nicht erfüllt hatten; deshalb entschloß sie sich zu einer Analyse.

Der folgende Traum gibt zu erkennen, wie Jenny K. die Übertragung mit starken und beharrlichen infantilen Wünschen ausstattete, die wichtige Bestandteile des Widerstandes gegen eine Veränderung darstellten.

Ich gehe auf einen Berg hinauf zu einem Haus. Man kann zwischen drei Straßen wählen. Ich traf einen Mann, einen Neger, freundlich und sanft, aber er hatte trotzdem etwas Bedrohliches an sich. Ich fragte ihn nach dem Weg. Ringsherum war heftiges Schneetreiben. Er riet mir ab, hinaufzugehen. Ich jedenfalls ging weiter. Dann stand ich auf einem Balkon und hatte einen prachtvollen Ausblick auf heiteres Wetter und Silberwolken. Es war wunderbar.

Vielleicht hatte der Traum etwas mit ihren Gefühlen heute früh zu tun – so heiter aufgelegt für einen Umschwung . . . Bei dem Mann dachte sie an mich; meine Stimme klang so sanft und ruhig, ihre so heiser. Sie sprühte nur so, hatte so viel mehr Selbstsicherheit als im Augenblick. Wenn sie doch nur in diese Zeit zurückkehren könnte! Die Zukunft erschien ihr grauenhaft, aber was wäre, wenn sie in die alten Bahnen geriete? Nur die Angst vor meinem Mißfallen bewahrte sie davor, sich in ein neues Liebesabenteuer zu stürzen. Wenn sie sich darauf einlassen würde, wäre sie noch frigide? Plötzlich spürte sie einen bedrohlichen Druck in der Magengrube. Sie hatte Angst, ich würde ihr etwas sagen und ihre herrliche Stimmung verderben. Diese Heiterkeit konnte nicht bleiben. Sicher würde sie sich heute abend scheußlich fühlen.

Jennys Traum handelte von alternativen Möglichkeiten. Entgegen dem Rat des eindeutig ambivalent geschilderten Mannes schlug sie den Weg zur infantilen Wonne, umgeben von schimmernden Wolken der Mutterbrust, ein, wo alles heiter und konfliktfrei war. Die Assoziationen verglichen die Vergangenheit mit der Gegenwart – erstere war schöner – und sahen mit böser Ahnung in die Zukunft. Sie waren eine Warnung, daß der Luftballon ihrer Phantasie platzen müßte.

»Es war ein gutes Gefühl«, sagte ich, »von der Zeit zu träumen, in der Sie jung und sorglos waren. Dann wachten sie enttäuscht auf, weil es nicht mehr so ist. Wenn Sie sich doch nicht so mit der Analyse herumquälen müßten.«

»Obwohl ich weiß, daß Sie mir schon viel geholfen haben«, sagte sie, »will ich oft nicht weitermachen. Gestern abend hatte ich ein Haßgefühl auf Sie und wollte abbrechen, und dann überkam mich ein warmes Liebesgefühl.«

Die Regression, ausgelöst durch die Analyse, belebte Triebwünsche der früheren Entwicklungsphasen, die auf Befriedigung beharrten. Außerdem zeigte der Traum, wie der Widerstand sich die Übertragung dienstbar macht. Den Hinweisen der Assoziationen folgend, bezog sich meine Intervention auf den Widerstand. In einer tieferen Schicht war die Traumfigur, deren Rat sie ausschlug, eigentlich ihre Mutter. Genauso wie ihre Angst vor meiner Kritik sie von der hemmungslosen Verwirklichung ihrer Wünsche abhielt, so verhinderte seinerzeit ihre Mutter die Befriedigung. Indem Jenny mir die Rolle eines Elternsurrogates zuwies, stülpte sie mir den infantilen Anspruch auf Wiedergutmachung über. Meine Interpretation spielte darauf an, orientierte sich aber an den aktuellen Gegebenheiten und der Beharrlichkeit ihres Regressionswunsches.

Während dieser relativ glücklichen Periode kam Jenny, die mich gewöhnlich beim Begrüßen anstrahlte, eines Tages mit finsterem Blick in das Behandlungszimmer und sagte, daß sie sich einfach miserabel fühle. Sie warf mir vor, ich würde ihr nicht helfen; sie haßte jeden, »versagte total«. Sie vermutete, ich würde ihren Ausbruch als Sturm im Wasserglas betrachten, um Wichtigeres zu verschleiern, aber wenn es so wäre, hätte sie keine Vorstellung, um was es sich handeln könnte. Den Rest der Stunde verbrachte Jenny damit, ihre Misere zu beklagen und sich über meine Unfähigkeit zu beschweren. Ich sagte nichts dazu und tröstete mich mit dem Gedanken, daß ich früher oder später verstehen würde, was diesen Sturm ausgelöst hatte.

Am nächsten Tag begrüßte sie mich freundlich und sagte, es gehe ihr viel besser. Gestern hatte ihr Bruder beim Abendessen sich schmeichelhaft über ihre Erscheinung geäußert. Jetzt erinnerte sie sich an den Traum der vorletzten Nacht. »Wann?« fragte ich. Sie wollte ihn mir gestern schon erzählen, hatte aber beschlossen, mich zu bestrafen, und ihn verschwiegen. Aber da war er:

Ich fuhr mit meinem Bruder in einen Ferienort in den Bergen. Wir fuhren in eine Einfahrt hinein und parkten vor einem Wohnblock. Ein Butler nahm meine Taschen, aber ein anderer Wagen, der mir gehörte, stand im Weg. Ich wollte sagen: »Ich kann ihn wegstellen, er gehört mir«, aber ich sagte es nicht. Er versperrte den Durchgang.

Sie brachte den Traum unmittelbar mit ihrem Verhalten von gestern in Verbindung. Zuerst stellte sie eine gekünstelte poetische Beziehung zu dem Wohnblock her: »In meines Vaters Haus sind viele Wohnungen«; dann stellte sie eine Beziehung zwischen dem Wagen, der den Durchgang versperrte, und der Blockierung der Analyse her; dann wandte sie sich einer ausführlichen Beschreibung eines Erlebnisses vom Vortag zu, wobei sie im Büro den Vorschlag eines Kollegen in Frage gestellt hatte. Ich unterbrach sie und fragte: »Nach dem Traum?«

Traum und Verhalten verrieten den Widerstand, aber der Traum war der Hinweis auf die Gedankenrichtung, welche die dahinter liegende Angst hervorbrachte. Die sexuelle Symbolik von »Taschen« und »mit meinem Bruder fahren« wies auf einen Konflikt ihrer erotischen Bindung an ihn hin, obwohl ohne weitere Assoziationen die genaue Bedeutung im

Dunkeln blieb. Der Traum bedeutete am ehesten, gehindert worden zu sein. In diesem Beispiel trug der Widerstand im Gefolge von Angst zur Traumbildung, der Verzögerung des Berichtes und zur Wut in der vorausgegangenen Stunde bei.

In einer ganzen Anzahl von Fällen ist die Frage nach dem *Wann* nützlich. Als vorbereitende Intervention lenkt sie die Aufmerksamkeit auf den Ablauf der Ereignisse und ihrer kausalen Zusammenhänge. Die Frage kann helfen, eine im Dienste des Widerstandes unbewußt hervorgerufene Unterdrückung rückgängig zu machen. Sie kann den Patienten zur weiteren Untersuchung von Ereignissen anleiten, die zum Traum geführt haben oder sich aus ihm ergeben. Durch Berücksichtigung des *Wann* machen wir den Patienten mit dem Konzept der genetischen Kontinuität, das heißt der Beziehung zwischen früheren Ereignissen und ihren Auswirkungen und dem Einfluß vorhergegangener auf nachfolgende Geschehnisse vertraut.

Im Erstinterview hatte ich von Daniel F. den Eindruck eines ernsten, zuvorkommenden, aber irgendwie unerreichbaren Menschen. Er erzählte von seinen hart arbeitenden Eltern und seinen Anstrengungen, sozial, intellektuell und beruflich weiter zu kommen als sie. Er wollte eine Analyse, weil er unbestimmt merkte, daß er »den Zug verpaßte«. Mit zweiunddreißig Jahren hatte er noch keine Frau zum Heiraten gefunden und war auch nicht schnell genug in einer ihm angemessenen Karriere vorangekommen. Ich nahm ihn mit persönlichen Vorbehalten an; seine Motivation schien mir nicht überzeugend zu sein.

Es dauerte nicht lange, bis ich herausgefunden hatte, was mich gestört hatte. Daniel betrachtete die Analyse als einen Lehrgang und mich als Professor, der ihm Erklärungen zu geben hatte. Versäumte ich, dem nachzukommen, war er überhaupt nicht irritiert, sondern er zählte stur die Tugenden auf, die er sich anzueignen, und die Fehler, die er durch »Selbstdisziplinierung« zu verlieren hoffte. Mit zunehmender Deutlichkeit sah ich, daß ich es mit einer ungemein rigiden perfektionistischen Charakterstörung mit analen Zügen und dem sie begleitenden Starrsinn zu tun hatte. Außerdem gab er wenig von sich preis. Meine einzige Zuflucht war die ununterbrochene Charakteranalyse. Es war ein kleiner Triumph, als er nach Monaten quälender Inaktivität folgenden Traum hergab.

Auf dem Weg zu einer Praxis. Ich saß mit einem Mann auf der Couch, er sagte, daß ich ihm ein Buch bringen solle; ich solle heimgehen und es holen. Ich war mißtrauisch. Wer war er, was wollte er? Ich sah, daß er das Abzeichen eines Wachtmeisters trug und dachte: »Nicht mit mir. Er wird es nicht aus mir herausbekommen. Er will was für sich.«

Die Couch und der Raum erinnerten ihn an meine Praxis. Er war ziemlich sicher, daß der Traum etwas mit der Analyse zu tun hatte. Aber wieso das Buch? Was stand drin? ... Er merkte, daß er schon wieder zögerte ... Sein Mißtrauen erinnerte ihn daran, daß er Fragen an mich gestellt und so wenig Antworten erhalten hatte ... Was könnte mit diesem Buch sein?

»Sie. Die Stubengelehrsamkeit, die Sie zu mir bringen«, sagte ich.

Er dachte eine Weile schweigend nach und sagte dann: »Sie haben oft gesagt, ich rede wie ein Buch. Aber es ist so schwer, etwas herauszubekommen und spontan zu sein. Ich frage mich, ob Sie das erklären können.«

Ich benutzte das Traumbild, um die Pedanterie deutlicher zu machen, die Daniels Fortschritt verhinderte. Die Stunde war nicht nur, weil er einen Traum hatte und berichtete, ungewöhnlich, sondern auch, weil seine Assoziationen eine Interpretation möglich gemacht hatten.

Hugo W. hatte eine Charakterstörung, die sich in allen Situationen durch eine solche Rigidität auszeichnete, daß der Kontakt mit ihm wirklich unmöglich war. Er wies zurück, was seine Vorstellung von sich als ordentlichem und kontrolliertem Menschen beeinträchtigen könnte. Äußere Erscheinung war für Hugo das A und O. Sein Benehmen war einwandfrei, seine Kleidung tadellos, Worte und Gedanken peinlich gepflegt, wie er selbst. Er klagte über Mangel an Gefühlen, aber er wehrte sich gegen alle Bemühungen, seine Haltung ich-fremd zu machen und klammerte sich an sein Selbstbild, als wäre es für das Überleben notwendig, was für eine bestimmte Zeit tatsächlich zugetroffen war.

Unglücklicherweise machte sein Festhalten an der Abwehrhaltung es erforderlich, daß Hugo große Ausschnitte der Realität verleugnete. Er vergaß Namen, Vorfälle, Gedankengänge, und manchmal ging es so weit, daß er vergaß, worüber er gerade geredet hatte. In diesem Falle mußte er unterbrechen und den Weg bis an den Ausgangspunkt zurückverfolgen. Grundsätzlich vergaß er die Ereignisse von Sitzung zu Sitzung und das »Frei Assoziierte« und sprang von einem Gedanken zum anderen. Verständlicherweise ging die Analyse langsam voran, und die Übertragung war zerbrechlich. Mitunter ging ich soweit, seine Zurückhaltung zu durchbrechen, um eine Reaktion auszulösen. Ein solcher Versuch ergab sich im Zusammenhang mit einer Rückfrage zu meiner Rechnung. Ich mußte ihn erinnern, daß ich eine Woche lang weggewesen war. Am darauffolgenden Tag bat ich ihn unter gebührender Entschuldigung, am nächsten Tag eine Stunde früher zu kommen. Als Antwort brachte er einen Traum mit, der in dramatischer Weise seine Reaktion auf meine »Ungeduld« mit ihm und meine Bitte um Verschiebung der Stunde verdichtete.

Ich parkte meinen Wagen an der Straße, und als ich zurückkam, war ein Strafzettel dran. Ich hatte ihn in genügendem Abstand vom Hydranten abgestellt, aber irgend jemand hatte ihn auf besondere Weise vor den Hydranten geschoben. Ich sah einen Polizisten, der mich vermutlich aufgeschrieben hatte, und sagte zu ihm: »So wie ich da stehe, ist zu sehen, daß ich dorthin geschoben worden bin.« Er stimmte mir zu, sagte aber, ich müsse zum Gericht gehen. Ich bat ihn, eine Bestätigung meiner Position niederzuschreiben und zu zeichnen. Ich traute ihm nicht, wenn wir zum Gericht gingen. Dann dachte ich: »Warum sich hineinziehen lassen?«

In seiner bruchstückhaften Art drückte er seine Unzufriedenheit mit seinem neuen Wagen aus, sprach über einen Rechtsstreit seiner Firma und fuhr mit der ausführlichen Schilderung einer Auseinandersetzung mit seiner Frau fort. Ich unterbrach und fragte, ob er mit dem Traum ein wenig weiterhelfen könne. Er beschrieb neue Beispiele seiner Vergeßlichkeit, die zu einem ziemlichen Problem geworden war und sogar seine Arbeit beeinträchtigte. Er erinnerte sich, daß er vergessen hatte, daß ich eine Woche weggewesen war. Er war verblüfft, daran erinnert werden zu müssen, daß es meine Abwesenheit war, was er für einen Irrtum auf der Rechnung gehalten hatte.

»Sie vergessen Ereignisse fast so schnell, wie sie vorgefallen sind«, sagte ich, »besonders die in der Analysestunde. Was fällt Ihnen zu dem Strafzettel ein?«

»Natürlich die Farbe Ihrer Couch; darüber haben wir schon gesprochen.«

Angesichts seines spürbaren Ärgers fügte ich hinzu, daß er auch vergessen hatte, daß ich ihn mit dieser Stunde in der Zeit »geschoben« hatte. Schweigen, dann mehr über seine Unfähigkeit, sich einzulassen.

»Meine Position bleibt gleich.« Tatsächlich, sie blieb. Der Traum war die ausdrückliche Feststellung: »Hör auf, mich zu bestrafen, laß mich in Ruhe; ich traue dir nicht und ich will nichts mit dir zu tun haben.«

»Sie denken, ich hätte Sie nicht um etwas bitten sollen«, sagte ich. .

Hugos Narzißmus bildete eine starke Quelle eines bewußten und unbewußten Widerstandes in der Analyse, der zu Mißtrauen von lähmendem Ausmaß führte. Hugo legte jeden Versuch einer Beziehung als Demütigung und Eindringen in seine Intimsphäre aus. Wenn sonst nichts, der Traum machte das vortrefflich klar. Dem Zusammenhang war zu entnehmen, daß das Ich durch die sekundäre Bearbeitung einen Beitrag im Dienste des Widerstandes leistete.

Trotz schwieriger Bedingungen, denen sich George G. in der Kindheit ausgesetzt sah, war er mit neunundzwanzig Jahren in seiner Erscheinung ein Muster von Anstand und Fleiß. Einziges Kind eines oberflächlich zugewandten Vaters und einer dominierenden Mutter, schlief er bis zur Adoleszenz im Schlafzimmer der Eltern. George mußte sich aufmerksam die frommen Sprüche seiner Mutter anhören, während er sie mit Freunden im Bett liegen, Geschäftsleute betrügen und in Hotels stehlen sah, was nicht niet- und nagelfest war. Gehorsam, wenn auch ohne Begeisterung, besuchte er das College, aber die Mutter versah ihn weiterhin mit Ratschlägen. Mittlerweile heiratete er eine Frau, mit der seine Mutter überhaupt nicht einverstanden war, so daß seine Identifikation mit ihr komplett wurde. Seine Unsicherheit, eine unvermeidliche Folge der Erziehung in einer widersprüchlichen Atmosphäre, durchdrang alles. Unglücklich über sein ziel- und freudloses Leben und geängstigt durch die Zunahme perverser sexueller Phantasien, suchte er schließlich in der Analyse Hilfe. Hier bemühte er sich zwar gierig um Kooperation, aber es wurde deutlich, daß seine Identität beträchtlich gestört und er nur wenig, wenn überhaupt, von sich überzeugt war. Während er sehr um Aufrichtigkeit rang, konnte er kaum mehr als stereotype Formulierungen hervorbringen, die er sich aus psychoanalytischen Büchern geholt hatte. Ich wußte, daß ich eine Menge zu tun hatte. Nach einer der vielen Gelegenheiten, bei denen ich versucht hatte, ihm den Unterschied zwischen der Wirklichkeit der analytischen Situation und dem unrealistischen elterlichen Hintergrund, zu dem er sie machte, darzulegen, hatte er folgenden Traum:

Ich fuhr mit dem Aufzug in ein Schlafzimmer und suchte einen Platz zum Schlafen. Ich konnte das Zimmer nicht finden. Ich ging ins Badezimmer und pinkelte in eine Seifenschale.

Er fand sich überspannt, unecht und unnatürlich ... Er

dachte an das Badezimmer als Ort des Rückzugs. Jetzt hatte er das Bedürfnis, zur Toilette zu gehen »Wenn Sie nur rausgehen und Ihren Kummer wegpinkeln könnten«, sagte ich.

Er dachte an den Ausdruck »das Ballspiel verpassen und verpissen«. Was er sagte, hörte sich wie Quatsch an. Was er auch unternahm, war ein Staatsakt. Die Seife erinnerte ihn an »Honig ums Maul schmieren.«[2]

»Schmeicheleien« (softsoap), sagte ich.[3]

»Ich sehe, worauf Sie hinaus wollen. Wie ein Verkäufer, ich erwarte, daß Sie mir Kredit geben für das, was ich sage. Ich höre mir selber zu, um zu prüfen, ob es sich gut anhört und ob Sie zufrieden sind. Ich dachte gestern darüber nach, wie ich es fertigbringe, Ihnen wie ein guter Junge von meiner Kindheit zu erzählen.«

Während ich früher in verschiedenen Zusammenhängen ähnliche Deutungen gegeben hatte, schien meine Intervention irgendeinen Eindruck hinterlassen zu haben. Georges Unnatürlichkeit verpuffte, und seine anschließenden Bemerkungen hatten einen erfreulichen Klang von Aufrichtigkeit. Meine Interpretation diente der Vorbereitung; sie bezog sich nicht unmittelbar auf den Kern der Krankheit, sondern mehr auf einen peripheren Aspekt seiner schwachen Ich-Funktionen. Ich machte die vorbewußten Strebungen deutlich, die einen Teil des latenten Trauminhaltes darstellten: eine regressive Darstellung des Sprechens durch das Urinieren. Wenn sein »Pinkeln in eine Seifenschale« die exhibitionistische Einladung war, daß ich seinen Heldenmut bewundern sollte, so war jetzt kaum der richtige Zeitpunkt, das zu erwähnen.

Die folgenden Träume wurden aus mehr als einem Dutzend

---

2 Es handelt sich hier um ein Wortspiel: im Amerikanischen heißt es: washing out somebody's mouth, zu Deutsch: Honig ums Maul schmieren (Anmerkung des Übersetzers).

3 Auch hier ein Wortspiel: softsoap bedeutet Schmierseife und schmeicheln (Anmerkung des Übersetzers).

ähnlicher ausgewählt. Sie wurden in einem Zeitraum von wenigen Monaten berichtet und zeigen die Art des Widerstandes, den wir bei schweren zwanghaften Charakterstörungen vorfinden. Sie stammen von John Y., dessen Hauptmotiv für eine Analyse eine Kontaktstörung war, die in alle Beziehungen zu Menschen einging. Er war ein paarmal verheiratet gewesen, hatte eine zufriedenstellende Karriere gemacht, in seinem beruflichen, sozialen und persönlichen Leben fehlte aber immer die emotionale Seite. Soweit ich es überschauen konnte, war seine Fähigkeit zur Objektkonstanz von früher Kindheit an gestört. Dies zeigte sich in der Übertragungssituation, die ich von einem Therapeuten geerbt hatte, dessen Arbeit mit John offenbar nie über Diskussionen hinausgegangen war. In der Zeit, als diese Träume erschienen, hatten er und ich gelegentlich Sitzungen, die über das Diskutieren hinausgingen.

John träumte häufig, ließ aber die Träume fallen, sobald er sie berichtet hatte. Es war frustrierend für mich, aber auch für ihn. Bewußt gab er zu erkennen, daß er aus den Träumen Nutzen ziehen wollte, aber unbewußte Widerstände verhinderten jedes Weiterkommen. Nach Monaten, die dem Problem der Masturbation und latenten Homosexualität gewidmet waren, brachte er folgenden Traum:

Ich war in einem Konferenzraum zusammen mit einem Mann, dem ich einen Bericht abzuliefern hatte. Er schaute darauf und zeigte mir, daß er nicht gut sei. Ich hatte Sätze auf den Bogen geschrieben, von denen fünf mit »sehen Sie« anfingen. Er mußte sie alle durchstreichen.

Er dachte, daß der Traum etwas mit der Analyse zu tun hätte, sonst fiel ihm nichts ein. »Hier nicht *sehen*«, sagte ich, »und es waren *fünf* Sätze, genauso, wie Sie fünf Mal in der Woche hierherkommen.«
»Das verstehe ich nicht«, antwortete John, eine Antwort, die er bereits so oft gegeben hatte, daß sie schon fast automatisch war. Trotzdem fuhr er mit einem zweiten Traum fort:

General de Gaulle und ich gingen einen Berg hinauf. Weder er noch ich sagte etwas. Trotzdem ist es recht gesellig und gemütlich, und ich fühle mich geschmeichelt. Wir machen Halt, um Hamburger zu kaufen, und gehen dann weiter, obwohl nichts wirklich geschieht.

Er dachte etwas nach, dann räumte er ein, daß der General ihn an mich erinnere. Andere Einfälle hatte er nicht. Mir fiel ein, daß er und de Gaulle bestimmte Merkmale teilten, einschließlich einer enormen Zurückhaltung.
Johns erster Traum stellte eindeutig den Widerstand gegen die Analyse dar; der zweite arbeitete das Thema durch. Indem ich beide Träume wie einen auffaßte (wir gehen davon aus, daß Träume einer Nacht zusammengehören), sagte ich: »Wenn Sie nur fünf Mal in der Woche zu mir kommen könnten, aber nicht wirklich etwas sagen oder sehen müßten.«
Eine andere Bedeutung des ersten Traumes war das Walten seines Über-Ichs, das er auf mich projiziert hatte (der Mann, der auf seinen Bericht schaute und sagte »er ist nicht gut«). Der Kontext, in dem der Traum auftauchte, ließ an einen Zusammenhang mit der Masturbation und an die Verurteilung der Homosexualität denken.
Ich interpretierte die Träume in dieser Weise, weil ich sicher war, den Beitrag des Widerstandes an ihnen zu verstehen, und weil ich wußte, daß nichts passieren würde, solange ich nicht den Widerstand berücksichtigte.
John brachte den nächsten Traum, unmittelbar nachdem er die letzte einer Serie von kurzen Liebschaften abgebrochen hatte. Außerdem hatte er, ohne daß es sehr überzeugend klang, davon gesprochen, die Behandlung abzubrechen.

Ich fuhr mit dem Zug. Er hielt an einer Bahnstation. Während des Aufenthaltes schlenderte ich ziellos durch die Wagen. Plötzlich fuhr die Lokomotive mit allen Wagen los, bis auf den, durch den ich schlenderte, und ließ mich zurück. Ich war verärgert, daß die Züge nicht länger auf den Bahnhöfen halten. Ich hatte den Zug absichtlich wegfahren lassen, ohne drin zu sein, während ich mich im Wagen umsah.

Gestern abend hatte er sich mit einer Frau unterhalten, die sich für Psychologie interessiert, und seine Gedanken begannen abzuschweifen, und er war nicht mehr beim Thema. Er gab sich Mühe, diesen peinlichen Fehler zu verbergen und sprach unklar und zweideutig . . . Er benahm sich hier, als sei er nicht interessiert, als wäre die Analyse eine intellektuelle Übung. Er fühlte sich in der Analyse wie bei der Sexualität; beide seien zu mühsam und sollten daher unterlassen werden . . . Er fühlte sich dumpf, es deprimierte ihn.

»Wenn Sie alles und jeden ablehnen, auch die Analyse, dann fühlen Sie sich alleine und fragen sich, wie Ihnen das passieren kann und was aus Ihnen wird«, sagte ich.

Die Darstellung der Analyse durch eine Bahnfahrt ist nicht ungewöhnlich. Johns Unaufmerksamkeit (im Traum), die dazu führte, daß er zurückblieb, bezog sich wahrscheinlich auf das Auslassen bestimmter Einzelheiten seiner sexuellen Aktivitäten. Das Agieren auf diesem Gebiet bildete eine zusätzliche Dimension seines Widerstandes.

In den Wochen zwischen dem letzten und dem folgenden Traum agierte John seinen Widerstand in sexueller Promiskuität mit einer Anzahl von Frauen aus. Trotzdem fühlte er sich weiterhin sehr einsam.

Ich machte ganz allein einen Langstreckenlauf. Niemand war bei mir oder irgendwie in der Nähe. Ich wußte nicht einmal, für was der Lauf gut war – gerade wie hier. Ich blieb ein paarmal an Quellen oder Brunnen in Gruben oder Höhlen stehen, um etwas zu trinken. Ich dachte: »Es wird nur einen Augenblick dauern und das Ergebnis nicht beeinflussen.«

Bei dem Traum dachte er an *Die Einsamkeit des Langstreckenläufers*, an den Jungen, der in einer Besserungsanstalt vor dem Ziel mit Laufen aufhörte, um dem Rektor aus Rache eine lange Nase zu machen. Natürlich klang das so passend, so ganz nach seinem Verhalten mir gegenüber, daß es nicht stimmen konnte. (Die Erfahrungen mit John hatten mich gelehrt, Assoziationen dieser Art als nur teilweise zutreffend zu betrachten.) Letzte Woche hatte er gedacht, er hätte etwas gesehen und gelernt, aber dann ging es verloren.

Ich machte keine Intervention. Ich hätte eine Verbindung herstellen können zwischen dem Haltmachen zum Trinken und den sexuellen Aktivitäten, aber die Feindseligkeiten gegen mich waren wichtiger als andere Überlegungen. Ich mußte warten, bis der Konflikt des Agierens ihm mehr Leidensdruck verursachte. Ich wartete noch ab, da brachte er einen typischen Widerstandstraum.

Ich mußte zur Verabredung mit dem Analytiker kommen. Er schien mit einer Gruppe von Ärzten eine vertrauliche Besprechung zu haben, vielleicht waren es fünfundzwanzig. Mir wurde ausgerichtet, daß er keine Zeit für mich hätte. Dann saß ich im Wartezimmer. Es war voll von Patienten. Alle rannten herum, waren aufgeregt und warfen Sachen um. Dann wurde verkündet, daß der Arzt überhaupt nicht da sei.

Der Gebrauch der passiven Form und dritten Person, das visuelle Bild des manifesten Traumes und der Kontext, in dem er auftaucht, besagten: »Bleib mir vom Leibe!« Ein Traum mit irgendeiner Art von Unterbrechung und Verhinderung der Analysestunde stellt eindeutig fest, daß der Träumer überhaupt keine Analyse machen will. Im vorliegenden Fall hat die Traumarbeit Subjekt und Objekt vertauscht und Johns Ablehnung auf mich verlagert, während die Ärztegruppe den latenten Wunsch darstellte, seine sexuellen Aktivitäten geheimzuhalten (Gruppen im Traum stellen immer ein Geheimnis dar). Der Widerstand hatte sich hier auf die Übertragung zentriert und warnte mich, Assoziationen aus den tieferen Schichten zu erwarten. Da ich um die Gefahr einer Interpretation *in vacuo* wußte, wartete ich auf eine Gelegenheit zur Intervention. Nur, als er dauernd davon sprach, daß der Arzt im Traum keine Zeit für ihn hatte, sagte ich: »Drehen Sie es um!«

Als eine Art Zustimmung schloß er mich durch Schweigen aus, das die zweite Hälfte der Stunde anhielt.

Eine Woche später brachte John einen Traum mit ähnlichem Inhalt.

Es handelte sich buchstäblich um die Analyse. Statt hier war die Praxis in den Washington Heights. Ich war unten am Fluß und mußte einen Abhang hochklettern. Der Weg ging durch eine ärmliche Gegend. Ich war fünf Minuten zu spät. Nachdem ich hochgeklettert war, kam ich in die falsche Straße.

Er sah in dem Traum nichts schrecklich Geheimnisvolles. Auf diesem Weg konnte er nicht hinkommen. Er hatte ein schlechtes Wochenende hinter sich, war »benommen, spröde und hatte unter Gefühllosigkeit gelitten« . . . Im Traum hatte er ein schlechtes und dumpfes Gefühl, »Da fange ich alles mit halbem Herzen an. Alles ist auf Null gestellt«.

Ich wiederholte die letzte Feststellung und sagte: »Wenn Sie ›nein‹ sagen, kann nichts passieren. Zu mir sagen Sie ›nein‹«. Nach kurzem Schweigen: »Das sag' ich ja zu allem. Ich sag' mir selber, ich will was tun, aber ich kann mich nicht überwinden, es zu tun. Ich kann nicht ja sagen. Es durchdringt alles. Ich habe das Gefühl, als wäre ich im Gefängnis. Zum Teufel, genausogut könnte ich mich einsperren. Ich fühle mich nicht besser; wenn überhaupt, geht's mir schlechter.«

Im stillen hatte ich Einwände. Seine von der Abwehr bestimmte Sorglosigkeit erwies sich als nicht mehr haltbar. Die Depression als weit gesündere Entwicklung kam durch.

»Es wird deutlicher, wie hartnäckig ich bin«, fuhr er fort, »aber nichts passiert, um es zu ändern. Offenbar sage ich Ihnen, daß Sie mir nichts Gutes tun. Im Traum war es nicht klar, wie ich in Ihre Praxis kam. Ich machte zu früh halt; das mach' ich offenbar hier.«

Die Interpretation des letzten Traumes konnte gezielt sein, da die Deutungen der frühen Träume den Weg bereitet hatten.

Jede günstige Wendung in der Analyse masochistischer Patienten ruft automatisch ein archaisches Über-Ich auf den Plan, das die aggressive Energie an sich zieht und gewaltige Barrieren gegen den Fortschritt aufrichtet. Mit jedem Anzeichen der Besserung in der Behandlung schleicht sich erneut der Widerstand in Form verstärkten Leidens ein. Die negative therapeutische Reaktion kann noch andere Ursachen haben – zum Beispiel das Festhalten an infantilen Befriedigungen – aber ihre Herkunft aus dem Über-Ich ist ein wichtiger Faktor für die Errichtung des Widerstandes.

Im Verlauf einer langen Analyse hatte Paul D. geheiratet, war Vater geworden und hatte seine berufliche Position materiell verbessert. Die Entwicklung von Pauls Negativismus ging bis in die Kindheit zurück, als jede Mahlzeit ein Kampf mit seiner Mutter war. Spätere Manifestationen waren: Verzögern, Starrsinn und Geiz, begleitet von einer außerordentlichen Unfähigkeit, sich zu freuen. Äußerst quälende Phantasien überfielen ihn, wenn sich irgendeine Möglichkeit, Freude zu haben, auftat. Wie so viele Patienten neigte Paul dazu, zu vergessen, wieviel er von der Behandlung profitiert hatte. Freunde und Verwandte sagten ihm, sie könnten Zeichen der Besserung feststellen, aber seine Sitzungen bestanden weiterhin aus Jammern und Klagen. Folgenden Traum hatte er in einer Zeit, als er mir erzählte, daß er mit seiner Arbeit vorangekommen sei:

Ich lag im Krankenhaus auf einer Steinplatte, mit einem Laken bedeckt. Ich sah mich um, und Sie waren da.

Er jammerte, ich sei noch sein Tod. Tatsächlich beschäftigte er sich mit dem Tod. Seinem eigenen, dem seiner Frau und seines Kindes. Wir beide führten Krieg miteinander. Die Analyse hatte seine Finanzen ruiniert. Am Ende der Woche hatte er einen Geschäftsabschluß zu tätigen. Er erwartete, »zerfleischt« zu werden.

Ich wußte, daß Paul die Tendenz hatte, was immer ich sagte, unbewußt als Überfall zu begrüßen und meine Interventionen in »Vernichtung« umzudeuten. Deshalb hatte ich mir angewöhnt, meine Interventionen besonders sorgfältig zu formulieren. Unter Berücksichtigung seines momentanen Fortschrittes, seiner negativen therapeutischen Reaktionen und des Traumbildes vom Leichenschauhaus (anstelle der analytischen Situation) sagte ich: »Wenn's besser geht, geht's schlechter, besonders hier«. Er lächelte schwach, als er sein Bedürfnis, unglücklich zu sein, bemerkte, und erwiderte: »Ja, das kommt mir so bekannt vor.«

Der starke Negativismus, obwohl raffiniert versteckt, offenbarte die Wucht von Pauls verdrängter Aggression. Selten hörte er mir beim ersten Mal zu, und wenn, verstand er mich nicht, und wenn er mich schließlich verstand, kam er mit einem Gegenargument. An dem Morgen, an dem er den folgenden Traum brachte, war er fünf Minuten zu spät; sieht man die Verspätung im Zusammenhang mit dem Traum, so war sie gleichbedeutend mit einer Assoziation.

Ich liege in diesem Zimmer auf der Couch. Statt daß mein Kopf auf dem Kissen liegt, sind die Dinge gerade umgedreht. Mein Kopf liegt, wo die Füße sein sollten, und die Füße liegen auf dem Kopfkissen. Der Analytiker sitzt ebenfalls auf der anderen Seite, nicht wo er sonst sitzt. Er sitzt am Fußende der Couch.

Es handelt sich hier um eine vollkommen klare bildliche Darstellung seiner Opposition, die sich in einem Rebus von Lage und Stellung ausdrückte. Wie könnte er besser sagen: »Was Sie auch sagen, ich nehme den entgegengesetzten Standpunkt ein«? Der Widerstand drückte sich auch dadurch aus, daß er von mir in der dritten Person sprach. Unter Berücksichtigung seiner Verspätung bot ich ihm unmittelbar eine Deutung an.

»Ich lege die Zeit fest, und Sie machen eine andere daraus. Ich schreibe vor, wie Sie auf der Couch liegen sollen, und Sie liegen anders herum.«

»Huch, meine Frau sagt immer, daß ich, was sie auch sagt und will, immer das Gegenteil behaupte und will.«

Ich führte meine Interpretation nicht im Sinne der ödipalen Bedeutung bzw. in Beziehung zu seinem analen Kampf mit seiner Mutter weiter aus. Ich wollte das Ganze auf der Ebene des Widerstandes lassen, bis sein Kampf mit mir ich-fremd wurde. Der Widerstand nahm hier die Form der Aggression in der Übertragung an.

Der Traum zeigt nicht nur die Spielarten des Widerstandes, sondern er kann auch zum Träger derjenigen Kräfte werden, die sich der Analyse widersetzen. Sobald die Patienten die Bedeutung des Traumes in der Analyse deutlicher erkennen, können sie ihn unbewußt in den Dienst des Widerstandes stellen. Solche Träume verschleiern, statt zu verdeutlichen, und sind daher der Deutung besonders unzugänglich.

Der endlose Traum ist unbedingt das Ergebnis des Widerstandes. Sollte der Analytiker nicht jede Einzelheit eines Traumes beachten, dessen Bericht den größten Teil der Stunde beansprucht, braucht er sich keine Vorwürfe zu machen, daß er sich der Verantwortung entzieht. Die Analyse des vorgeschobenen Inhaltes, wäre sie überhaupt durchführbar, wäre wahrscheinlich doch unproduktiv. Vernünftige Überlegungen allein im Hinblick auf die Zeit schließen die Möglichkeit aus, umfangreiche Träume zu untersuchen. Derselbe Widerstand zeigt sich in einer Variation, wenn der Traum in den letzten Minuten berichtet wird. Der Analytiker braucht daher nicht zu denken, er hätte etwas versäumt, wenn der Traum zu spät erzählt wird, um noch darauf einzugehen. Er kann sich dann offen seine Unfähigkeit eingestehen, mit solchen Träumen viel anfangen zu können.

Die Produktion des endlosen Traumes weist auf den Wunsch hin, Angst wegzuträumen, und ist mit der zwanghaften Aktivität derjenigen zu vergleichen, die dem Durchbruch beunruhigender Gedanken und Gefühle vorbeugen wollen. Langes Träumen kann daher als die Verleugnung unerträglicher Angst, als ein Ersatz der Realität angesehen werden. Manche Patienten äußern tatsächlich das Gefühl von Besorgnis und Unzulänglichkeit, wenn sie keinen Traum mitbringen.

Durch die Ersetzung der Realität durch die Phantasie können

die Grenzen verwischt werden. Patienten widmen mitunter ihren Träumen so viel Zeit und Aufmerksamkeit, daß wir nichts mehr über ihren Alltag erfahren. Übertriebene Beschäftigung mit Träumen verkehrt das Unwirkliche in Wirklichkeit und reduziert die Wirklichkeit zu Unwirklichem.

Vor vielen Jahren, als ich noch relativ unerfahren war, hatte ich eine entwaffnende Patientin, die sich herabsetzend über Frauen äußerte, die ihre Männer manipulieren. Seit frühester Kindheit hatte sie die Realität durch Phantasie ersetzt und – wie sie es nannte – ein »Scheinleben« geführt. Sie betrachtete die Analyse als eine ästhetische Ergänzung ihres Lebens, als einen Dialog, der zur Verschmelzung mit dem Analytiker führen sollte. Ab und zu brachte sie mir Zeichnungen mit, die ihre Gefühle und Lebenssituation illustrieren sollten. Einmal erzählte sie folgenden Traum, nachdem sie der Versuchung zu masturbieren widerstanden hatte:

Ich sah den Zeiger einer Uhr wie Scheren die Mitternachtsstunde wegschnippeln. Eine Hand mit einem Messer kam aus einem Wandschrank. Ich ging ohne Furcht darauf zu, und er verwandelte sich in eine wunderbare Frucht, die ich verschlang. Dann kletterte ich auf einen Baum und war für jeden auf dem Boden unsichtbar. In der Ferne sah ich die kleinen Gestalten meiner Mutter und meines Vaters in die Erde hinabsteigen und verschwinden.

Sie gestand sofort, daß sie sich die ganze Geschichte ausgedacht hatte. Irgendwie erkannte ich diesen Vorfall als ein Agieren, wußte aber nicht, was sie dazu veranlaßt hatte, und machte deshalb keine Anstrengungen, auf diesen »Traum« einzugehen. Wäre ich heute in dieser Situation, würde ich ohne Zögern den Widerstand in diesem Stück kunstvoller Kreativität deuten. Auch ein erfundener Traum kann eine Bedeutung haben, wenn wir bereit sind, ihn als Phantasie zu behandeln. Das Artefakt muß jedoch vorwiegend als ein Widerstand betrachtet werden, mit dem die analytische Situation verhöhnt werden soll. Mein Versäumnis, der

Patientin ihr Verhalten richtig zu deuten, erlaubte ihr, der Untersuchung des Hintergrundes ihrer Masturbation auszuweichen. Das trug sicher zu dem Folgenden bei. Sie verbrachte die nächste Stunde mit der Erzählung eines anderen Traumes und die Sitzung danach mit einer bildhaften Träumerei.

Ein Mann kaufte und verkaufte alte Träume und brachte eine Frau unter einen Zauber, ihm ihre Träume zu bringen, die er feilbot. Die Phantasiefrau nahm immer mehr ab, bis nichts mehr von ihr übrigblieb. Der Traumdieb nahm ihr alles weg; sie gab ihm mit jedem Traum ein Stück von sich.

Im Dienst des Widerstandes können Träume als Bestechungen, Geschenke oder Möglichkeiten der Ablenkung benutzt werden. Außerdem kann es eine Quelle der Befriedigung sein, zu träumen und das Ergebnis dem Analytiker mitzubringen. Unbewußt vergleicht der Patient den Traum mit kreativer Fähigkeit, Potenz, guter Verdauung und unterhält damit einen angenehmen Zustand infantiler Befriedigung, statt zu Einsicht zu gelangen.

Simon E., dessen Rivalität mit seinem Vater weitgehend über das Geld erfolgte, brachte mir einige Wochen lang jeden Tag einen Traum mit. Diese Verschwendung machte mich stutzig, zumal sie mit einer bemerkenswerten Dürftigkeit an Assoziationen und einem Hinauszögern der Bezahlung einherging. Als er in einer Sitzung wieder damit begann: »Ich hatte einen Traum . . .«, unterbrach ich ihn fast unwillkürlich: »Noch einen?«

Schweigen – ein Schweigen mit auffallender Verblüffung. Dann: »Ich brauche ihn als Ablenkung von etwas anderem.«

»Geld?« fragte ich.

Nachdem er dies nach einiger Zeit bestätigt hatte, fügte ich hinzu: »So füttern Sie mich mit Träumen statt mit Geld, um mich bei Laune zu halten.«

»Ach«, sagte er und erzählte dann einen Traum, der unverkennbare Zeichen seiner verdrängten Feindseligkeit enthielt.

Es handelte von Ihnen. Sie lächelten, aber Sie lagen auf einer Couch, auf einen Ellenbogen gestützt. Sie waren offenbar krank. Ich legte einen Haufen kleiner weißer Kissen auf Sie, um Sie warm zu halten, und sagte: »Tut mir leid.« Sie hatten dasselbe eigentümliche Lächeln.

Ich benutzte als Assoziationen, was er vor dem Traum gesagt hatte, und meinte: »Auf den kleinen weißen Kissen, die Sie auf mich gelegt haben, schlafen Sie, wenn Sie das träumen, womit Sie mich zudecken.«
Sehr ernst erzählte mir Simon von einem Besuch bei seinem sterbenden Onkel. Von seiner Phantasie, der Onkel würde ihm Geld hinterlassen, was er auch von seinem Vater erhoffte. »Sie lächelten im Traum wie mein Onkel«, sagte er. Hier zeigte sich, daß der Patient den Traum zur Verführung und Besänftigung gebrauchte.
Der Traum wird außerdem entsprechend der Charakterstruktur und der Abwehroperation des Ichs als Widerstand benutzt. Die narzißtische Persönlichkeit führt sich oft mit einem bezaubernden oder faszinierenden Traum ein. Der Traum kann sogar mit einer Bemerkung wie »er wird Ihnen gefallen« vorgestellt werden. Hat der Narzißt den Traum erzählt, will er bloß Bewunderung erfahren und weiter nichts mit ihm zu tun haben.
Sehr passive Patienten, entweder ängstlich, sich zu engagieren, oder in der Erwartung eines magischen Vorgangs, werden sicher, wenn sie einen Traum mitbringen. Haben sie den Traum, ihre Hausaufgabe, abgeliefert, werden sie inaktiv und überlassen den Rest dem Analytiker. Dieser Umgang mit dem Traum ist ein deutliches Zeichen von Bequemlichkeit.
Der Zwangscharakter zeichnet sich durch die typische Art aus, den Traum zu erinnern, mitzuteilen und mit ihm umzugehen. Zwanghafte Patienten vermischen den Traum-

bericht mit Assoziationen, so daß der Traum selbst aus dem Gesichtskreis verschwindet. Sie würzen ihre ausführliche Darstellung mit Einzelheiten, wobei jede von der anderen isoliert ist und verfolgen krampfhaft jedes Fragment mit langatmigen Assoziationen, so daß man Schwierigkeiten hat, festzustellen, wo der Traum aufhört und die Assoziationen anfangen.

Manchmal bieten Patienten in dem unbewußten Bemühen, Angst abzuwehren, spontan eine Traumdeutung an. Ihre Mitarbeit ist aber mehr Schein als Sein. Der Widerstand zeigt sich hier in der Form, zu einer Antwort zu kommen, bevor alle notwendigen Fragen zum Traum gestellt werden können. Wird der Traum »gedeutet«, noch ehe der Analytiker dazu kommt, so flieht der Patient in Wirklichkeit vor seinem ängstigenden Inhalt.

Andere Patienten, die sich mit populärwissenschaftlichen Abhandlungen befaßt haben, benutzen verwässerte analytische Konzepte nicht nur in den Assoziationen, sondern sogar im manifesten Traum als Widerstand. Lassen wir diese falschen Spitzfindigkeiten durchgehen, erscheinen die Träume in einer trügerischen Weise klug und offen.

»Heute kann ich nichts erzählen; ich habe keine Einfälle«. Bemerkungen dieser Art weisen ausnahmslos auf etwas stark Verdrängtes hin, häufig auf Masturbation oder Einfälle über den Analytiker. Jenny K. hatte im Laufe der Analyse ihr Agieren mit oberflächlichen Zufallsaffären aufgegeben und war statt dessen wieder auf die Masturbation zurückgekommen. Obwohl sie die sexuelle Versagung rechtfertigte, geriet sie durch die Schuldgefühle und Peinlichkeit, über ihre autoerotischen Betätigungen sprechen zu müssen, mit dem Lustgewinn in Konflikt. Sie begann eine Sitzung mit der erwähnten Bemerkung und fuhr dann in ihrer typischen Art fort, zwanzig Minuten lang die Tagesereignisse zusammenzufassen. Dann brachte sie eine Serie von Träumen und eingestreuten Kommentaren, so daß es schwierig wurde, zwischen den Träumen und Bemerkungen zu unterscheiden.

Als ich sie um eine Klärung bat, lachte sie und sagte: »Sie müssen verwirrt sein, anderenfalls sorge ich dafür« (in beiden Punkten hatte sie recht). Dann fuhr sie fort:

Mit X in einem Schäferspiel. Wir waren ganz eng umschlungen, zärtlich und verliebt, aber ohne sexuelle Begierde oder Erregung. Wir umarmten und küßten uns. Ich sagte: »Das ist das erste Mal, daß ich mich ohne körperliche Intimität so nahe gefühlt habe«. Solch ein zärtliches Gefühl von Nähe.

Dann fuhr ich mit meiner Tante durch einen Wald. Es war sehr dunkel. Ein Bus kam auf uns zu, und weil ich den Dimmer nicht finden konnte, mußte ich das Licht ausmachen. Der Bus machte das Licht aus. Ich wollte das Licht wieder andrehen, konnte aber den Schalter nicht finden. Es erinnerte mich stark daran, meine Klitoris zu suchen. Dann waren Sie da. Wir lagen im Wald, und ich erzählte Ihnen, was sich ereignet hatte.

Jenny plauderte mit einem dritten Traum weiter, unterbrach sich und bemerkte das Durcheinander. Ich hatte gerade aufgehört »zuzuhören« und sagte schließlich: »Ist noch was?«
»Nicht viel. Warum fragen Sie?«
»Es sieht ganz danach aus.«
»Ich hatte den Eindruck, Sie denken, daß ich ihn ausschmükke und etwas hinzutue.«
»Haben Sie Einfälle zu den Träumen?« fragte ich.
Sie meinte, der Wald sei eindeutig ein phallisches Symbol. Die Bäume wären Penisse, und alle Träume hätten mit der Klitoris zu tun. Ich unterbrach noch einmal: »Warum letzte Nacht?«
Sie war durcheinander. Sie hatte gestern abend nicht masturbiert (die erste Bemerkung darüber); nachdem sie eine Schlaftablette genommen hatte, hatte sie tief geschlafen, aber nicht masturbiert. Sie hatte schon lange nicht mehr masturbiert. Selbst wenn sie in einer Darstellung von sexuellen Szenen stimuliert wurde, hatte sie kein Bedürfnis zu masturbieren. Beim Baden berührte sie ihre Genitalien und verweilte

wohl auch dabei. Gestern abend hatte sie an der Vagina gekratzt, weil es gejuckt hatte, aber nicht richtig masturbiert.

Ich sagte: »Sie wissen, wie empfindlich Sie gegen jede Kritik wären, wenn Sie masturbiert hätten.«

»Stimmt. Ich dachte, Sie kritisieren mich, als Sie nach den Träumen fragten.«

»Am Anfang der Stunde sagten Sie, Sie hätten nichts zu erzählen. Die Masturbation ist nichts, worüber man spricht, nicht wahr?«

Sie lachte. Genauso war's ... »Mein Gott, im ersten Traum handelte es sich nicht um Sexualität mit einem Mann. Im zweiten ging es um Masturbation. Jetzt sehe ich den Zusammenhang zwischen dem Schalter und der Klitoris. Stimmt was nicht mit mir, da ich durch die Masturbation erregt werde?«

Jennys Widerstand war durch die Weitschweifigkeit, das befangene Lachen, den Überfluß und die Darstellung der Träume zum Vorschein gekommen. Meine Frage »Ist noch was?« sollte die Aufmerksamkeit auf die Weitschweifigkeit lenken. Ihre Schuldgefühle (über die Masturbation mit dem Analytiker als Übertragungsobjekt) führten zur Überreaktion. Der starke Widerstand in dieser Stunde hielt mich zurück, eine weitere Determinante ihrer Eröffnungsbemerkung »Ich habe nichts zu erzählen« zu erwähnen: eine Anspielung auf die weiblichen Genitalien (*Lewin*, 1948 b).

Die Frage »Warum letzte Nacht?« half der Patientin, die Aufmerksamkeit auf die Ereignisse zu lenken, die dem Traum unmittelbar vorausgegangen waren. Sie konnte die Bedeutung der Frage erkennen.

Insbesondere wenn der Traum als Widerstand dient, hat die Analyse der Abwehr Vorrang vor der Interpretation des Inhalts. Wir zeigen, wie durch den Umgang mit dem Traum die Abwehr verständlich gemacht werden kann. Wir betonen das Bedürfnis des Patienten, einem Angstausbruch und der

Erkenntnis gefährlicher Gedanken und Gefühle zuvorzukommen. Je nach Fall ist es das beste, dem Patienten seinen Mangel an Einlassung, seine Passivität oder sein Bedürfnis, die Realität abzuwehren, zu zeigen.

6 Übertragung im Traum

Wenn der Traum die Via regia zur Aufdeckung des Widerstandes ist, so ist er es nicht weniger bei der Aufklärung der Übertragung. Dieser Prozeß, der die Impulse und Phantasien über wichtige Gestalten der Vergangenheit wiederbelebt und im Analytiker wieder auferstehen läßt, erfolgt still und im Dunkeln, genau dort, wo der Traum zu Hause ist und seinen größten Dienst erweist.

Die auf den Analytiker gerichteten infantilen Verhaltensweisen kommen im Traum zum Vorschein und werden besser erlebbar. Für den Patienten ist es nützlicher, sich mit der faßbaren Gegenwart auseinanderzusetzen als mit unfaßbaren Geistern zu kämpfen. Der Traum gestaltet die Übertragung (die selber die Konkretisierung starker emotionaler Kräfte ist) und löst die Analyse aus dem Bereich des Abstrakten. Der Traum offenbart die vorherrschende Vorstellung vom Analytiker durch die Rolle, die der Träumer ihm zuteilt. Er kann als Lehrer, Vater oder Mutter, Vertreter des Rechts, Spion, Diener, Clown, Autofahrer, Präsident oder Monster erscheinen. Entsprechend wird die analytische Praxis in einen Operationssaal, ein Gefängnis, ein Museum, eine Toilette (in der die Geschäfte erledigt werden), in Ausland (mit fremden Sprachen), ein Restaurant, Theater, Geschäft oder eine Bücherei verwandelt.

Der Traum kann den Zeitpunkt der Entwicklung von Übertragungshaltungen angeben, wenn genaue Informationen über ihren Ursprung auf andere Weise nicht zu erhalten sind. Der Kontext zum Traum eines Patienten zeigte mir einmal, daß das Vorbild seines manifesten Verhaltens aus der uretralen und phallischen Phase stammte. Der Traum, eine Entstellung seines Wunsches, auf den Analytiker zu urinieren, stellte die ursprünglichen Triebobjekte dar, indem er die Gestalt des Analytikers mit der der Eltern verdichtete.[1]

1 Traum Seite 129: »Ich bin bei Ihnen und Ihrer Familie . . .«

Reaktionen auf die Analyse und den Analytiker, die nicht aus der Vergangenheit stammen, d. h. keine Neuauflage alter Beziehungen sind, sondern auf aktuellen Ereignissen beruhen, werden ebenfalls vom Traum aufgegriffen. Bei Träumen, in denen der Analytiker auftaucht, muß man zwischen Darstellungen, wie er ist, und solchen, die ihn mit den Eigenschaften früherer Vorbilder ausstatten, unterscheiden. Ein Traum kann beides enthalten, wie Hugo W.[2] nicht nur den auf mich übertragenen Verdruß gegen seine Mutter zum Ausdruck brachte, sondern auch auf eine aktuelle Verletzung durch mich reagierte.

Die Psychoanalyse ist der Auffassung, daß die Beziehung des Kindes zu den Eltern beide Komponenten der Ambivalenz aufweist. Ich habe beobachtet, daß viele Ausbildungskandidaten die positive Übertragung als eine Förderung der therapeutischen Entwicklung, die negative Übertragung dagegen als ein Übel auf dem Weg zum Weiterkommen betrachten. Die wirkliche Feindschaft ist die Indifferenz. Besser irgendeine Übertragung als gar keine. Die negative Übertragung braucht die Analyse ebenso wenig zum Stillstand zu bringen, wie die positive Übertragung den Prozeß automatisch vorantreibt. Beide Aspekte können der Ausdruck eines schwer zu handhabenden Widerstandes sein.

Wie man Träume mit Übertragungselementen handhabt, hängt von der Einschätzung der Ich-Stärke des Patienten ab. Wenn wir das Gefühl haben, der Patient könne die Intensität seiner Reaktionen und ihren ich-dystonen, befremdlichen Charakter kritisch genug beurteilen und sei dahingekommen, eine Verbindung zwischen Vergangenheit und Gegenwart herzustellen, helfen wir mit der erforderlichen Intervention nach, den bereits in Gang gekommenen Prozeß zu vervollständigen. Die therapeutische Bedeutung der Übertragung erfordert jedoch eine vorsichtige Interpretation. Einerseits vermag die Deutung zur Überwindung der Abwehr beizu-

2 Traum Seite 72: »Ich parke meinen Wagen an der Straße . . .«

tragen, die genetische Entwicklung aufzuklären oder ein früheres Erlebnis zu rekonstruieren. Andererseits kann sie bei ungerechtfertigter Überbetonung der Übertragung das empfindliche Gleichgewicht stören und ihre Entwicklung verbauen.

Die Entwicklung der Übertragung läuft parallel mit der vom analytischen Prozeß geförderten Regression. Wie wir die Regression durch jedes Stadium der Entwicklung verfolgen, so tun wir es auch mit den den Entwicklungsstadien zugeordneten Übertragungsäußerungen, indem wir das Verhalten des Patienten in der Praxis, seine Stimmungen, Phantasien, Ängste, phobische Reaktionen, somatische Manifestationen und charakteristische Abwehroperationen beobachten. Der Traum bietet uns mit großer Bestimmtheit ergänzende Aussagen über die regressive Entwicklung. Nicht selten können Träume sogar die Regression einleiten.

Olivia L. war Ende vierzig, als sie nach dem Tod ihrer Mutter Hilfe suchte, sie klagte, sie wisse nicht recht, ob sie ihre Laufbahn als Kinderbuchlektorin fortsetzen solle, und daß sie sich Sorgen mache, weil sie sich beim Essen nicht bremsen könne – sie hatte stark zugenommen –; und überhaupt war sie mit sich nicht im reinen. Ihre einzige Tochter, die sie nach der Trennung von ihrem Mann vor zwanzig Jahren großgezogen hatte, war nun verheiratet und aus dem Haus gegangen. Sie lebte allein und war ziemlich bescheiden. Aber sie hatte große Schwierigkeiten, morgens aufzustehen, ihre Wohnung in Ordnung zu halten und ihre Rechnungen zu bezahlen. Sie neigte dazu, die Dinge laufen zu lassen. Sie hatte Angst, eine »komische Alte« zu werden. Eine unverheiratete ältere Schwester war hypochondrisch wie ihre Mutter, und sie wollte nicht werden wie sie.

Daß sie sich auf die Couch legen sollte, verdüsterte ihren Blick: sie würde mich lieber anschauen und meinen Gesichtsausdruck sehen. Auf der Couch nahm sie eine fötale Haltung an, drehte sich auf die Seite und ließ Hände und Füße über die Kante herabhängen, so daß sie fast den Boden berührten. Sie klagte, daß sie im Liegen die Kontrolle verliere und achtgeben müsse, daß sie ihr nicht entglitt.

In der Stunde fiel sie in ein Schweigen, das ich fast fühlen konnte – ein genügsames, behagliches Schweigen, das mehr Anwesenheit als Abwesenheit bedeutete –, auch wenn sie sich etwas traurig fragte, warum sie hierherkommen und Selbstgespräche führen solle, wenn sie das auch zu Hause tun könne. Wenn sie das Schweigen brach (es machte mich zugegebenermaßen ungeduldig, und ich hielt es für den Ausdruck des Zurückhaltens und Widerstands, bis ich es verstand), sprach sie – anders als sonst – deutlich im Tonfall des Landesteils, aus dem sie stammte. Ich begann, die Art und die Herkunft dieser nichtverbalen Kommunikation besser zu verstehen, als sie erzählte, sie verliere die Zeit aus den Augen – Tage und Stunden –, seit sie in die Analyse komme, und merkwürdig schläfrig würde, wenn sie hier liege, mitunter schon auf dem Weg hierher. Einmal, berichtete sie, ertappte sie sich dabei, daß sie ihren Wohnungsschlüssel in der Hand hatte, als sie auf die Klingel meiner Praxis drückte.

Ich weiß nicht, ob eine Gegenidentifikation in mir die Müdigkeit auslöste, aber mit all diesen Beobachtungen vor Augen konnte ich ihr Verhalten doch nicht ganz erklären, bis sie mir eine Reihe von Träumen brachte; es begann mit der Erinnerung an einen Traum, den sie vor Beginn der Analyse hatte.

Ich sitze in den Ästen eines Apfelbaumes. Ich sehe hoch oben in weiter Entfernung den Horizont, wie durch ein umgedrehtes Fernglas; dadurch wird alles kleiner. Ich sehe wunderschöne winzige Bäume und Blumen . . .

Sie hatte keine Assoziationen, aber ich hörte die Umschreibung ihrer Sehnsucht nach früheren Zeiten heraus – Dinge, die in der Entfernung gesehen werden, stellen die Vergangenheit dar.

Jetzt träumte sie:

Ich schlafe, bin aber gerade am Aufwachen. Auf dem Boden neben dem Bett liegt ein Neugeborenes. Das Baby ist groß und kann sprechen. Es krabbelt in den Kamin.

Sie sagte, daß sie im Augenblick auf der Couch Sensationen im Mund und das Gefühl habe, ihr Körper schrumpfe; es erinnere sie daran, wie sie ihr Kind gestillt habe (*Isakower*, 1938). Sie bemerkte, daß sie jetzt hungrig sei und schlafen wolle. Obwohl der Hunger und die »Nickerchen«-Schläfrig-keit bereits in der Analysestunde zutage getreten waren und ich mich dazu geäußert hatte, hatte es keinen Eindruck auf sie gemacht. Als ich ihr jetziges Gefühl, den Traum, die Schläfrigkeit und das Schweigen in einen Zusammenhang stellte: »Ihr Gefühl hier scheint ein Gefühl zu wiederholen, das Sie gehabt haben müssen, als Sie noch sehr klein waren«, antwortete sie über mehrere Tage mit einer Serie von Träumen, in denen sie in Restaurants und im Kinderzimmer war, und dem folgenden:

Ich fuhr ganz allein im Bus. Er fuhr in ein Kino, in so ein altes Kintop der dreißiger Jahre. Er fuhr mit mir in einen Seitengang, und ich betrachtete zufrieden einen griechischen Fries auf der anderen Seite.

Eben, als sie den Traum erzählte, hatte sie zu dem über dem Kamin in meiner Praxis hängenden Relief der Gradiva und der daneben stehenden griechischen Vase hinübergesehen. Aber alles, worüber sie sprach, lief auf den Wunsch hinaus, zu schlafen, zu essen und sich wie ein großes Baby zu fühlen, wenn sie hier war.

Olivias Reaktion auf Deutungen war, sie still zu verdauen, als wolle sie damit ausdrücken, daß sie durch sie nicht gestört oder belästigt werden wolle. Aber die schrittweise Verände-rung der nachfolgenden Träume wies darauf hin, daß sie merkte, worum es sich handelte. Nach folgendem Traum:

Ich bin in ein weißes Gewand gekleidet, wie ein kleines Mädchen bei einer Geburtstagsparty. Ich fühle mich so hübsch, faßte sie zusammen, was sich seit Wochen abgespielt hatte, und sagte: »Anscheinend gehe ich die ganze Zeit in meinen Träumen zurück. Und die Zeit ist aufgehoben; so unterscheide ich nicht einen Tag vom anderen und kümmere mich nicht darum. Wenn ich hier bin, habe ich das Gefühl, wie wenn mich meine Kinderschwester in meinen Schneeanzug steckte; ich sollte in der Diele mit Puppen spielen; ich sollte nachmittags Milch und Crackers und süßen Kakao zu mir nehmen. Gestern saß ich da und machte nichts und ließ die Dinge laufen und dachte daran, daß meine Entwicklung stehen geblieben ist. Was fange ich damit an? Glauben Sie, daß das etwas mit meinem Interesse an Kinderbüchern zu tun hat? Bin ich deshalb Lektorin für Kinderbücher geworden?«

Ihre Einsicht entsprach der toleranten Haltung des Analytikers. Als ich sie nämlich nicht mehr aufforderte, sich verbal zu äußern, und mit Hilfe der Träume die durch die Regression in der Analyse hervorgerufenen Äußerungen des Ichs verstand, reagierte sie damit, daß sie Träume mitbrachte, welche die Sache für uns beide deutlicher machten. Wenn wir Träume, die den Beginn der Regression ankündigen, in Begriffen der Passivität und des Widerstandes interpretieren, erschweren wir dem Patienten und Analytiker die Arbeit und verzögern ihr Fortkommen, indem wir die unabdingbare Entfaltung des Entwicklungsfahrplanes mißverstehen.

Ich habe erwähnt, daß die positive und negative Übertragung die Quelle eines unüberwindlichen Widerstandes werden kann – daß beide Hand in Hand gehen können. Unbewußte infantile Wünsche können in der Übertragung so stark werden, daß sie die Realität der analytischen Situation völlig auslöschen und das Behandlungsbündnis aufheben. Soll die analytische Arbeit dann überhaupt noch Fortschritte machen, muß der Übertragungswiderstand gedeutet werden, ohne auf den günstigsten Zeitpunkt zu warten. Nimmt die Übertragung diese Form an, kann der Traum für das Weiterkommen hilfreich sein, indem er zur notwendigen

Interpretation mahnt, bevor der Patient durch Abbruch der Analyse endgültig seinen Widerstand ausagiert.

Gemessen an seinen hohen Zielsetzungen zeigte Daniel F. eine deutliche Nachlässigkeit gegenüber den alltäglichen Aufgaben. Ich war zuversichtlich, denn ich konnte nicht feststellen, daß sich die Nachlässigkeit auch auf die Analyse auswirkte. Er zahlte prompt die Rechnungen und hielt die vereinbarten Termine mit erfreulicher Zuverlässigkeit ein. Zugleich bestand er darauf, mich um Rat zu fragen, und schien mit dem Unbewußten nicht umgehen zu können. Wir hatten schon ziemlich lange miteinander gearbeitet, als Daniel den folgenden Traum brachte, der mir zeigte, daß seine Mutter ihm jeden Wunsch erfüllt hatte:

Ich fuhr in einem kleinen roten Auto. Es zischte wild. Ein Mann kam vorbei und sagte, man müsse genau nachsehen. Das wußte ich. Er legte sich drunter und schaute nach und sagte dann, es sei an verschiedenen Stellen undicht. Ich machte nichts.

Er sagte, sein Auto müsse wirklich nachgesehen werden, aber er habe sich noch nicht darum gekümmert. Er sprach dann ziemlich lange über seine schwierige finanzielle Lage und sagte schließlich: »Ich wäre dankbar, wenn Sie etwas dazu sagen würden.«

Ich war mit solchen Bemerkungen gut vertraut, sagte diesmal aber: »Sie wollen, daß ich's mir genau anschaue und mich um Ihre Angelegenheiten kümmere, wie Ihre Mutter, ohne daß Sie sich selber anzustrengen brauchen.«

Ein langes nachdenkliches Schweigen folgte, ein Schweigen aus Zweifel und Hoffnung, ob ich noch etwas sage. Schließlich wiederholte er seinen innigsten Wunsch, ich solle ihn so oft wie möglich unterbrechen und mich zu seinen Überlegungen äußern. Ein paar Wochen später brachte Daniel den folgenden typischen Traum:

Ich war zu Hause, im Pyjama. Es läutete, und ein Analytiker kam herein. Ich war überrascht, ihn zu sehen, dachte aber: »Wenn er schon einmal da ist, kann er auch bleiben«.

Die Assoziationen bezogen sich auf die Unbequemlichkeit, die Analysestunde in seinen komplizierten Tagesablauf einzubauen.

»Wieviel bequemer wäre es, wenn Sie nicht hierher kommen müßten, sondern ich Sie zu Hause besuchte«, sagte ich.

Der Traum war ein ziemlich naiver Ausdruck der Verwöhnung, die er durch mich erwartete – eine Verwöhnung, an die ihn seine Mutter gewöhnt hatte. Weil ich immer noch Zweifel an der Qualität seiner Objektbeziehungen hatte, gab mir der Traum Hoffnung für die Zukunft.

Nach mehr als einem Jahr Analyse beklagte sich Jenny K., daß die sexuelle Abstinenz in ihr ein Gefühl von Langeweile und Entbehrung auslöse. Die Analyse hätte ihr das einzige Vergnügen genommen, das ihr das Leben lebenswert mache, und wenn das der Zweck der Analyse sei, wolle sie nichts davon wissen. Sie machte mich für ihr Unglück verantwortlich und machte mir bittere Vorwürfe, daß ich ihr nicht helfe. Heftige Beschimpfungen wechselten sich mit kurzen Phasen von Reue ab. Während einer solchen Periode der Beschimpfung träumte sie:

Ich schlief mit einem meiner früheren Freunde. Ich wußte, daß er wegen einer anderen Frau unglücklich war, und sagte: »Ich würde dich gerne trösten«. Aber das stimmte nicht. Ich wollte das sexuelle Vergnügen für mich; ich kümmerte mich nicht wirklich um ihn.

Vor dem Schlafengehen war sie versucht zu masturbieren und hatte sich gesagt, sie habe ein Recht darauf, weil sie keinen Mann hatte, der sie befriedigte. Trotzdem enthielt sie sich und wollte mir die Schuld für ihre Frustration geben. Mit einem kurzen Lachen sagte sie: »Es ist Ihr Fehler. Ich wollte Ihnen das Problem anhängen.«

Nachdem sie ihre Müdigkeit, Schlaflosigkeit und andere Symptome der sexuellen Spannung zugeschrieben hatte, schwieg sie (ein Zeichen, daß unbewußte Einfälle über den Analytiker dazwischengekommen waren). Dann: »Ich glaube, ich brauche einen Schubs von Ihnen; hätte ich einen Mann, bräuchte ich nicht zu masturbieren.«

»Der Mann, der Sie im Traum befriedigte, gehörte einer anderen Frau, und eben sagten Sie, ich sei derjenige, der für Ihre Masturbation verantwortlich sei«, antwortete ich.

Jenny wies darauf hin, daß sie die ödipalen Verstrickungen mit dem Mann einer anderen Frau noch nicht aufgegeben habe und sagte, sie merke jetzt, daß Männer, die sie anziehend fand und verführen wollte, verheiratet oder sonst unerreichbar seien; sie mußte zugeben, daß sie mich vor Augen hatte, als sie gestern abend an das Masturbieren dachte. Komisch, der Raum im Traum war hell, wie meine Praxis.

Drei Tage später erzählte mir Jenny, wie zufrieden sie war, als der Chef ihre Arbeit gelobt hatte. Sie bemerkte jedoch, daß im Büro andere seien, die er anscheinend lieber habe. Sie sprach dann von ihrer dummen Mutter, welche die heutige Freizügigkeit vor- und außerehelicher sexueller Beziehungen nicht begreifen wolle und in einer Anzahl anderer Fragen unerträglich altmodisch sei. Erst dann erwähnte sie, daß sie einen Traum zu berichten habe.

Ich bin auf einem Ball. Das Drumherum ist sehr erotisch – griechische und römische Räume, sehr festliche Farben. Ich tanze. Ich habe mich für später mit einem Mann verabredet, lese aber Zeitschriften, um es hinauszuschieben. Ich zögere und halte von mir fern, was, wie ich weiß, kommen wird.

Sie fand den Traum angenehm, aber war zugleich frustriert und unbefriedigt. Die Sexualität, die sie antizipierte und vermied, lag in der Zukunft. Langes Schweigen, dann: »Etwas braut sich zusammen (Pause) hier.«

In meiner Praxis sind von der Couch aus griechische und römische Gegenstände zu sehen. Zeitschriften liest sie in meinem Wartezimmer – der Wunsch, der Liebling »im Büro«[3] zu sein und ihr Ärger auf die Mutter kamen

3 Im Amerikanischen heißt es »office«, was Büro und Praxis bedeutet (Anmerkung des Übersetzers).

zusammen. Im Zusammenhang mit dem früheren Traum und der Bemerkung »Etwas braut sich hier zusammen«, zog ich vor, nicht zu intervenieren. Ich wollte nicht in die weitere Entwicklung der Übertragung eingreifen, die durch den Widerstand nur mäßig beeinträchtigt war (der Hinweis darauf war die Verzögerung des Traumberichts). Die erotischen Verwicklungen führten zu Angst, wenn auch nicht von lähmendem Ausmaß. Zwei Monate später erklärte Jenny, sie könne die Rechnung erst später bezahlen; dann erzählte sie diesen Traum:

Ich war in einem Kaufhaus. Entweder arbeitete ich dort oder kaufte etwas. Ein Mann kam daher, nannte die Preise und schaute sich eine Tabelle mit Zahlen an. Ich sagte irgendwie, daß ich eine Menge Arbeit hätte – zwei volle Jobs –, wie ich das nur schaffe. Auch noch etwas Unbestimmtes über Geld.
Dann war ich mit Jason Robards zusammen. Er spielte Klavier und sang ein Liebeslied für mich. Er sagte, er liebe mich. Es war wunderbar. Ich wollte ihm sagen, daß ich ihn liebe, brachte es aber nicht heraus.

Jenny meinte, ich sähe aus wie Jason Robards. Sie verglich sich mit einer Freundin, die ebenfalls eine Analyse machte und immer wütend auf ihren Analytiker war und sich nicht vorstellen konnte, ihn gern zu haben . . . Sie hatte daran gedacht, wie schwer sie arbeitete, und doch schien sie nie Geld zu haben. Sicher beneidete sie Leute mit Geld.
»Wenn ich Sie lieben würde, brauchten Sie die Rechnung nicht zu bezahlen«, sagte ich.
Sie meinte, daß Geld die Dinge sehr unpersönlich mache. Natürlich wünschte sie, daß ich sie gern habe . . . Ich müßte sehr reich sein – warum hatte ich so hohe Rechnungen? Ihre Eltern hatten ihr immer angeboten, ihr auszuhelfen, aber sie haßte es, Geld von ihnen anzunehmen. Sie hatte oft einen Tagtraum, daß ich ihr einen Sonderpreis mache . . . Ihre Mutter war glücklich, einen Mann zu haben, der sie großzügig versorgen und ihr alle Wünsche erfüllen konnte.
Etwa zur gleichen Zeit berichtete Jenny einen Traum und

versprach sich, ohne es in den Assoziationen überhaupt zu erwähnen; das lenkte meine Aufmerksamkeit um so mehr auf die Bedeutung der Fehlleistung.

Ich ging einen Weg inmitten eines grünen Feldes. Ich dachte, wie schön wäre es, hier zu leben. Ein Halbwüchsiger kam im Wagen heran und begann zu läuten.

»Zu läuten?« fragte ich.

Es klang schön. Ein Mann kam aus einem Haus und sagte: »Woher kommt das?« Dann ging er mit mir weg und legte den Arm um mich. Er entschuldigte sich, um zur Toilette zu gehen, aber anscheinend benutzte er eine Damentoilette. Ich fragte mich, ob er beiderlei Geschlechts sei. Er fragte mich, ob ich verheiratet war, und ich antwortete: »Ja, fünfmal.«

Was immer der Traum bedeutete, ich wußte auf einmal, daß er mit der Übertragung zu tun hatte. Das »grüne Feld« hatte sich bei früheren Gelegenheiten auf meine Couch bezogen und mit dem »Läuten« spielte sie auf die Analyse an. Doch Jenny überging diese Elemente und wandte sich der Frage der männlichen sexuellen Identität zu. Sie fragte sich, ob es mit ihrer eigenen Unsicherheit mit ihrer sexuellen Rolle zu tun habe. Ich bemerkte in ihrem pedantischen Sichwinden und der Wortwahl, daß ihre Assoziationen intellektualisiert waren, und unterbrach sie.
»Da kennen Sie sich gut aus.«
Sie stimmte zu und sagte, irgend etwas sei ihr peinlich und mache sie verlegen.
»Meinen Sie das Läuten?«
»Das war komisch! Ich wollte natürlich ›hupen‹ sagen. Können das Kirchenglocken gewesen sein?«
»Das waren keine Kirchenglocken.«
Sie hatte überhaupt keinen Einfall.
»Sie läuten, wenn Sie hierherkommen«, sagte ich.
»Oh je!« Schweigen. »Und die Musik, die dem Mann so gefiel.«

»Die schöne Musik, die Sie hier machen möchten«, ergänzte ich.
Sie wollte schon immer wissen, ob sie mich zufriedenstellt. Seit einigen Wochen hatte sie das Gefühl, nicht ihr Bestes zu geben. Sie wollte alles richtig machen.
»Warum fünfmal verheiratet?« fragte ich.
Gestern hatte sie mit einer Freundin die Rechnungen für die Analyse verglichen und gedacht, es wäre besser, wenn sie fünfmal in der Woche kommen könnte.
Während ich dem Traum zuhörte, hatte ich an die Regel gedacht, daß bei Analysepatienten ein Traum, in dem Zeit oder Zeiten vorkommen, etwas mit der Analysezeit zu tun hat. Ich hatte nach »fünfmal« gefragt, weil sie nur viermal in der Woche kam. Ohne ihre Assoziationen würde ich mich noch immer fragen.
Als George G. den folgenden Traum brachte, war die Übertragung noch in einem ganz frühen Stadium; er war ein Kind, das sich beschmutzte, einnäßte und versorgt wurde; und ich war die Mutter mit einem Penis. Dieses Arrangement brachte ihm völlige Befriedigung. Seine Zufriedenheit mit den Analysestunden wurde nur dadurch getrübt, daß ich zu wenig sagte. Er leitete den Traum mit der Bemerkung ein, daß er »nur ein bißchen davon« erinnern könne. Ich gab dieser Bemerkung die volle Bedeutung einer Assoziation.

Ich sehe das Obergeschoß in einem Appartementhaus. Ich bin nicht sicher, ob ich im Traum nur zusehe oder handle. Da ist eine verstopfte Toilette.

Er erinnerte sich, daß er vor ein paar Monaten hier in meiner Praxis (das Obergeschoß eines Appartementhauses) etwas gesagt oder getan hatte, worauf ich erwidert hatte: »Sie tun so, als sei meine Praxis eine Toilette.«
Gestern mußte er während der Arbeit zur Toilette gehen, fand sie aber verstopft vor. Er fragte einen Kollegen, wo er ein anderes Bad finden könne. Er merkte, daß er zurückschreckte, wenn er »Toilette« sagen sollte. Während er wartete, bis

die Toilette repariert war, hatte er den Gedanken, den Darm in den Ausguß zu entleeren. Gestern war seine Frau wütend auf ihn. Er hatte ihr versprochen, etwas zu erledigen, vergaß es wie üblich und mußte daran erinnert werden, machte es dann aber doch nicht. Er hielt sich gern auf der Toilette auf. Als kleines Kind saß er gern auf der Toilette, und während er Stuhlgang hatte, las ihm seine Mutter vor.

»Gestern«, sagte ich, »baten Sie mich, mit Ihnen zu sprechen. Sie wollten mich sprechen hören. Sie wollen, daß ich für Sie tue, was Ihre Mutter getan hat, während Sie hier auf der Toilette sitzen.«

George erzählte mir, daß er sich gestern abend nach dem Verkehr ins Bad zurückgezogen hatte, auf der Toilette saß und sich lange dort aufhielt. Dann hatte er gewaltig gefurzt und Stuhlgang gehabt und den Geruch eingesogen.

»Sie waren verstopft wie die Toilette im Traum«, sagte ich.

Er hatte Phantasien, daß ich zur Toilette gehe und mich beschmutze. Er beschmutzte im Bett oft seine Pyjamas und hatte den Impuls, auf den Boden zu machen. Mitten in den Assoziationen hatte er plötzlich den Drang, zur Toilette zu gehen.

Mit Hilfe des Traumes konnte eine der Determinanten für Georges Passivität und Verweigerung auf den genetischen Ursprung der Mutter-Kind-Beziehung zurückgeführt werden.

Ein paar Monate später begrüßte mich George mit ungewohntem Eifer und der ebenso ungewöhnlichen Neuigkeit, er habe mir zwei sehr wichtige Träume zu erzählen. Den ersten hatte er Samstagnacht.

Ich bin bei der Mutter eines Freundes; die sieht meiner Mutter ähnlich. Sie zeigt mir das Haus und öffnet die Tür zu einem Zimmer, in dem, sagt sie, ihr Mann gestorben ist. Ich werde verlegen.

Er bemerkte, daß er in Wirklichkeit den Vater eines Freundes besucht hatte; dieser lag im Sterben, und er erinnerte sich, daß er betroffen war, als er sich verabschiedete. Sonntagnacht träumte er:

Da waren Sie und ich. Ich besuchte Sie, aber Ihre Praxis war verändert. In der Diele wartete eine junge Frau auf Sie. Sie sagten ihr, daß sie eine Verabredung mit Ihrer Sekretärin hätten. Sie war etwa siebzehn und hübsch. Sie waren freundlich. Ich sagte: »Ich will Ihnen keine Umstände machen.« Sie sagten: »Entschuldigung«, und gingen hinein. Dort stand eine neue Couch. Sie trugen weiße Hosen, sehr eng bis zur Taille hinauf, ohne Gürtel, und ein Sporthemd wie Belafonte. Ich war überrascht und dachte, das sei unpassend. Sie gingen in den Praxisraum und zogen eine Krawatte an. Die Couch lag in einer Schachtel, wie in einem großen Geigenkasten. Sie fingen an, mit einer Stange und einem Seil zu hantieren, um die Couch in die Praxis zu befördern. Ich staunte, wie muskulös Sie waren. Sie taten das meiste. Ich wollte helfen und hielt die Stange, die größer und größer wurde.

Der Traum war ihm wieder eingefallen, als er morgens auf der Toilette saß. Da bemerkte er einen Ausfluß. Zuerst dachte er, der müsse noch vom Verkehr stammen; aber dann führte er ihn auf den Traum zurück, obwohl er sich an keine sexuelle Erregung im Traum erinnerte. Verrückt, daß er »Ausfluß« statt »Samenerguß« sagte, als ob es sich um eine Frau handelte ... Gestern hatte er seinen Vater besucht und sich gereizt und unbehaglich in seiner Gegenwart gefühlt. Als er ihm beim Tragen eines Fernsehapparates half, hatte er Angst, sich zu verletzen. Sein Vater hatte keine Krawatte an ... Der Traum machte es ihm leichter, über Ausfluß und andere Dinge zu sprechen ... Gestern abend ging er an meinem Haus vorbei und erzählte seiner Frau von mir ... Wieviel besser lief die Analyse jetzt als am Anfang. Wie anders dachte er über seinen Vater als über mich. Diese Stange, die immer länger wurde, erinnerte ihn natürlich an den Penis. Letzte Nacht hatte er den Verkehr genossen; seine Frau masturbierte ihn; das hatte er am liebsten ... Die junge Frau im Traum erinnerte ihn daran, daß ich einmal vor dem Behandlungszimmer einer Frau »Auf Wiedersehen« gesagt hatte. Er wünschte, ich wäre zu ihm auch so freundlich. Ein Freund schien eine wärmere Beziehung zu seinem Analytiker zu haben als er. Gerade jetzt bemerkte er, daß er eine Erektion bekam. Er fragte sich, ob der sterbende Mann im ersten Traum ich war. Er könnte mit mir so viel offener als mit seinem Vater sprechen.

Das ist ein klassisches Beispiel für den Traum als Geschenk: er hatte mir »zwei sehr wichtige Träume zu erzählen«, er hatte sie erinnert, als er auf der Toilette saß, und verbrachte einen guten Teil der Stunde damit, sie zu berichten. George machte zu jedem Traumteil so bereitwillig und gründlich Inventur und war so eifrig, daß ich stutzig wurde. Wieso die zahlreichen Einfälle und Haarspaltereien, wo er doch sonst nicht so viel assoziierte? (Eine Woche später spielte er auf seine Angst an, ich könnte ihn hinauswerfen, weil er nicht ernsthaft genug mitarbeitete.)

Ich verzichtete auf eine Intervention. Trotz des offensichtlichen Widerstandes war die Stunde ein Fortschritt. Er hatte seine Passivität insoweit überwunden, als er mir ein Geschenk mitbrachte und Assoziationen produzierte. Ich wollte ihn nicht entmutigen, indem ich seine Aufmerksamkeit auf die zahlreichen Manifestationen der sich entwickelnden Übertragung lenkte, bzw. in diesem Fall auf die homosexuellen und ödipalen Traumelemente.

Bedrohlich wird von Patienten das Aufkommen unbewußter homosexueller Triebabkömmlinge erlebt; es macht die Entwicklung der Übertragung schwierig, wenn Analytiker und Patient dasselbe Geschlecht haben. Zeigen sich in Träumen die Zeichen der Übertragung einer latenten Homosexualität, so entstellt die Traumarbeit entweder die Personen oder die Affekte. Als John Y.'s homosexuelle Impulse sich unbewußt auf mich zu richten begannen, wurden sie heftig verleugnet und in anderen Situationen ausagiert. Zu dieser Zeit leitete er eine Stunde mit der Bemerkung ein, er habe einen Traum, der sich von allen früheren unterscheide.

Es war in der Küche in dem Haus auf dem Lande, wo ich als Kind lebte. Eine Frau war bei mir; wir könnten verheiratet gewesen sein oder hatten es vor. Alles war so vertraut und schön. Sie war beschäftigt und sagte nichts. Dann ging sie raus und hatte ein Mehlsieb, das ein schwirrendes Geräusch machte. Zu meiner Überraschung, denn es kam unabsichtlich aus mir heraus, sagte ich: »Aber ich liebe dich, ehrlich.« Sie schien kein bißchen überrascht oder erstaunt und, als sei sie damit einverstanden, sagte sie sehr ruhig: »Ich weiß«, und tat weiter ihre Arbeit. Ich wachte mit dem angenehmsten Gefühl auf, an das ich mich erinnern kann.

Er versuchte eine Verbindung zwischen der Frau und ihm bekannten Frauen herzustellen, aber keine paßte dazu. (Ich erinnerte mich, daß ein paar Tage zuvor, als wir über seinen Rückzug von anderen Menschen sprachen, er die Analyse als den einzigen Ort bezeichnet hatte, an dem er sich verstanden und so akzeptiert fühlte, wie er war.) Nachdem er weitere vergebliche Anstrengungen gemacht hatte, den Traum mit seinen derzeitigen Aktivitäten in Verbindung zu bringen, erinnerte ich ihn daran, daß er gestern das »schwirrende Geräusch« meiner Klimaanlage beanstandet und ich geantwortet hatte: »Ich weiß«. Ich erinnerte ihn auch daran, daß ich gestern einen Augenblick »hinausgehen« mußte. Dann fragte ich: »Warum glauben Sie, es müsse sich im Traum um eine Frau handeln?«
Er wurde böse. »Meinen Sie etwas Homosexuelles?«
»Wir müssen nicht wörtlich nehmen, was der Traum vordergründig anbietet.«
»Stimmt. Kann sein, daß ich ihn falsch sehe.«
Weitere Assoziationen zur analytischen Situation führten John zu der Einsicht, daß alles im Traum, besonders das Gefühl des Angenommenseins und das ruhige »Ich weiß« auf die Analyse hindeuteten.
»Er muß von hier handeln«, sagte er zögernd.
»Scheint so«, meinte ich, und die Stunde war vorbei.
Die Verdrängung der Homosexualität hatte ihn blind für die verschiedenen Anspielungen auf mich gemacht. Indem ich

seine Aufmerksamkeit darauf lenkte, hoffte ich, John's schwierige Beziehung zur mir weniger ich-fremd zu machen. Seine Reaktion auf meine vorsichtige Äußerung warnte mich, in dieser Richtung weiterzuarbeiten. Ich ging dieser Frage nicht weiter nach; seine Empfindlichkeit gegenüber der Homosexualität hätte alles zunichte gemacht, was ich gesagt hätte. Ich mußte nicht nur berücksichtigen, was ich ihm zeigen wollte, sondern auch, ob er es annehmen konnte.

Dazu ist zu bemerken, daß die im Traum wiederbelebte Erfahrung sich auf die Mutter-Kind-Dyade bezog. Die komplizierte Struktur der Homosexualität beinhaltet die Suche des Kindes nach der Mutter (wir vergessen manchmal, daß Homosexuelle einander bemuttern) mit allen Gefahren, einschließlich des Versuches der Wiedervereinigung. Die Gefahr wächst, wenn ein anderer Mann die mütterlichen Funktionen wahrnehmen soll. John lief Gefahr, sich einem Mann auszuliefern, wenn er mich zum Bemuttern aufforderte. Da sich weder aus dem Kontext noch aus den Assoziationen eine Verbindung ergab, zog ich es vor, auf eine genetische Deutung zu verzichten; statt dessen entschärfte ich die bedrohliche Einlassung mit mir und verringerte die Angst vor homosexuellen Verwicklungen.

Wenn sie ihn auch nicht völlig ablehnte, so beklagte sich Hugo W.'s Mutter doch, er vernachlässige sie, stritt mit seiner Frau oder erinnerte ihn daran, welch große Erwartungen sie an ihn hatte. Er schützte sich gegen die ödipale Versuchung und die Bedrohung seiner Autonomie, indem er einen Schutzwall gegen jegliche emotionale Einlassung errichtete. Gegen Ende einer Stunde schwieg er, und aus seinem Geplapper war nichts herausgekommen, so daß ich ihm deutete: »Sie sind so distanziert, daß es mir unmöglich ist, Ihnen nahezukommen«.

Als er von der Couch aufstand, schaute er mich mit einem flehenden und verlegenen Blick an und verließ mich auf dem schnellsten Wege. Am nächsten Tag begann er mit einem Traum.

Ich war irgendwo, wo Leute tanzten. Es war merkwürdig; Männer tanzten mit Männern, Frauen mit Frauen. Ein Mann forderte mich zum Tanzen auf, aber ich wußte nicht, wer führen sollte. Ich hatte das Gefühl, daß etwas auf mich zukam. Wir gingen auf den Flur hinaus und torkelten herum, als wüßten wir nicht, was wir tun.

Hugos Assoziationen beschäftigten sich ausschließlich mit dem Tanzen; es war ein typisches Bedürfnis von ihm, jederzeit über seine intellektuelle Kontrolle zu verfügen. Er machte keine Bemerkung über die vorige Stunde oder mich. Dann erinnerte ich ihn daran, was ich am Tag zuvor zu ihm gesagt hatte. Er reagierte mit einem typischen langen Pfeifen und machte dann: »Oh, oh!«
Die Übertragung war zu anfällig, um ihm deuten zu können, daß er meine Bemerkung als ein homosexuelles Angebot verstanden hatte. Obwohl Hugos gewohnte Zurückhaltung eher für das Gegenteil sprach, bedeutete der Traum im Zusammenhang mit der Beziehung zu mir, daß er hungrig Kontakt mit mir suchte.
Ein paar Wochen später sprach Hugo am Anfang der Stunde über eine Verabredung, die er nach der Stunde hatte.
»Sie sind schon unterwegs«, bemerkte ich. Er erwiderte:

Ich bin wieder weggelaufen wie in meinen Träumen letzte Nacht. Ich konnte sie nicht erinnern. Besser gesagt, ich rannte vor ihnen weg. Sie wollten wiederkommen, als ich im Bad war, aber ich schickte sie weg und las Zeitung. Aber ich erinnere mich, daß ich Kriegsgefangener war.

Er war furchtbar verärgert über seine kleine Tochter. Sie verstand es, ihre Mutter und Großmutter gegeneinander auszuspielen, und bekam von beiden, was sie wollte. Er regte sich über ihre Winkelzüge auf, weil sie die Reibereien zwischen den beiden Frauen verstärkten. Er fragte sich, ob seine Tochter tatsächlich so naiv sei, wie sie tat.
Ich wußte, daß Hugos Unnahbarkeit seine Frau und seine Mutter reizten, mit ihm oder miteinander zu streiten. Ich

wußte auch, daß Hugo nicht bemerkte, wie weit er zur Uneinigkeit in der Familie beitrug, und sagte: »Vielleicht ist es nicht nur Ihre Tochter, die arglos zu dieser Situation beiträgt.«

»Ich verstehe nicht, was Sie sagen wollen.«

»Sie tun so naiv wie Ihre Tochter.«

Hugo gab zu, daß er immer bekommen hatte, was er wollte, indem er seiner Mutter Krankheiten vortäuschte oder so tat, als hätte er nicht verstanden. Er war sich seiner Falschheit immer bewußt gewesen und sogar stolz darauf.

Ich fragte mich, ob der Traum etwas mit dem Dummstellen zu tun hatte und sagte: »Es ist Ihr Traum. Wenn wir mehr darüber wüßten, könnte es weiterhelfen.«

Er erinnerte sich an ein Erlebnis im Krieg. Wegen seiner Ungeschicklichkeit wurde er von der Front zurückgezogen. Außerhalb der Gefahrenzone hatte er den Tagtraum: Kriegsgefangener zu sein. Er wäre dann ohne Anstrengung ein Held. Er gestand, daß seine Ungeschicklichkeit in der Analyse dieselbe Absicht verfolge. Mein Hinweis auf den Traum war eine einmalige Chance, die sich auszahlte. Hier führte ein sehr kleines Traumfragment zum analytischen Dialog. »Ich war Kriegsgefangener« hieß: der siegreiche Gefangene oder wie ich den Krieg im Gefängnis gewann.

Simon E. war ein angesehener Bürger einer eleganten Vorstadt; er hatte eine hübsche, ergebene Frau und gut gedeihende Kinder, litt aber unter dem Gefühl einer allgemeinen Unzulänglichkeit. Während er in der Berufsausbildung war und Anerkennung fand, tat sich sein älterer Bruder mit dem Vater in der Familienfirma zusammen. Simon ärgerte sich, daß sein Bruder mehr Geld verdiente als er und daß der Bruder sich so gut mit dem Vater verstand. Er betrachtete den Bruder als Erfolgsmenschen, der keine Zweifel an sich selber kannte noch sich in Frage stellte. Simon quälte sich mit dem Gefühl herum, völlig gescheitert zu sein. Trotzdem sah er sich gerne als freundlichen und bescheidenen Menschen, was seine

Freunde und Bekannte auch jederzeit bestätigten. In der Familie war er ganz anders; er wurde von plötzlichen und unberechenbaren Wutausbrüchen mit einer solchen Intensität gepackt, daß er danach vor Angst und Gewissensbissen erschüttert war.

Die Entwicklung der Übertragung führte von anfänglicher Liebenswürdigkeit zu einer mürrischen Verstimmung. Er griff mich nie an, sondern verbrachte Stunde um Stunde mit Schmähungen von Eltern und Bruder. Dieser Traum gehörte in eine Serie von Träumen, als er die Geschwisterrivalität in der Übertragung durcharbeitete:

Ich war ein Kind auf dem Lande, zusammen mit anderen Kindern und einer Frau in einem Schlafzimmer. Sie schimpfte mit mir und wollte nichts mit mir zu tun haben. Ich war unerwünscht. Sie sagte, sie wolle mich von den anderen Kindern weghalten, die mit ihren Spielsachen spielten. Ich war verletzt, fühlte mich ausgeschlossen und dachte, ich müßte auf jeden wütend sein. Verzweifelt versuchte ich, wieder mit den Kindern zusammenzukommen und akzeptiert zu werden, aber das war anscheinend nicht möglich.

Er betonte seine Verzweiflung im Traum und die verheerende Überzeugung, er sei ungeliebt und unerwünscht, und fuhr fort:

Im Traum verließ ich das Zimmer und ging eine kalte, graue Straße entlang. Ich sah einen Mann auf mich zukommen. Ich sagte ihm, ich sei ausgestoßen worden. Ich suchte Holz zum Feuermachen und erinnerte mich an ein Jugendlager.

Er seufzte tief. Er hatte gerade erfahren, daß ein leitender Angestellter im Betrieb ihn bei der Zuteilung von Arbeit übergangen hatte. Er machte sich Sorgen darüber, was viele Leute über ihn denken ... Eine junge Frau im Büro war entgegenkommend und, obwohl er kein Interesse an ihr hatte, war ihm bewußt, wie stark eine Zurückweisung sie verletzen würde.

»Sie kennen ihre Gefühle, als würde es Ihnen passieren«, sagte ich.

Ja, für ihn war es furchtbar wichtig, akzeptiert zu werden. Gestern hatte er den Gedanken, ich könne ihn nicht so wie die anderen Patienten leiden.

Die »kalte graue Straße« bestätigte den Übertragungsaspekt des Traumes (die Wände meiner Praxis sind grau). Eine Trostlosigkeit solchen Ausmaßes läßt daran denken, daß sie mehr als einen Ursprung hat – die Situation der frühen Kindheit und die Analyse, auf die sie übertragen worden ist. Statt eine genetische Rekonstruktion vorzunehmen, die doch nur eine Zuflucht für die Intellektualisierung gewesen wäre, wies ich ihn auf die Erfahrung in der Übertragung hin, die Depression, die ihm in keinem Fall erspart werden konnte. Ich bestätigte sie, indem ich auf die Identifikation mit der zurückgewiesenen Frau hinwies.

Ein Jahr später hatte Simon einen Traum mit ähnlichem affektivem Inhalt. Da in dieser Zeit die analytische Arbeit Fortschritte gemacht hatte, konnte ich eine deutlichere Interpretation geben. Trotz befriedigender Übertragung und Arbeitsbündnis hatte er manchmal davon gesprochen, die Analyse zu beenden. Nachdem er zwei Tage krank zu Hause geblieben war, hatte er folgenden Traum:

In dieser Praxis. Sie sagten zu mir: »Das ist nicht üblich, wir können nicht weitermachen. Sie arbeiten nicht hart genug.« Dann sagten Sie mir, Sie hätten Ihrem Vater gesagt, daß Sie mich zu härterer Arbeit anhalten wollten. Sie schüttelten den Kopf, wie wenn Sie damit ausdrücken wollten, es ginge nicht voran. Ich hatte ein scheußliches Gefühl und lehnte mich gegen Sie auf. Ich fühlte mich aufgegeben, leer, und die Welt stürzte ein. Was sollte ich tun? Dann ging ich hinaus und sah andere Patienten. Ich fühlte mich noch mehr als verstoßen; viel schlimmer als das. Das Hauptgefühl war schreckliche Verzweiflung und Verlust.

Seit er den Traum hatte, konnte er an nichts anderes denken. Er handelte offenbar von den versäumten Sitzungen . . . Der Arzt hatte ihn ins Bett gesteckt, so daß seine Abwesenheit voll gerechtfertigt war. Er mußte zugeben, daß er sich zu Hause erleichtert fühlte und es genoß, bedient zu werden. Er fragte sich, ob seine Krankheit psychosomatisch bedingt sei und warum er sich bei aller Erleichterung und Freude mit einer inneren Unruhe herumquälte. Und warum ihn ein Traum so elend und verzweifelt machte.

Ich brachte den Traum und die Assoziationen mit der wiederholten Bemerkung in Verbindung, daß er mit der Behandlung Schluß machen wolle, und sagte: »Wenn Sie die Behandlung beenden und mich verlassen, fühlen Sie sich von mir aufgegeben.«

Simons Leid und Depression waren eine charakteristische Reaktion auf Liebesverlust. Der Traum und die Affekte im Traum betonten die Antwort des Über-Ichs auf die eifersüchtige Wut – ursprünglich gegen Eltern und Bruder –, die sich jetzt in der Übertragung auf mich richtete.

Sechs Monate später und kurz vor dem Sommerurlaub brachte Simon einen weiteren Traum, in dem die Elemente der Übertragung umgedreht waren.

Ich lag mit einer fremden, verbotenen Frau im Bett; es war nicht meine Frau. Da waren noch zwei Männer; es war ein Lager. Sie packten mich an beiden Armen und wollten mich erpressen. Ich drehte durch und wollte die Polizei rufen. Dann wollte auch einer der Männer einen Polizisten rufen. Die Polizisten rührten sich nicht.

Seine Assoziationen bestätigten mir, daß er noch lustloser war als sonst. Er war deprimiert, konnte sich das aber nicht eingestehen. Nichts besonderes war vorgekommen. Er dachte an die nahen Ferien, daß er nicht zur Analyse zu kommen brauche. Obwohl er keinen Spaß hatte, die Reise aufs Land vorzubereiten, dachte er an schöne Ferien, wenn er erst einmal dort sei. Aber alles kam ihm zu viel vor; nichts konnte ihn aus der Lethargie bringen, noch nicht einmal Vögeln. Bei dem Traum dachte er an einen Sommer, als er Leiter eines Jugendlagers war. Ein Junge hatte ihn beleidigt, und er hatte sich gerächt, dem Jungen den Arm umgedreht und ihn zu dem Vorgesetzten geschleppt. (Ich hatte den Angriff im

Traum bereits umgedreht; eine hilfreiche Regel.) Er fragte sich, warum seine Depression immer schlimmer wurde, wenn er hier war. Heute war es anders. Er fühlte sich gelöster und konnte sich ein bißchen davon distanzieren. Sicher hatte es mit meinem Weggehen zu tun.

»Sie werden in diesem Raum auf Ihre besondere Weise depressiv – durch Erpressung«, sagte ich.

Ja, er dachte daran, mich am Arm zurückzuhalten.

«Das ist nicht nur ein Gedanke«, sagte ich dann, »das geht tiefer.«

Plötzlich wurde er lebhaft (wahrscheinlich weniger, weil meine Bemerkung zutraf, als vielmehr, weil ich überhaupt etwas gesagt hatte) und erinnerte sich an ein anderes Ereignis der Kindheit, als er etwa zehn Jahre alt war. Kaum war seine Mutter für ein paar Tage aufs Land gefahren, bekam er heftige Bauchschmerzen. Sie kam sofort zurück und pflegte ihn. Er erinnerte sich lebhaft an ihre Sorge, wie sie ihm vorsang und an das unmittelbare Nachlassen der Beschwerden. Er erinnerte sich ebenfalls, wie seine Mutter zur Ferienzeit ängstlich und unruhig wurde und mit ihren Vorbereitungen die ganze Familie nervös machte.

Wie wenn er noch das i-Tüpfelchen draufsetzen wollte, hatte Simon eine weitere Assoziation: Die Frau im Traum erinnerte ihn an meine Frau, und er hatte die Phantasie, ich würde sagen: »Sie begehren meine Frau«, und er würde dann sagen: »Hören Sie auf, reden Sie nicht solches Zeug.«

Ich deutete den ödipalen Inhalt nicht. Da der Einfall kurz vor Ende der Stunde als nachträgliche Überlegung und in Form eines Widerrufs kam, hatte er mit dem Widerstand zu tun. Außerdem war er hinsichtlich der Reaktion auf die bevorstehende Trennung von sekundärer Bedeutung. In der Zeit der Trennung mußte mit einer auf den Analytiker übertragenen wiederbelebten anaklitischen Beziehung zur Mutter gerechnet werden. Die Erläuterung der Beziehung zwischen dem Festklammern und seinem Ärger auf mich im Traum hatten ihm geholfen, frühe Erlebnisse von Wut und Depression aus der Zeit wiederzuentdecken, als seine Mutter ihn verließ und er allein war.

Don J., ledig und ohne die Absicht zu heiraten, kam als Mittdreißiger in die Analyse, nachdem eine ganze Reihe von Ärzten eine ganze Sammlung somatischer Symptome nicht hatte erklären können. Dons Lebensstil war prunkvoll. Er war ganz Mann von Welt, pflegte sich anspruchsvoll, trank die besten Weine, speiste in den besten Restaurants und schlief mit den bezauberndsten Frauen. Die Versuche, sein Bedürfnis nach sexuellen Eroberungen zu stillen, grenzten an Sucht, brachten ihm aber letzten Endes keine echte Befriedigung. Don hatte einen Hang zum Melodramatischen. Als er den folgenden Traum brachte, sah er sich schon kritischer. Trotz zunehmender Einsicht hatte sich sein Verhalten jedoch nur wenig geändert. Er machte weiterhin aus einer Mücke einen Elefanten und drückte sich übertrieben aus. Es riß mich deshalb nicht gerade vom Stuhl, als er einen Traum mit der Bemerkung einleitete: »Doc, ich hatte letzte Nacht den wildesten Traum. Diese Träume bringen mich noch um.«

Es war hier. Ich lag auf der Couch, schlief aber. Im Schlaf hatte ich einen Traum, der war aber leer. Dann standen Sie ganz dicht bei mir und sagten: »Wir müssen jetzt Schluß machen.« Ich wachte auf und realisierte, daß ich die ganze Stunde geschlafen hatte. Ich stand auf und ging wie besoffen raus. Auch da war mir noch bewußt, daß es ein Traum war.

Die Vorstellung vom Traum im Traum, zu träumen, daß er eingeschlafen war, kam ihm komisch vor; nie zuvor hatte er so etwas erlebt ... Neulich fühlte er sich überhaupt ganz komisch. Was er auch tat, es erschien ihm zunehmend unwirklich. Ihm war gerade ein wichtiger Auftrag angeboten worden, er nahm ihn aber nicht wie gewöhnlich wahr. Er dachte schon daran, ihn abzulehnen, obwohl das weniger Geld in der Kasse bedeuten würde. Er meinte, er wolle lieber schlafen als arbeiten. Der Auftrag kam ihm so unwesentlich wie das Geld vor.

»Auch was Sie hier tun, behandeln Sie nicht als wesentlich«, sagte ich.

»Ich habe das Gefühl, daß etwas nicht stimmt, daß ich etwas draußen lasse.« (Ich sah diese Feststellung als ein Zeichen beginnender Selbsterkenntnis an. Vermutlich wird das im manifesten Traum durch das Bild des Aufwachens und des »Realisierens«, daß er die ganze Stunde geschlafen hatte, dargestellt.)

Wie um seinen Eifer zur Kooperation zu zeigen, streckte sich Don nach meiner Interpretation kurz aus, als sei es seine eigene gewesen, und fiel dann in Schweigen. Endlich sagte er: »Als Kind mußte ich nach dem Essen ein Nickerchen machen. Angeblich, weil ich ein schwaches Herz hatte.«

»Sie machen auch hier nach dem Essen ein Nickerchen wie damals«, sagte ich.

Hier benutzte die Traumarbeit »einen Traum«, um von der Bedeutung eines Wunsches beziehungsweise einem tatsächlichen früheren Erlebnis abzulenken, das sehr anstößig war. Dons Traum im Traum war leer und bedeutete den Wunsch zu schlafen und satt und passiv an der Mutterbrust zu liegen (*Lewin*, 1946, 1948 a). Die Assoziationen spielten auf seine Schlafgewohnheiten in der Kindheit an. Das gesprochene Wort »Schluß« (sein Über-Ich) verdichteten das Dazwischentreten des Vaters in seine erste Liebesgeschichte und die Einmischung des Analytikers in sein Ausagieren ödipaler Phantasien. Er könnte auch kaum ein wirksameres Mittel gefunden haben, die Analyse zum Stillstand zu bringen, als während der Stunde zu schlafen (*Lewin* 1953). Schließlich bewies der Traum die sehr enge Beziehung zwischen Oralität und Schlaf. Er könnte während der Analyse schlafen und träumen wie als Baby nach dem Stillen und als Kind nach dem Essen, während die Analytiker-Mutter ihn magisch mit Lösungen versorgte, indem sie ihn mit Interpretationen fütterte.

Patienten greifen oft unsere Interventionen auf und bringen sie in nachfolgenden Träumen unter. Meine Übertragungsdeutung bildete *eine* Determinante in einem Traum, den Don wenige Tage später hatte.

Ich bin in einem Bungalow. Dort verbrachte ich mit meinen Eltern die Sommerferien. Meine Mutter bügelte, aber in Wirklichkeit waren Sie es. Ich saß vor ihr auf dem grünen Rasen und führte einen kleinen Kindertanz auf. Sogar im Traum war mir das Wort Exhibitionismus bewußt. Ich dachte: »Hoffentlich siehst du mich, Mutter, und weißt, wie einsam ich bin.« Aber Sie bügelten weiter, schauten herab, jedoch nicht auf mich. Ich versuchte immer wieder, Ihre Aufmerksamkeit auf mich zu lenken. Alles schien entsetzlich ruhig, als würde alles stillstehen.

Weder er noch ich bezogen sich auf die erwähnte Stunde, obwohl ich daran dachte (die »Ruhe«, der »grüne Rasen« anstelle meiner grünen Couch und die Regression in der Zeit wiesen auf die Übertragung hin). Statt dessen erzählte er von seiner Erregung am letzten Abend, als er eine neue Frau erwartete – würde sie von ihm beeindruckt sein? Er stellte die Gläser schön hin, dämpfte das Licht und stellte sanfte Musik an. – Als er die Vorbereitungen traf, schüttelte er den Kopf und dachte: »Was ist jetzt zu machen, und das mußt du noch tun, du kannst nicht aufhören.«
»Sie führten sich vor der Frau auf wie vor mir und Ihrer Mutter im Traum.«
Die Verführungsszene vor dem Traum entsprach Dons Verhalten gegenüber seiner Mutter und seinen Erwartungen an mich. Zum ersten Traum hatte der Widerstand seinen Teil beigetragen; die Übertragungsdeutung führte zum zweiten Traum. Dieser spiegelte die Wahrnehmungs- und synthetische Funktion des Ichs wider und bestätigte außerdem die frühere Deutung. Er griff das Verhalten in der Übertragung durch die Bemerkung auf: »Hoffentlich siehst du mich, Mutter, und weißt, wie einsam ich bin.«
Jede Klassifizierung von Träumen ist, wie bereits gesagt, willkürlich und künstlich und kann irreführen. Eine Eingruppierung von Träumen unter der Überschrift »Übertragung«

(oder jeder anderen) wird dem komplexen Vorgang der Traumbildung nicht gerecht. Alle Träume während der Analyse enthalten Übertragungsaspekte. Die prinzipielle Feststellung, daß diejenige Person, welcher der Traum erzählt wird, in den latenten Traumgedanken eine Rolle spielt, trifft genauso auf den Analytiker zu.

Wir haben uns mit Übertragungsträumen aus frühen Behandlungsabschnitten beschäftigt und die Grenzen der Interpretation festgestellt. Wir haben gesehen, daß die Übertragung unlösbar mit dem Widerstand verbunden ist. Wir werden in den Träumen, die wir noch besprechen werden, immer wieder auf die Übertragung stoßen.

7 Angst und Traum

Angst ist eine unvermeidliche Reaktion auf die Analyse, und die durch sie ausgelöste Qual kann zum Abbruch führen, es sei denn, sie wird abgeschwächt oder unter Kontrolle gebracht. Bei Patienten, deren Angst als Symptom im Vordergrund des klinischen Bildes steht, wissen wir bis zu einem gewissen Grad, womit wir zu rechnen haben, und können unser Vorgehen danach richten. Doch wo die Angst tief verborgen ist, riskieren wir mit unserer Unkenntnis, den Patienten durch voreilige Konfrontation stärker zu belasten als seine Kräfte zulassen. Läßt sich die Angst aus dem klinischen Bild nicht ablesen, so kann uns der Traum – und oft nur der Traum – darauf hinweisen. Der Traum zeigt uns auch mehr über das Wechselspiel von Trieb und Abwehr sowie Ich und Über-Ich.

Das beständige Auftreten von Angst im Traum ist quälend, sogar verheerend. Unter der Kontrolle des Wachzustandes kann das Ich, insbesondere mit Unterstützung durch den Analytiker, sie in einem anderen Licht sehen. Dadurch, daß der Traum die Angst greifbar macht und in den Gesichtskreis rückt, bereitet er den Patienten darauf vor, im Hinblick auf das aufbrechende Unbewußte schmerzliche Gefühle zu ertragen. Die Deutung erlaubt ihm, aus einem gewissen Abstand Angst zuzulassen, verhilft ihm zu einer etwas objektiveren Sichtweise und vermindert durch Stärkung der Ich-Autonomie die Panik. Assoziationen zu den Träumen, die zur Interpretation der Angst führen, erweitern die Wahrnehmungsfähigkeit des Ichs, vergrößern im Lauf der Zeit seine Toleranz und dienen damit dem eigentlichen Ziel der Analyse: die Fähigkeit des Ichs zu Synthese und Integration zu stärken. Die Interpretation der Herkunft der Angst ist mit dem glücklichen Umstand verbunden, dem Patienten die aus der Phantasie und den unbewußten infantilen Triebstrebungen stammenden krankhaften Erscheinungen deutlich zu machen.

Während der gesamten Analyse achten wir auf die Angst. Die Angst der bewußten und unbewußten Konflikte, welche die Patienten in die Analyse führen, kann durch die Angst verstärkt werden, die das Wagnis einer neuen, völlig ungewohnten Erfahrung hervorruft. Diese Deutungen gebe ich bei frühen Träumen; wenn ich dabei die Abwehr anspreche, beziehe ich automatisch das Vorliegen von Angst mit ein. Die Angst als Bedrohung des seelischen Gleichgewichtes spielte bei denjenigen Träumen eine Rolle, die zur Illustration des Widerstandes dienten. Wir haben festgestellt, daß bestimmte Phasen der Übertragung durch die Stimulierung früher angstbesetzter Konflikte Angst erzeugen, die der Patient niemals hätte sehen können und die in der analytischen Situation wieder auftauchen und sich wiederholen. Jede Abwehrdeutung, jede Aufhebung der Verdrängung, jedes frische Aufdecken des Unbewußten und jede neue Umstellung (einschließlich der Beendigung der Behandlung), obwohl notwendig für den Fortgang, verursacht so lange Angst, bis ein neues Gleichgewicht hergestellt ist.

Ob wir in den Interpretationen die Angst hervorheben, nur darauf anspielen oder ihre Erwähnung ganz unterlassen, ob wir die Angst, den Trieb oder die Abwehr deuten, hängt von der Beurteilung ab, wie der Patient die Deutung aufnehmen kann. Wie immer, weisen uns der Trieb und seine Nähe zum Unbewußten, die Stärke des Ichs und Über-Ichs, die Zuverlässigkeit des Arbeitsbündnisses, die Beurteilung der Übertragung und der Kontext, in dem der Traum auftaucht, den Weg. Im übrigen werden wir nicht durch Regeln, sondern durch unser Hauptziel geleitet, das Unbewußte bewußt zu machen, ohne erneut einen Widerstand auszulösen.

Nach dreijähriger Analyse widersetzte sich John Y. immer noch allen Bemühungen, ihn mit dem Unbewußten vertraut zu machen. Gewöhnlich reagierte er auf meine Interpretationen mit einem unverbindlichen »Oh je« und wechselte dann das Thema. Mit den Assoziationen klammerte er sich an den manifesten Traum, als ob jede Abweichung undenkbar sei und überhaupt nicht zur Sache gehörte. Wie bereits früher erwähnt, träumte John ziemlich viel und berichtete seine Träume haargenau, aber dann verwarf er sie, als hätten sie überhaupt keine Bedeutung. Mit der trockenen Zurückhaltung des Neu-Engländers – hinzu kam noch eine Zwangsneurose – brachte er es fertig, selbst mitunter dramatische Träume ihrer Bedeutung zu berauben, indem er in den Assoziationen jeden Affekt unterdrückte. Diesen Traum leitete er mit der Bemerkung ein, er hätte bis jetzt noch nichts Ähnliches geträumt[1] und könne auch wie gewöhnlich nichts damit anfangen.

Als wäre ich eine Kamera, beobachte ich, bin aber unbeteiligt. An einer engen Stelle in einer dunklen Höhle schaue ich durch die Kamera und filme eine Szene. Ich sehe einen großen Skorpion, irgend jemand draußen versucht, ihn umzubringen. Er war vier oder fünf Fuß lang. Der Kerl draußen schleuderte mit Händen und Füßen Sand in die Höhle und bewegte ihn schnell hin und her – so sexuell. Er schleuderte einen kalten vergifteten Hummerschwanz als Köder hin, damit der Skorpion ihn nicht biß. Jesus, was für ein Traum! Ich filmte den Kampf der beiden Witzbolde. Es ist gefährlich und unangenehm.

Als er aufwachte, dachte er, wieviel Sexualität in dem Traum war. Woher zum Teufel stammte sie . . . Gestern war er in der Mittagszeit mit einer seiner Freundinnen in einen neckischen Streit verwickelt. Es war erotisch, ohne Bedeutung, führte zu nichts. Sie gab ihm ein Buch mit, das er später im Bett las. Es hatte mit Sexualität zu tun, insbesondere mit der Anziehungskraft älterer Frauen, und er wurde so erregt, daß er masturbierte.

»Vor dem Traum?« fragte ich.

Er wachte nachts mit einer Erektion auf, und weil er nicht wieder einschlafen konnte, masturbierte er. Am Abend hatte

1 Vergl. die Einleitung zum Traum Seite 107: »Es war in der Küche in dem Haus auf dem Lande . . .«

er wie gewöhnlich ein paar Frauen angerufen. Zwei Frauen, die er ziemlich anziehend findet, waren böse auf ihn. Bei beiden hatte er keinen Erfolg.

»Keinen Erfolg?«

Er dachte, das hätte er mir schon erzählt. Er hatte einen vorzeitigen Samenerguß und mußte sie manuell befriedigen; es stand wie ein drohendes Unheil vor ihm. Er konnte keinen Zusammenhang zwischen dem Traum und all dem anderen sehen. Der Traum machte ihn verrückt. Es würde doch nichts dabei herauskommen. Aber es war eine so symbolische Darstellung der Angst vor der Sexualität. Es war kein richtiger Horrortraum – er schwitzte nicht und wachte nicht wie von einem Alptraum auf – aber, um's mal mit einem sexuellen Begriff auszudrücken, der Traum konnte ihn nicht anmachen. So war er. Angst vor der Sexualität. Es machte ihn wütend, weil ich nicht sagte, daß alles in Ordnung käme. Der Kerl im Traum, der Sand hineinwarf, um nicht gebissen zu werden, brachte ihn auf den Einfall: die Sexualität verschleiern. So fühlte er sich buchstäblich, wenn er Verkehr hatte.

(Ich bemerkte die im Zusammenhang mit der Masturbation und der Kastrationsangst ausgelöste Abwehr, aber solange seine Assoziationen so unspezifisch waren, stellte ich nur Fragen, um ihn zum Weitermachen zu ermuntern.)

Nach dem Lunch machten sie im Appartement der Frau Fotografien voneinander – ach, die Kamera –; das war ein Teil eines neckischen Sex-Spiels, das aber zu nichts führte. Er machte dabei auch einen Ringkampf mit ihr und drückte ihre ausgebreiteten Arme auf den Boden. Jetzt kam ihm der Gedanke, daß der Traum mit der Frau zu tun hatte – ihre Stellung erinnerte ihn an den Skorpion . . . Da war etwas, an das er nicht herankam. Komisch, daß er bei dem Traum sagte »Ich bin eine Kamera« . . . Er vergeudete seine Zeit mit Frauen, ohne zu wissen, was er von ihnen will. Das Gefühl im Traum war wie beim Sex.

(Seine Anspielung auf die ihn beunruhigende sexuelle Aktivität zeigte, daß er sich selbst gegenüber so kritisch war, daß ich folgende Intervention als gerechtfertigt ansah.)

»Sie müssen sexuell so aktiv sein und dauernd was mit Frauen machen, um Ihrer Angst vor der Sexualität zuvorzukommen; aber es kommt doch heraus.«

Es war ihm klar, daß Sexualität nur gut ist, wenn man dabei unbefangen sein kann. Wie im Traum machte er Sachen, die ihn beunruhigten. Aber was war neu daran? . . . Der Giftköder war komisch. Eine kleine Krabbe – ach ja, eine Frau im Betrieb hatte geäußert, sie habe sich mit etwas, was sie gegessen hatte, vergiftet. Gift klang so vielsagend. »Was zum Teufel. Beunruhigt. Tatsächlich, was für ein Wort.«

Ich sagte: »Die Angst ist schwer zu ertragen, da laufen Sie weg.«

Er dachte daran, daß er nach dem Verkehr Phantasien hatte, ein Mann würde ihn angreifen. Plötzlich hatte er die bedrückkende Vision, in eine Riesenmuschel zu treten, die seinen Fuß wie in einem Schraubstock festhielt, bis er ertrank . . . Es war komisch, daß er immer so weitermachte.

Obwohl John mit seinen Intellektualisierungen die Angst zu kanalisieren versuchte, hatte dieser Traum ihn offenbar beeindruckt. Während mitunter sehen nicht glauben heißt, läßt sich ein so eindrucksvoller Traum nicht leicht vergessen oder einfach übergehen. Der Traum zeigte ihm etwas von sich, das er zuvor noch nicht gesehen hatte. (Er hatte »etwas Ähnliches früher noch nie geträumt«.)

Die visuellen Bilder konkretisieren das Abstrakte und statten die Gedanken, welche zwanghafte Patienten in ihrem Bestreben, in die Abstraktion zu flüchten, nur wahrnehmen und registrieren können, mit Gefühlen aus. Indem das Problem in Bilder übersetzt und lebendig gemacht wurde, verdeutlichte der Traum John, daß seine sexuelle Raserei, einschließlich der Masturbation, zugleich Ursache und Folge seiner Angst war.

Eineinhalb Jahre später agierte John immer noch und wehrte durch Isolierung ab, aber die Analyse und die Erfahrung hatten Wirkung hinterlassen. Die Abwehr nahm ab und war weniger effektiv. Vermehrte Angst veränderte auch das Agieren. Er tat seine Träume nicht mehr als bedeutungslos ab. Der folgende Traum beeindruckte ihn besonders.

Wir – ich, Menschen, Tiere, alles zusammen – gingen an einem Flußufer entlang. In die riesigen Felsen waren sechzehn Meter hohe Gesichter eingemeißelt, wie die drüben im Westen, ganz komisch. Was jetzt kommt, kann ich schwer beschreiben. Ich schien innerhalb, aber auch außerhalb eines großen Raumes zu sein. Unter den Tieren befand sich eine Füchsin oder ein Vielfraß mit rötlichen Haaren, wie ein Schoßhündchen. Offenbar hatte sie einen Wurf. Die Jungen sahen wie fette Kätzchen aus. Die Füchsin begann, sich zu verwandeln, wurde größer und stellte sich auf die Hinterbeine und bekam Ähnlichkeit mit einem Faultier und fuchtelte mit den langen Armen herum. Es war, als würde sie den Verstand verlieren oder hätte einen Anfall. Sie schien lange Krallen zu haben, mit denen sie die eigenen Jungen, den Wurf, attackierte, anscheinend weil sie irrtümlich annahm, sie seien aus Spinat – mein Gott, was für ein verrückter Traum. Sie war außer sich, ging auf die Jungen los und schlitzte sie auf, um an den Spinat zu kommen. Als sei ich verantwortlich, sagte ich: »Nein, die sind nicht aus Spinat«. Die anderen Leute nahmen keine Notiz davon, aber ich versuchte, sie aufzuhalten; offenbar ganz außer sich, attackierte sie die eigenen Jungen, schlitzte sie auf, um an den Spinat zu kommen. Sie war wirklich dabei, sie umzubringen. Sie schlitzte sie auf, überall floß Blut. Ich konnte nichts machen. Ich war ihr Freund. Sie folgte mir nach. Ich wollte mich davonmachen – wie kann man nur so einen verrückten Traum haben? – und rannte voller Angst zu meinem Auto. Die Sache mit dem Spinat war zum Verrücktwerden. Ich wachte auf, als sie mich gerade erwischen wollte, noch bevor ich ins Auto kam.

Er murmelte »Ach Gott!«, seufzte tief und machte in seiner gewohnten Monotonie weiter. Gestern abend arbeitete er lange; er fühlte sich verwirrt, durcheinander und konnte nicht scharf sehen. Er hatte den ganzen Tag nichts besonderes gemacht, nur ein paar Frauen angerufen, die er kennt. Ach ja, er hatte mit Z. am Strand in der Sonne gelegen »Mhm, das hat was mit den Krallen zu tun.«

John murmelte etwas so ungenau, daß ich ihn fragen mußte, was er gesagt hatte. Mit offensichtlichem Widerwillen gab er zu, daß er die Frau masturbiert hatte. »Die manuelle Sache war, wie die Frau umbringen . . . was ist mit der verdammten Spinatsache?«

Ich wiederholte seinen Ausdruck »Sache?« – eine Intervention, die ich oft vornahm, um ihn auf die fortwährende Isolierungstendenz hinzuweisen und seinem Versuch zuvorzukommen, die Assoziationen ihrer eigentlichen Bedeutung zu berauben.

Ja, was für eine Sache war der Spinat, die Jungen aufschlitzen, um dranzukommen? »Das klingt wie totaler Hohn. Es war phantastisch und schrecklich. Damit war ich anscheinend gemeint.«

(Mir fielen der feindselige »Hohn«, die Füchsin, der Vielfraß und das Faultier auf – die Verdichtung seines Selbstbildes in einer sadistischen, phallischen Rolle. Ich merkte auch den Einfluß des Über-Ichs, widerstand jedoch der Versuchung, diesen Gedanken zu äußern, um ihn nicht zu unterbrechen.)

Er war durch das flüchtige sexuelle Erlebnis mit Z. verwirrt. Es war nicht richtig, so was zu machen. Er dachte daran, daß die Araber unfähig seien, aus etwas eine Lehre zu ziehen. Sie hätten sich das klarmachen müssen – noch mehr Unannehmlichkeiten. Was hatte das mit den aufgeschlitzten Jungen, dem Spinat und der verrückten Füchsin zu tun? Sie wußte nicht, was sie tat, als sie die Jungen angriff. Was ging in ihm selbst vor? Er mußte richtig verrückt sein, saß aber auch ziemlich in der Scheiße . . . Gestern war noch was, eine wichtige Sache. Seine Mutter rief an. (Seit Monaten erwähnte er sie zum ersten Mal.) Sie sprachen lange miteinander. Sie fragte, ob er mit vielen Frauen ausgehe. Er sagte: »Ja«, aber er habe noch nicht die Absicht zu heiraten, falls sie das meine. Sie versicherte ihm, daß es ihr nicht darum gehe. Das Verrücktwerden im Traum hatte etwas mit der Mutter zu tun. Daß er zu der Füchsin »nein« sagte, war nur eine Ablenkung, er griff nicht wirklich ein. Er konnte nicht glauben, daß ein Tier macht, was sie machte, aber sie schlitzte diese Jungen tatsächlich auf. Er hatte das Gefühl, die Beziehung zur Realität zu verlieren, wenn er an diese Sache dachte.

»Schon wieder Sache?« fragte ich.

»Der Traum.«

Ich wollte verhindern, daß er weiter verleugnet und fuhr fort: »Die Sache in Ihnen.«

Schweigen. »Stimmt.« Wieder Schweigen. Ich konnte fast fühlen, wie er den Gedanken in sich aufnahm. Dann dachte er an gestern. Vatertag. Er hatte ein Geschenk bekommen ... Ja, »das Zeug« in ihm.

Wieder fragte ich: »Zeug?«

Sicher, es war in ihm ... Seine Mutter hatte gesagt: »Du kannst froh sein, die Kinder[2] zu haben.« Und er hatte geantwortet, es wäre schlimm, wenn es nicht so wäre. Er hatte die Absicht gehabt, seine Tochter anzurufen. Sie hatte ihm eine Karte geschickt. Aber er hatte sie dann nicht angerufen. Sein Sohn hatte ihm nichts geschickt. Bei Gott, er hatte gestern ziemlich wenig an seine Kinder gedacht. Es schockierte ihn, daß er sich in letzter Zeit so verhalten hatte, als habe er keine Schwierigkeiten; er war so gleichgültig, so unbeteiligt. Er dachte gerade an den Ausspruch: »Ich sage, es ist Spinat[3], zum Teufel damit!«

In den folgenden Stunden zeigte sich, daß der Traum etwas in Bewegung gesetzt hatte. John konnte nicht schlafen, weil er an den Traum denken mußte. Er schaute im Tagebuch aus seiner Kindheit nach, um herauszufinden, ob der Traum in irgendeinem zeitlichen Zusammenhang mit einem früheren Ereignis stünde, und fand heraus, daß er mit einer der zahlreichen Auslandsreisen seines Vaters zusammenfiel. Die Geschichte mit dem Spinat ging ihm nicht mehr aus dem

---

2 Im Amerikanischen heißt es »kids«, was Kinder und Junge bedeutet (Anmerkung des Übersetzers).

3 Im Amerikanischen heißt »spinach« Spinat und unerwünscht, unecht (Anmerkung des Übersetzers).

Kopf. Es kam ihm vor, daß Spinat immer zu den zugegebenermaßen unangenehmen Dingen gehört hatte, aber gesund war. Er kam mir zuvor und sagte: »Das klingt, wie wenn es sich um die Analyse handeln würde.«

Bei den Assoziationen zum Skorpion-Traum verleugnete John noch eindeutig seine Angst (»Es war kein richtiger Horror-Traum, ich habe nicht geschwitzt«) und ihre Bedeutung im Zusammenhang mit seiner Krankheit. Im vorliegenden Beispiel fühlte und erkannte er die Angst, und daher hatte ich keine Veranlassung, sie besonders hervorzuheben, zumal sie die Assoziationen nicht beeinträchtigte. Ich gab mich damit zufrieden, mit meinen Fragen nach »Zeug« und »Sache« – ergänzt durch eine einzige Konfrontation – meine Interventionen auf den Abwehrmechanismus der Isolierung zu lenken.

Am Beginn der Analyse, noch bevor sich die Übertragung deutlich entwickelt hatte, hatte Jenny K. mit relativ wenig Hemmung und Peinlichkeit über die Masturbation gesprochen. Als sich dann ihre erotischen Impulse auf mich zu konzentrieren begannen, konnte sie wegen des ödipalen Bedeutungsinhaltes die Angst nicht länger verleugnen und abwehren. In diesem Behandlungsabschnitt begann sie eine Stunde mit Klagen über Menstruationsbeschwerden. Am Abend zuvor mußte sie viel trinken; dann lag sie im Bett und streichelte ihre gespannten Brüste. Sie begann zu masturbieren, hatte aber eine Bewußtseinsstörung, bevor sie einen Orgasmus bekam. Anschließend hatte sie einen Alptraum.

Ich bin da, wo das Schlafzimmer meiner Eltern war, in dem Haus, in dem ich aufwuchs; nur, jetzt ist es auch mein Zuhause. Ich werde zu spät wach, um in die Analysestunde zu kommen. Es wirft mich nicht gerade um, die Stunde zu versäumen, aber ich will Sie anrufen und Ihnen sagen, daß ich nicht komme. Ich gehe zum Telefon, aber auf der Wählscheibe sind keine Ziffern; sie hat Kerben statt der Löcher, in die man den Finger steckt. Man muß die Ziffern ertasten – das hört sich wie Masturbation an. Dann begann der Alptraum. Ich wurde immer aufgeregter, Sie nicht zu erreichen, aber mir fiel Ihre Nummer nicht ein; ich konnte Sie auch nicht im Telefonverzeichnis oder sonstwo finden. Das Suchen wurde zur Qual, die mich wach machte. Ich war sehr erleichtert, ich war froh, daß es nur ein Traum war.

Sie dachte, das Versäumen der Stunde bedeute, daß sie nicht über die Masturbation reden wolle. Wäre sie nicht gekommen, so wie sie mich im Traum nicht erreichen konnte, hätte sie nichts zu erzählen brauchen. Gestern abend hatte sie Angst, ich werde ärgerlich und bestrafe sie. »Es ist komisch, ich verlor mitten im Masturbieren die Besinnung.«

Ich betrachtete die vagovasale Synkope als ein Angstäquivalent und sagte: »Sie müssen sich die sexuellen Gedanken aus dem Sinn schlagen, weil Sie Angst haben, sie haben mit mir zu tun.« Sie erinnerte sich an ein früheres Ereignis, wobei sie während des Verkehrs die Besinnung verloren hatte. Außerdem war sie damals betrunken. Sie hatte sich vorher nie Gedanken darüber gemacht, aber eine Bewußtlosigkeit während der sexuellen Erregung war ganz schön pathologisch.

Meine Interpretation bezog sich auf die Übertragung als Motiv ihrer Angst, auf die Abwehr und den Widerstand. Noch in derselben Woche brachte sie einen Traum, in dem ihre ödipalen Impulse viel deutlicher auf mich gerichtet waren und den ich auch entsprechend deutete.[4]

Durch Aggression ausgelöste Angst kann eine so starke Abwehr aufrichten, daß sie das Kind und später den Erwachsenen lähmt. Wenn die Angst den Patienten hindert, sich den feindseligen Impulsen zu stellen, kann ein Traum dazu beitragen, ihre Existenz zu erkennen und zu akzeptieren. Obwohl Simon E. über Angstgefühle vor und während der Sitzung klagte, wies er energisch die Vermutung zurück, daß seine Feindseligkeit gegen mich und die Angst vor meinen Reaktionen dafür verantwortlich seien. Dann erzählte er diesen Traum.

4 Traum Seite 99: »Ich schlief mit einem meiner früheren Freunde . . .«

Ich bin bei Ihnen und Ihrer Familie zum Essen. Sie sind heiter und freundlich. Ich frage, ob ich Ihnen Limonade einschenken darf, und gieße einen scheinbar endlosen Strom gelber Flüssigkeit in Ihr Glas, das gar nicht voll zu werden scheint.

Ich unterbrach ein langes Schweigen und fragte, ob er Einfälle zu dem Traum hätte. Er sagte, er fühle sich unbehaglich, weil er schon die ganze Stunde das Bedürfnis habe zu urinieren, obwohl er immer besonders darauf achte, die Blase vor der Stunde leerzumachen ... Er hatte seine Analyse mit Freunden verglichen, die ebenfalls in Behandlung waren. Er fragte sich, ob ich wirklich so fähig sei, wie er anfangs gedacht hatte.

Frühere Versuche, Simon mit seiner Feindseligkeit gegen mich zu konfrontieren, waren offensichtlich zu früh gewesen und hatten eher Anlaß zu noch größerer Angst gegeben. Die Entstellung durch die Traumarbeit, wobei der manifeste Inhalt eine entwaffnende Zuvorkommenheit darstellte, ließ darauf schließen, daß der Abwehrdruck noch bestand. Eine direkte Deutung seiner Aggression wäre daher nutzlos gewesen.

»Sie müssen die Angst, die Sie hier haben, wegpinkeln«, sagte ich.

Das führte zu einem weiteren, weniger zögernden Geständnis, daß er mich schon lange kritisierte und daß er nur ungern mit mir darüber sprechen wollte.

Die Interpretation faßte das Symbol »gelbe Flüssigkeit«, die Angst, die Übertragung »hier« und unausgesprochen die Aggression zusammen. Am nächsten Tag war Simons Unbehagen noch deutlicher. Mit kaum hörbarer Stimme traktierte er mich mit einer lustlosen Beschreibung der aktuellen Ereignisse; schließlich verfiel er in Schweigen, das ich nicht unterbrach. Letzte Nacht hatte er geträumt:

Ich fuhr mit einem Freund, einem rücksichtslosen Fahrer. Er raste ohne Rücksicht über die Autobahn, ich geriet in Panik. Ich konnte nichts sagen, trat mit dem Fuß aber fest auf den Boden, als würde ich auf die Bremse treten, um uns vor einem Unfall zu bewahren. In Schweiß gebadet wachte ich auf.

Im Hinblick auf die vorangegangenen Stunden wußte ich, daß verdrängte Wut eine Determinante des Traumes war. Vielleicht würden seine Assoziationen zu einer passenden Deutung führen.

Gestern hatte ein Kollege im Büro ein Vorgehen vorgeschlagen, das sein Mißfallen erregt hatte, aber er konnte es nicht äußern. – »Ich konnte nichts dazu sagen.« Obwohl er sich bemühte, es zu unterdrücken, »trat ich später mit dem Fuß auf«; wegen einer anderen Geschichte war er in Wut auf diesen Kollegen geraten. Den ganzen Tag war er aufgebracht; selbst in der Analysestunde war er aufgeregter als sonst.

»Sie müssen pinkeln, wenn Sie hier sind, weil Sie Angst haben – Angst, mir gegenüber die Kontrolle zu verlieren.«

Mit leichtem Zögern gestand Simon, daß er wütend auf mich war, weil ich geschwiegen hatte. Es erschien ihm herzlos. Er hatte sich gewünscht, daß mir etwas Schreckliches passiert, und bekam immer mehr Angst, mir das zu sagen. »Ich glaube, ich war derjenige, der auf einen Unfall zusteuerte, nicht wahr?«

Obwohl ich den Traum, sobald ich ihn gehört hatte, hätte deuten können, war Simon noch nicht in der Lage, ihn zu verstehen. Vor allem mußte ich die Verdrängung im Traum berücksichtigen. Indem ich ihn einbeziehen ließ, was sich seit der letzten Stunde ereignet hatte, konnte er aus einem neuen Blickwinkel erkennen, wie er die Wut verschoben hatte. Erst jetzt konnte ich seine Einsicht bestätigen, die er, ermutigt durch den Traum, bereits vollzogen hatte. Die Deutung des Traumes durchbrach einen Teufelskreis (von Wut, Angst, Schweigen, Wut), der sich sonst unendlich fortgesetzt hätte.

Unbewußte Angst führte zu Roy L.'s Traum vom Soldaten, der kastriert auf einer Bahre lag[5]. Sechs Monate später hatte

5 Traum Seite 60: »Ich sah einen Soldaten auf einer Bahre liegen ...«

Roy einen weiteren Traum mit demselben Konflikt; aber
während in dem früheren Traum alle Spuren von Affekten
verwischt waren, belebte der zweite Traum den vollen
Affektbetrag der Kastrationsangst wieder und führte zu
einem Alptraum.

Ich liege in einem Raum, und plötzlich geht das Licht aus. Ich habe
das Gefühl, daß etwas Schreckliches passiert. Ich spüre etwas vor
meinem Gesicht und kann nicht atmen. Ich weiß, daß ich sterben
werde. Ich kämpfe, kann aber nichts machen.

Beim Erzählen befand er sich offensichtlich noch in den
Krallen des Traumes und tauchte kopfüber in ein emotional
stark besetztes früheres traumatisches Erlebnis ein. Mit etwa
fünf Jahren wurde er zur Tonsillektomie in eine Arztpraxis
gebracht. Nach langem Warten ging die Tür des Operations-
raumes auf. Er sah, wie ein bewußtloses Kind herausgefahren
wurde, und der Arzt, dessen Schürze mit Blut verschmiert
war, nickte ihm zu. Er erinnerte sich, daß er »halbtot« vor
Angst in die Praxis geschleppt, »auf den Stuhl geschnallt« und
ihm ein übelriechendes Ding vors Gesicht gedrückt wurde.
Er würde diesen Geruch nie vergessen, und »es war schon
lange her«[6]. Zeit seines Lebens hatte er Angst vor Verletzung,
Krankheit und Verunstaltung.
Ich erinnerte ihn an den früheren Kastrationstraum mit der
deutlich indifferenten Gefühlstönung und fragte: »Wie alt
waren Sie damals?«
»Fünf.«
»Und wie alt waren Sie, als Sie den Jungen mit der
Ohraufmeißelung sahen? Können Sie sich erinnern?«
»Genauso alt. Stimmt. Ihre Frage erinnert mich an den Traum
mit dem Soldaten auf der Bahre, der eine Narbe hatte, wie der
Junge.«
Wir wissen, daß entscheidende Konflikte während der

6 Dieser Wortlaut kam in dem Traum Seite 60: »Ich sah einen Soldaten auf
einer Bahre liegen . . .« vor.

Analyse immer wieder auftauchen und unter verschiedenen Gesichtspunkten dargestellt werden. In diesem Fall stellten die Träume ein einziges Thema auf zwei verschiedenen Ebenen in zwei Analysephasen dar. Der erste Traum repräsentierte die Kastration, jedoch auffällig frei von Affekten. Die Assoziationen hatten zur angstbesetzten Wahrnehmung eines anderen Jungen mit operativer Verstümmelung geführt. Im vorliegenden Fall wurde die Angst im Traum direkt erlebt, aber die Assoziationen führten zur Erinnerung an ein traumatisches Erlebnis in einer anderen Körperregion – an die Tonsellektomie. Es bestand lediglich ein zeitliches Zusammenfallen der beiden Erlebnisse mit der Entwicklungsphase, in der die Kastrationsangst zu erwarten ist. In beiden Fällen waren meine Interventionen Vorbereitungen und Rückschlüsse und bezogen sich nur auf die Zusammenhänge. Auf keinen Fall sprachen sie deutlich die Kastration an. Ich wollte dem Patienten helfen, sich selbst zu ergründen, und die Assoziationen fördern, um die Analyse zu vertiefen und die beiden Erlebnisebenen zu verbinden.

Monate später wurde auch Roys Über-Ich deutlicher in den analytischen Dialog einbezogen. Eines Abends lud er eine attraktive Frau ins Konzert ein. Lebhafte Phantasien, hervorgerufen durch ihre körperliche Nähe, machten es ihm schwer, sich auf die Musik zu konzentrieren. Er lenkte seine Aufmerksamkeit in den Konzertsaal, aber sah lediglich die geilen Blicke erregender Frauen. Mit einer letzten Anstrengung, die Gedanken unter Kontrolle zu bekommen, beschwor er das Bild seines unnachgiebigen Vaters (eines Ministers) herauf und wandte sich im Geist an ihn, damit er ihm das Schwelgen in einem so scheußlichen Verhalten verbieten möge. Letzte Nacht hatte er einen Traum:

Ich befand mich in einem Tempel, einer Kirche oder einer Bücherei. Die Buntglasfenster leuchteten in der Dunkelheit. Eine Orgel begann zu spielen und füllte den Raum mit ihrem Ton. Sie wurde lauter und tiefer, bis sie wie Knurren klang. Ich hatte Angst. Der

Klang drohte mich zu umklammern und zu erdrücken. In Schweiß gebadet und zitternd wachte ich auf.

Beim Erinnern und Berichten des Traumes fröstelte er. Er brachte den Klang unmittelbar mit der Stimme seines Vaters in Verbindung.

»Sexuelle Gedanken sind erregend«, sagte ich, »aber sie verursachen auch Leiden. Sie bitten sogar darum, daß man Ihnen sagt, Sie sollen aufhören, damit Sie nicht soviel Angst zu haben brauchen.«

»Es war schrecklich«, erwiderte er, »Sie würden sicher sagen: es war eine Warnung.« Er fuhr fort, daß er als Kind ein kompliziertes Ritual erdacht hatte, um sich vor der Masturbation zu schützen. Er betete zu Gott, er möge ihn mit Krankheit schlagen, wenn er so weitermache.

Meine Interpretation hob die Angst vor seiner sexuellen Ausschweifung hervor und wies auf das Übertragungselement hin (enthalten in »Tempel, Kirche oder Bücherei«, was sich auf seinen Vater und mich bezog). Ich machte keine theoretische Anspielung auf das Über-Ich und das ödipale Problem. Wie die Interpretation der Abwehr oft Vorrang vor der Interpretation des Triebes hat, muß die Interpretation tieferer Schichten die Angst berücksichtigen, wenn diese von besonderer Bedeutung ist. – Diese Vorsichtsmaßregel versäumte ich im folgenden Fall zu beachten.

Seit Wochen hatte Don J. versucht, die frei flottierende Wut, die sich gegen Familie, Freunde, Kollegen und natürlich auch gegen mich richtete, in den Griff zu bekommen. Tag für Tag klagte er, wie hilflos er sich in den Klauen dieses überwältigenden Hasses fühlte. Er bezeichnete sich als Tier und konnte sich nicht vorstellen, wieso jemand ihn ertragen könne. Dann berichtete er folgenden Traum:

Da war ein schreckliches Untier, ein Monster, mit mir zusammen in einem Andachtsraum. Nur wir beide. Das Untier war halb ich, wie ein Werwolf, eigentlich ein Tier. Ich weiß nicht, ob es mich bedrängte oder ob ich versuchte, es zu erwürgen. Aber unaufhörlich spritzte Urin aus uns heraus und begann den ganzen Boden zu überschwemmen. Schweißgebadet wachte ich auf.

Don merkte nicht, daß der Traum ein neuer Beleg seiner Raserei war. Ich sah in dem Traum den phasenspezifischen Ausdruck phallisch-rivalisierender Wut, die sich im Urinieren darstellte, und sagte: »Wäre es nicht ein schönes Gefühl, jeden einzunässen, auf jeden zu pinkeln, wie Sie es sich vor langer Zeit gewünscht haben müssen, um Ihre Gefühle auszudrücken?«

Im krassen Gegensatz zu seinem sonst üblichen Redefluß reagierte er darauf mit langem Schweigen. Wenn ich's mir nachträglich überlege, wäre es besser gewesen, seine Angst stärker zu berücksichtigen. Vielleicht gab Dons Schweigen zu erkennen, daß er die Intervention noch nicht aufnehmen konnte, weil ich sie voreilig vorgenommen hatte. Er gab mir keinen Hinweis, daß meine Interpretation ihn wirklich erreicht hätte. Manchmal gewöhnen wir uns so sehr an die hysterischen Anteile der Persönlichkeit unserer Patienten, daß wir nicht daran denken, den Ablegern der darin eingebetteten Angst gerecht zu werden. Genauso kann uns der rigide kontrollierte Patient mit seiner oberflächlichen Selbstbeherrschung verführen, die explosiven Kräfte zu unterschätzen, welche die Errichtung dieser Barriere und den Schutz gegen die Angst erforderlich gemacht haben.

Als die Analyse die zeitlebens bestehende Reaktionsbildung mit übertriebener Höflichkeit und übermäßiger Wahrung der Umgangsformen zu erschüttern begann, äußerte sich Hugo W. beunruhigt darüber, daß er so oft in Wut gerate, besonders über seine kleine Tochter. Sie war sein einziges Kind und löste in ihm zärtliche Gefühle aus, wie er sie nur für wenige Menschen kannte. Trotzdem war er von ihrer Schüchternheit schrecklich enttäuscht, zumal er selbst großen Wert auf Mut legte. Je mehr er ihre Ängstlichkeit herabsetzte, desto furchtsamer wurde sie. Entrüstet beschimpfte er sie, aber schließlich fragte er sich, ob seine Verärgerung gerechtfertigt sei. Nach einer solchen Episode hatte er folgenden Traum:

Meine Tochter war weggegangen. Sie war zu Besuch bei Freunden und war nicht nach Hause gekommen. Dann schien es, daß sie mehrere Tage weggewesen war. Ich saß an einem Strand und beobachtete ein Boot, in dem ihre Freunde segelten, aber sie war nicht dabei. Dann war ich daheim, schweißgebadet, wachte auf und dachte: »Du brauchst keine Angst zu haben, sie ist zu Hause im Bett.«

Als er wiederholte: »Ich kann ihre Ängstlichkeit nicht ertragen«, sagte ich: »Am liebsten hätten Sie nichts zu befürchten. Sie erinnert Sie . . .« – ». . . an mich«, unterbrach er und fuhr mit einer Schilderung seiner Feigheit fort.
»Es ist nicht angenehm, Angst bei sich zu haben. Deshalb mögen Sie sie nicht in Ihrer Nähe«, sagte ich.
»Wer nicht immer ruhig Blut bewahrt, macht mich nervös. Ich will nichts davon wissen. Natürlich, das muß es sein. Ich halt' es nicht aus, weil es in mir selber steckt. Warum sollte ich mich sonst so in acht nehmen?«
Die große Gefahr, die Hugos aufgebrochene Selbstbeherrschung bedrohte und ihn der Angst auslieferte, war die tief verdrängte Wut. Ich beschränkte mich mit meinen Deutungen auf die Charakterabwehr gegen jeden Durchbruch von Gefühlen. Während ich ihm zeigen konnte, daß sein Traum mit der Angst zusammenhing, die er bisher energisch verleugnet hatte, war er noch nicht so weit, auch etwas über die sadistischen Impulse, die hinter der Furcht standen, zu erfahren. Ich war zu diesem Zeitpunkt sogar mit einer intellektuellen Zustimmung zu meiner Interpretation zufrieden; besser als gar nichts.
Drei Monate später, nachdem Hugo darüber gesprochen hatte, daß er jegliches sexuelle Interesse an seiner oder sonst einer Frau verloren habe, begann er eine Sitzung mit der forschen Bemerkung: »Gestern abend habe ich meine Frau gefickt.« Ich wußte, daß er sich Sorgen um seine Potenz

machte, so daß dieses Renommieren mit seiner Männlichkeit meinen Argwohn weckte. Ich war außerdem von der Kühnheit seiner Ausdrucksweise beeindruckt und sagte ihm das. Mit ungewohnter Keckheit erzählte er, daß er, ohne zu überlegen, die Initiative ergriffen hatte und entschlossen war. Er bekam sehr schnell eine Erektion, die er auch behielt; er hatte lange Verkehr und beschloß, einen Orgasmus zu haben, ohne sich lange Gedanken über seine Frau zu machen. Irgendwann in der Nacht träumte er:

Ich war in einem Bus. Wenn ich etwas machte – ich weiß nicht, was – aufstand, mich setzte – es war unbestimmt – würde »es« abbrechen. Es war, als gäbe es zwei von »ihnen« – ich weiß nicht, was.

Als Hugo dann schwieg, dachte ich darüber nach, daß die phallische Duplikation (zwei »es«) eine Abwehr der Kastrationsangst war. Hugo brach das Schweigen mit einem seiner charakteristischen Abwehrmanöver: er floh vor dem Traum in eine weitschweifige Schilderung seiner Arbeit. Als er schließlich auf den Traum zurückkam, sah er keine Verbindung zwischen dem Traum und dem, was sich davor ereignet hatte.

»Nach dem Verkehr träumen Sie, daß ›es‹ abgebrochen ist«, sagte ich. »Was ist ›es‹?«

Er gab zu, es könne nichts anderes als der Penis sein, und fuhr fort: »Wenn ich befriedigenden Verkehr hatte, mache ich mir immer Sorgen, ob mir das noch einmal gelingt.«

Der Traum bestätigte die Kastrationsangst, die er so beharrlich abwehrte. Der Widerstand schützte ihn davor, die deutliche Darstellung der Kastration im Traum zu erkennen. Ich hoffte, seine Aufmerksamkeit darauf lenken zu können, ohne Angst und Widerstand zu vergrößern. Gleichzeitig wollte ich den Weg für weitere Assoziationen und Informationen ebnen, wenn nicht für den Augenblick, so doch für die Zukunft.

8 Aggression im Traum

Bis jetzt haben wir uns mit Träumen befaßt, die sich für die Interpretation von Widerstand, Übertragung und Angst eigneten. Nun wenden wir uns Träumen zu, die vorwiegend Deutungen der Triebe und der mit ihnen verbundenen Phänomene erfordern.

In den prägenitalen Entwicklungsphasen gibt es keine eindeutige Differenzierung von sexuellen und aggressiven Trieben. Daher drücken die Träume als Träger der Regression gewöhnlich die Sexualität und Aggression mit dem Bild des einen, des anderen oder beider Triebe aus. Tatsächlich liegt es an der Austauschbarkeit dieser beiden Triebrepräsentanzen, daß die Interpretation so schwierig ist. Anhand der Träume und der dazugehörigen Assoziationen können wir verstehen, welche Rolle beiden Trieben in der Vergangenheit oder Gegenwart zukommt.

An der außerordentlichen Bedeutung der Aggression bei der Gestaltung des menschlichen Schicksals besteht heute kein Zweifel mehr. Der Aggressionstrieb im Es, Aggression als Energie der Ich-Abwehr und die Aggression im archaischen Über-Ich erfordern eine analytische Zuordnung. Die Interpretation der Träume hilft, die Herkunft und die Abkömmlinge der Aggression aufzudecken, und macht die Art der Ich-Abwehr deutlich. Soweit die Traumarbeit auf aggressive Triebabkömmlinge einwirkt, läßt sie sich im großen ganzen mit den Abwehrmechanismen des Ichs vergleichen, obwohl sie nicht mit ihnen gleichzusetzen ist. Sie sorgt durch Verschiebung und Verdichtung bzw. durch das Verwischen aller Spuren der Aggression für Verwirrung. Die Traumanalyse hilft uns, die entsprechenden Gegenstücke der Traumarbeit im Abwehrsystem des Ichs aufzufinden und zu bestimmen: Projektion, Isolierung, Verdrängung und Verleugnung, die in ähnlicher Weise versuchen, die Aggression von ihrem Kurs abzubringen.

Die Traumdeutung macht die Abwandlungen der Aggression ausfindig, die zum Krankheitsbild des Patienten gehören. Der Traum deckt Kindheitsphantasien auf, in denen aggressive Triebregungen (niemals frei von sexuellen Komponenten) hervortreten. Unterstützt durch eine breite Skala symbolischer Darstellungen, bringt der Traum in endloser Vielfalt und Verzweigung aggressive Triebregungen aller Entwicklungsphasen zum Vorschein. Er birgt Phantasien von Ertränken, Überfluten, Durchdringen und Feuersbrünsten, die ihren Ursprung in der urethralen und phallischen Phase haben, sowie Phantasien von Vater- und Muttermord aus der ödipalen Phase. Auf der oralen Ebene hebt er Phantasien von Vergiften, Beißen, Verschlingen und auf der analen Ebene Phantasien von Zurückhalten, Beschmutzen und Verunreinigung hervor. Die Wechselwirkung sexueller und aggressiver Triebregungen der analen Phase ist verantwortlich für die Vorstellung sadistischer Beziehungen zwischen den Geschlechtern und schafft die Grundlage für Phantasien von Vergewaltigung und Defäkation als Sexualakt bzw. Kot als Geschenk und Blähungen als Destruktion und Verfolgung. Die Triebmischung ist außerdem verantwortlich für Schlagephantasien bei der Masturbation.

Träume stellen nicht nur die Aggression im Träumer dar, sondern wiederholen auch ständig, daß er sich wirklich ununterbrochen Kränkungen und Ungerechtigkeiten ausgesetzt sieht. Genauso wie der Traum den Analytiker so darstellt, wie er ist und wie der Patient ihn sich vorstellt, so legt er Zeugnis von der Aggression im Patienten selbst und seiner Umwelt ab. Hugo W.'s Traum, in welchem er sich weggeschoben gefühlt hatte[1], war die Antwort auf das, was er als eine aktuelle Kränkung erlebt hatte. Wir können aus scheinbar aggressiven Darstellungen des manifesten Traumes keine Rückschlüsse ziehen, wenn wir nicht durch Assoziationen und Kontext eine Bestätigung erhalten.

1 Traum Seite 72: »Ich parkte meinen Wagen an der Straße . . .«

Die Traumarbeit verändert die Aggression substantiell und qualitativ. Sie verwandelt den Übeltäter in ein Opfer oder einen harmlosen Betrachter, Gewalt in Sanftmut, Boshaftigkeit in Freundlichkeit. Die Traumarbeit versteckt noch und noch aggressive Gedanken und Gefühle hinter einer Fassade sanfter Güte. Der manifeste Traum von offenem Überfall, Verfolgung oder boshafter Attacke kann auf den falschen Weg führen, wenn er für bare Münze genommen wird; der latente Gedanke kann nämlich Vorstellungen völlig anderer Art beherbergen. Zum Beispiel werden passiv-homosexuelle Impulse im Traum oft als Angriff durch eine Person desselben Geschlechtes dargestellt. Noch allgemeiner: aus Gründen der Abwehr kann sich unter der Maske von Haß Liebe verbergen. Außerdem dürfen wir nicht den Unterschied zwischen manifestem und latentem Trauminhalt vergessen.

In der klinischen Praxis stützen wir die Interpretation auf den Kontext, in dem der Traum auftritt. Wenn wir unter vielen Elementen eines herausgreifen, wählen wir entsprechend ihrem relativen Gewicht die Gedankeninhalte des Patienten aus: vorbewußte gegenüber unbewußten, vergangene gegenüber gegenwärtigen, Abwehr gegenüber Trieb (erotischen gegenüber aggressivem). Als Schwerpunkt wählen wir, was im Augenblick für den Patienten die größte Bedeutung hat.

Während mir immer die Mischung sexueller und aggressiver Triebe in den hier ausgewählten Traumbeispielen bewußt war, habe ich mich darauf beschränkt, diejenigen Träume herauszugreifen, deren Assoziationen und Kontext die Deutung der Aggression nahelegte.

Dinah B., 29 Jahre alt, unverheiratet und ohne sexuelle Erfahrung, klagte, daß sie an Männern kein Interesse habe und keinen Mann zum Heiraten finde. Obwohl sie als Kind mit ihrer etwas jüngeren Schwester gestritten hatte, waren sie in den Jahren, bevor Dinah in die Psychotherapie kam, besonders eng verbunden. Die Schwester begann ebenfalls eine Behandlung, und wenige Monate später zogen beide aus dem Elternhaus aus, um sich eine gemeinsame Wohnung zu nehmen. Den folgenden Traum leitete Dinah mit der Bemerkung ein, sie habe gerade erfahren, daß ein früherer Freund an Leukämie gestorben sei.

Meine Schwester hatte eine Leukämie. Wir waren bestürzt und traurig, besonders meine Mutter und ich. Was sollten wir tun? Sollten wir es ihr sagen? Dann hatte ich Leukämie. Ich ging mit einem Mann spazieren, fühlte mich schwach und müde und bat ihn, mich bald nach Hause zu bringen. Und noch etwas mit Geld.

Sie und die Schwester hatten sich mit dem Vater wegen Geld gestritten . . . Obwohl sie kürzlich das Interesse an Sexualität verloren hatte, machte sie sich darüber keine besonderen Gedanken. Im Traum machte sie sich über die Krankheit und den bevorstehenden Tod der Schwester Sorgen, hatte aber um sich selber keine Angst . . . Ein Jucken am After beunruhigte sie. Vielleicht hatte sie Krebs.
»Der Tod liegt in der Luft – erst Ihre Schwester, dann Sie – so grausig«, warf ich ein.
Sie fand es merkwürdig, vom Tod ihrer Schwester zu träumen. Sie erinnerte sich, daß es schon der dritte Traum dieser Art war. Sie hatte Schuldgefühle wegen des Streites mit dem Vater; er war so schrecklich gut zu ihnen gewesen.
»Der Traum handelte von den schlimmen Gefühlen gegenüber Ihrer Schwester. Jetzt aber sagen Sie, daß Sie sich für die Unfreundlichkeit gegenüber Ihrem Vater verantwortlich fühlen. Gibt es da eine Verbindung?«
Ja, ihre Schwester bat sie oft um Rat in Liebesangelegenheiten, den sie auch gerne erteilte.
»Sie sind sehr gut zu ihr, besonders da Sie selbst kein Liebesleben haben.«
Sie wußte, daß ihre Schwester lange Diskussionen mit ihrem Therapeuten über ihre Beziehung zueinander führte.
»Sie erwähnen sie hier nicht oft«, sagte ich.
Dinah verbreitete sich über alles, was sie für ihre Schwester getan hatte, wie eng sie bis vor kurzem einander verbunden

waren, wie ähnlich sie sich in ihren Problemen mit Männern waren. Wie konnte sie da ihren Tod wünschen? Sie hatten sogar ihre Einkommen zusammengeworfen und ein gemeinsames Konto unterhalten. War da nicht etwas mit Geld im Traum?

Dinahs fast homosexuelle Bindung an ihre Schwester war zum Teil schuld an ihrem Unvermögen, eine befriedigende heterosexuelle Beziehung einzugehen. Bisher hatte sie zu stark an der Reaktionsbildung gegen ihre Feindseligkeit festgehalten. Der Traum brachte den Konflikt in die Behandlung (weil es keine Analyse war, meine häufigen Interventionen). Ich nahm ihn zum Anlaß, ihre Aufmerksamkeit auf die Feindseligkeit zu lenken, indem ich ihre Abwehr hinterfragte.

Bekanntlich ist die Fähigkeit des Kindes, Kot willentlich zurückzuhalten oder herzugeben, die Basis von Phantasien über Macht und Destruktion. Die Regression im Traum bringt solche Phantasien und ihren aggressiven Inhalt zum Vorschein. Der Aggressionstrieb der analen Entwicklungsphase nimmt entweder aktive oder passive Formen an (und oft ist nichts aggressiver als die Passivität), welche alle späteren aggressiven Äußerungen beeinflussen.

Paul D. konnte seine sadistischen Impulse weitgehend im Bereich der Phantasie halten. Er bewahrte mir gegenüber vollkommene Höflichkeit und kam selten zu spät. Eines Tages überraschte er mich durch Zuspätkommen und bemerkte, daß er unterwegs gebummelt habe; in seiner charakteristischen Monotonie berichtete er dann diesen Traum:

Es ging um Scheiße. Es war, als würde ich in einer großen Scheune oder Fabrik arbeiten. Meine Aufgabe war es, große Scheißhaufen von irgendeinem großen Tier zu schaufeln und das Zeug rundherum zu verteilen. Scheiße schaufeln – ich glaube, das ist eine alte Gewohnheit von mir. Es schien eine Aufgabe zu sein, so eine typische Knechtsarbeit. Es stank. Es waren da große rechteckige Haufen.

Als sein Chef gestern auf jemanden im Büro Wut hatte, hatte er das Wort »Scheiße« benutzt.

Schweigen. Ich wußte, daß verdrängte Aggression bei Pauls Krankheit eine große Rolle spielte. Der Traum kam mir irgendwie unvollständig vor, und ich fragte mich, ob er etwas ausgelassen hätte. Um sein Schweigen aufzuheben und ihn zum Traum zurückzuholen, fragte ich: »Sonst war nichts im Traum?«

»Nein.« Er zappelte und schwieg eine Zeitlang und sagte dann, daß er sich schrecklich gespannt fühle. Gestern abend hatte er mächtig gefurzt und ein paarmal Stuhlgang gehabt. Wahrscheinlich hatte er zu viel gegessen und zu wenig Bewegung gehabt. Den ganzen Tag hatte er sich anscheinend mit der Verdauung beschäftigt. Im Bett versuchte er, das Furzen zu unterdrücken, um seine Frau nicht zu belästigen. Er konnte nicht schlafen, dachte an Geld und wieviel seine Frau ausgab … Gestern ertappte er sich mitten im Geschäftstrubel, wie er lächelte und ein Hochgefühl verspürte, als der Teufel los war. Er fragte sich, ob er versuchte, Scheißdreck auf eine bestimmte Person zu schaufeln. Nein, so war es offenbar nicht, es war mehr allgemein. Vor ein paar Jahren, als er sich mitten in einer enttäuschenden Liebesbeziehung befand, hatte er zum ersten Mal die Idee, Scheiße zu essen. Der Ausspruch seines Chefs »Scheiß dir in den Hut« – wie die Idee, Scheiße zu essen – machte ihn erregt. Der Arbeitsauftrag im Traum war wie seine Tätigkeit, bei der er immer Befehle von oben entgegennehmen mußte. Wie die Arbeit in einer Scheißfabrik … Vielleicht bezog sich der Traum auf das, was er mit mir machte; er schien hier eine Menge davon auszuspucken. Er hatte etwas gegen Leute, die das machten, und er dachte nicht gerne daran, daß er es tat. Aber er nahm an, daß der Traum mehr mit seinem Chef als mit mir zu tun hatte. Der Gedanke, ins Büro gehen zu müssen, brachte ihn auf. Er hatte den Wunsch, sich nicht unterordnen zu müssen. Wenn er doch allein und ungestört mit der Führung beauftragt werden könnte.

Paul wurde schweigsam, und ich stellte fest, daß seine Unruhe auffallend zunahm. Erst zappelte er, dann warf er sich herum, und schließlich schlug er um sich. Als er fortfuhr, er sei froh, daß sein Chef und nicht er sich mit den Problemen auseinandersetzen müsse, sagte ich: »Sie können es auf ihn abladen, ihm die Dreckarbeit überlassen.«

Er hörte auf, sich zu krümmen, und seine Stimmung hellte sich sichtlich auf. Fast triumphierend (für seine Verhältnisse) gab er zu, daß er es immer so gemacht hatte: selbst die Verantwortung ablehnen und andere es machen lassen.

Ich akzeptierte Pauls Verleugnung seiner Feindseligkeit gegen mich, insbesondere im Hinblick auf seine heutige Verspätung, nicht. Ich ließ wegen der zaghaften Äußerung offener sadistischer Gefühle und meines Wissens um seine Unfähigkeit, sich dem Sadismus zu stellen, es sei denn, er war selbst das Objekt, die Verschiebung auf ein anderes Objekt bestehen. Ich betrachtete es als Erfolg, daß er den Wunsch, um den seine Assoziationen sich so zaghaft rankten, verbalisieren konnte.

Die Variationen der Phantasien um ein Thema der analen Phase nehmen entsprechend der Anlage und Erziehung des Kindes einen individuellen Ausdruck an, auch wenn die zu dieser Phase gehörenden Grundtriebe dieselben bleiben. Die manifesten Träume von zwei Patienten enthielten beide Ekelreaktionen gegen die Ausscheidungen. Die Träume unterschieden sich durch Entstellung, den Stellenwert in der Analyse sowie den unterschiedlichen Hintergrund und das Krankheitsbild der Patienten, aber der latente Inhalt bezog sich in beiden Fällen auf Geld, anales Zurückhalten und in die Übertragung verschobene Aggression.

Der erste dieser Träume stammt von George G., dessen starke Beschäftigung mit Analem und dessen Abkömmlingen, ausgedrückt im Geben und Zurückhalten, in all seine Aktivitäten und Beziehungen eindrang. Er konnte die beiden Pole seiner Ambivalenz nicht aufeinander abstimmen. In der Analyse gab die Entschärfung und Isolierung ein besonderes technisches Problem auf, das ständig mit der Abwehr wiederkehrte und eine besondere Aufmerksamkeit für die Herstellung von Verbindungen erforderte.

George begann die Stunde mit der Wiedergabe einer Debatte parlamentarischen Ausmaßes, die er mit sich geführt hatte, seitdem er von zu Hause weggegangen war: Sollte er zur Bank gehen oder nicht? Er entschied sich, es nicht zu tun, obwohl er nicht umhin konnte, sich schuldig zu fühlen, weil er meine Rechnung nicht bezahlte. Er mußte mir einen Traum erzählen:

Ich mußte zur Toilette und urinieren. Die Toilettenschüssel war voller Kot. Ich ekelte mich. Ich fragte mich, ob ich den Kot hinunterspülen sollte oder nicht. Ich wußte nicht, ob ich hinein-urinieren durfte, ohne ihn zuerst hinuntergespült zu haben. Würde die Toilettenschüssel überlaufen? Ich spülte, und sie lief über. Ich hatte immer noch das Bedürfnis zu urinieren.

Er fuhr fort, mit weiteren »Sollten« und »Sollten nicht«: er hätte seinen Arzt anrufen sollen, tat es aber nicht; sollte er wegen eines schmerzhaften Zahnes zum Zahnarzt gehen oder nicht ... Er riet einem Freund, einen Analytiker aufzusuchen, und sagte, er solle nicht zum Erstbesten gehen, sondern nannte ihm zwei bestimmte Therapeuten ... Er fiel in Schweigen. Ich unterbrach ihn und bat ihn, den Traum noch einmal zu erzählen. Nachdem er es getan hatte, sagte ich: »›Sollten oder sollten nicht‹ war das erste, was Sie mir heute gesagt haben.«

Er bemühte sich sichtlich, meine Deutung zu verstehen und erinnerte sich an die Bemerkung vom Anfang der Stunde: »Soll ich zur Bank gehen oder nicht? Soll ich Sie bezahlen oder nicht?« Er sagte ohne echte Beteiligung: »Schmutziges Zeug« und »Scheiß oder geh' vom Topf runter«, dann schweifte er in Geschwätz ab. Ich beharrte weiterhin: »Als ich Sie nach Ihrem Traum und Ihrer ersten Bemerkung zu mir fragte, dachte ich, Sie würden die Verbindung sehen: was Sie hier tun sollen und was nicht.«

Er dachte daran, daß ich früher einmal seine anale Fixierung erwähnt hatte: er würde die Dinge hinausschieben. Er sprach über sein Gefühl, in meine Praxis gestopft zu sein, nichts sagen, nichts geben, furzen wollen und hier Stuhlgang zu haben. Er kam auf sein Schuldgefühl zurück, weil er mich nicht bezahlte. Er hatte gedacht, mich länger warten zu lassen, wie er den anderen Arzt auf den Anruf warten ließ. Schließlich sagte ich: »Sie müssen Ihre Mutter warten gelassen haben, wenn Sie auf dem Topf saßen. Das machen Sie auch hier; als wären Sie auf der Toilette.«

Selbst wenn Patienten Zusammenhänge aussprechen, können diese ihnen verborgen bleiben. Ich wußte, daß es unklug war, eine Interpretation vorzunehmen, mit der George spielen konnte, und bemühte mich daher um eine Deutung, die nicht in einem zwangsneurotischen Ausweichmanöver verlorengehen konnte. Zuerst stellte ich die Verbindung her, dann erklärte ich sie und nahm schließlich eine Rekonstruktion vor. Natürlich führte ich diese Erklärung nicht weiter aus. Ein paar Wochen später spielte George auf die letzte Intervention an[2] – ein eindeutiger Beweis, daß sie ihn erreicht hatte.

Der zweite Traum stammte von Don J., der seine zahlreichen Infantilismen und polymorph perversen Impulse in vielerlei Beziehung ausagierte. Orale und anale Ausbrüche bedrohten unaufhörlich sein Gleichgewicht. Sie unter Kontrolle zu behalten, war sein Hauptanliegen in und außerhalb der Analyse. Eines Tages teilte ich ihm mit, daß ich nächsten Monat das Honorar erhöhen würde. Weder sogleich noch später kam er darauf zurück, sondern brachte einen Tag, nachdem ich ihm die höhere Rechnung überreicht hatte, einen Traum.

Ich war in eine neue, größere Wohnung umgezogen. Während meine Freundin weg war, hatte ich eine andere Frau bei mir. Ich

---

2 Traum Seite 103: »Ich sehe das Obergeschoß in einem Appartementhaus . . .«

schlief mit ihr. Als sie gegangen war, hatte ich auf der Toilette riesigen ekelhaften Stuhlgang. Es war so gewaltig, daß ich mir nicht vorstellen konnte, daß eine Frau ihn haben könnte. Ich trat auf den Hebel der Spülung, bekam aber Kot auf Hände und Füße. Dann lag ich im Bett am Fenster, wie in Ihrer Praxis. Leute sahen von draußen herein und machten mich wütend.

Seine weitschweifigen Assoziationen spielten nur angedeutet auf den Traum an. Er erwähnte, daß er in eine größere Wohnung umziehen wolle, und glitt dann in die Schilderung seiner letzten sexuellen Eroberung ab. Wie immer nach dem Verkehr konnte er die Frau nicht schnell genug loswerden. Kaum, daß sie weg war, wechselte er das Bettlaken. Der Anblick eines unordentlichen Bettes nach dem Verkehr erfüllte ihn immer mit Ekel.

Das Fehlen von Assoziationen zum im Traum so stark betonten Kot und das Stillschweigen zur erhöhten Rechnung gaben mir Anlaß zu sagen: »Im Traum setzten Sie sich mit einer riesigen Menge Kot auseinander. Gestern habe ich Ihnen eine riesige Rechnung gegeben.«

Er war getroffen. Das ging ihm schon den ganzen Monat durch den Kopf. Er konnte nicht darüber sprechen, weil er fürchtete, ich würde wütend werden. Er hatte sogar Phantasien, mit mir darum zu kämpfen. Doch er hatte viel Geld, was zerbrach er sich da den Kopf? Ich erinnerte ihn daran, daß er Schmutz und Unordnung in seiner Wohnung augenblicklich beseitigen mußte. Er dachte daran, daß er mir am Anfang der Analyse von seinen Wutanfällen als Kind erzählt hatte; wie er da im Gesicht blau anlief und sich beschmutzte.

Dons Traum brachte den unterdrückten Groll indirekt in regressiven Vorstellungen zum Ausdruck – als Stuhlgang. Meine Intervention stellte die Verbindung her. Sein Traum hatte einen expansiven Charakter (der Stuhlgang war »riesig«), der dem Traum des weit mehr eingeengten George fehlte.

In beiden Fällen half der Traum, fehlende Zusammenhänge herzustellen. Im ersten Fall fügte ich eine genetische Rekonstruktion hinzu. Don, in einem fortgeschritteneren Stadium der Analyse, weniger ambivalent und weniger genötigt, aggressive Impulse abzuwehren, war weniger auf Hilfe für die Aspekte der Übertragung angewiesen und kam von selbst auf eine Kindheitserinnerung. Der erste Traum handelte mehr von der Ambivalenz, der zweite vom Verlust der Kontrolle. Beide Träume handelten von der Aggression der gleichen, nämlich der analen Entwicklungsphase. Jeder erforderte, entsprechend der Charakterstruktur, der psychischen Organisation, der Ich-Stärke und der Behandlungsphase ein individuelles Vorgehen.

Sechs Monate, nachdem Don J. seinen »biestigen« Charakter mißbilligt hatte,[3] litt er unter erheblichen Zuständen von Übelkeit, so daß er einen Arzt aufsuchen mußte. Der fand aber überhaupt nichts. Einen Tag nach dem Arztbesuch brachte er diesen Traum:

Ich nahm Mengen von Nahrung zu mir. Nach einer reichlichen Mahlzeit begann ich, Papier, Pappe und solches Zeug zu essen. Ich mußte weiteressen, obwohl ich vollgestopft war – ich machte immer weiter.

Als er aufwachte, drehte sich sein Magen um – er wollte sich übergeben. Die Übelkeit hatte den ganzen Tag angehalten . . . Papier essen erinnerte ihn an eine Fernsehreklame, in der Leute Stücke von einem Hut abbissen. Er ärgerte sich über seine Ambivalenz gegenüber seiner Freundin. Sie liebte ihn, war nett, aber sie sägte ihm den Nerv. Gestern abend traf er eine andere Frau und war hungrig, sie auszuziehen.

»Hungrig?« fragte ich.

»Ja, ich weiß, wie im Traum. Gestern abend mußte ich vermeiden, die andere Frau anzuschauen, und meine Gedanken waren mir peinlich.«

Am späten Abend war er mit seiner Freundin zusammen und liebte sie auf die gewohnte unpersönliche Art, wobei auch Beißen eine große Rolle spielte. »Ich wollte bei ihr unten hingehen, unterließ es aber.«

3 Traum Seite 133: »Da war ein schreckliches Untier . . .«

»Sie essen«, warf ich ein.

Die Entsprechung von »unten hingehen«, »essen« und Cunnilingus war ihm bekannt, und er erinnerte sich an mehrere Erlebnisse, wobei er den Cunnilingus praktiziert hatte, jedoch nur bei Frauen, die er nicht achtete. Für die letzten zehn Minuten der Stunde schwieg er.

Don hatte ziemlich frei assoziiert, aber wie so oft, konnte er nicht die Bedeutung der Assoziationen in bezug auf den Traum sehen. Wir hatten bereits eine ganze Anzahl von Aspekten seiner Destruktivität und seines Bedürfnisses, Frauen zu erniedrigen, durchgearbeitet. Ich wußte, daß sein oraler Sadismus erheblich an der komplizierten Dynamik seiner Satyriasis beteiligt war. Meine erste Intervention sollte ihm helfen, die Verbindungen zu sehen, ohne den Gedankenfluß zu stören. Die zweite Interpretation war deutlicher, und ich bot sie ihm erst an, als der Gedanke meines Erachtens soweit ins Vorbewußte vorgedrungen war, um ihn aussprechen zu können.

Drei Monate später verkündete Don, daß er eine Woche lang auf Geschäftsreise gehen müsse. Die Aussicht, seine »gute« Freundin los zu sein, freute ihn, und er hatte bereits für Gespielinnen am Ziel seiner Reise vorgesorgt. Er mußte mir einen Traum erzählen.

Ich bin in einem Konzentrationslager. Wir sind nur Männer, viele Männer. Wir sind einer Frau ausgeliefert, die uns umbringen will. Sie hat Fangzähne und will uns in den Nacken beißen. Sie ist ein Würger. Wir versuchen alle davonzukommen, indem wir im Kreis herumgehen. Es ist nur eine Frage der Zeit, wann ich dran bin.

Seine Freundin wollte ihn gestern abend verführen. Er fühlte sich verpflichtet, darauf einzugehen, doch je mehr Aufmerksamkeit sie ihm schenkte, desto weniger Lust hatte er. Aber in dem Augenblick, als er sie zurückwies, hatte er Schuldgefühle. »Ich habe das Gefühl, als könnte ich von jeder Frau in Besitz genommen werden.«

»Drehen Sie's um«, sagte ich, »und den Traum auch.«

»Ich kann zu niemandem eine Beziehung haben. Ich werde nach einer gewissen Zeit alle Frauen los. Je mehr sie mir sagen, daß sie mich lieben, desto weniger will ich es hören.« Nach einer langen Pause: »Warum habe ich immer Schuldgefühle, wenn ich weggehe?«

Wieder langes Schweigen. Ich wollte sein Selbstgespräch nicht stören und beschränkte mich auf die Bemerkung, er habe etwas über Schuldgefühle zu sagen. Schließlich sagte er reumütig: »Ich habe sie gestern abend wirklich brutal behandelt.«

Überzeugt, daß die Verbindung zwischen dem Schuldgefühl und der Zurückweisung ausreichend hergestellt war, sagte ich: »Sie fühlen sich zu Recht schuldig. Sie wissen, Sie benutzen die Frauen und lassen sie dann fallen. Sie arrangieren es sogar, daß Frauen am anderen Ende auf Sie warten, um Ihre Schuldgefühle zu besänftigen.«

Er verbreitete sich über die abscheuliche Behandlung seiner Freundin und fügte hinzu: »Glauben Sie, daß das, was Sie eben gesagt haben, etwas damit zu tun hat, daß ich meine Freundinnen, sobald sie gegangen sind, anrufen und ihnen Gute Nacht sagen muß, um sicher zu sein, daß sie gut nach Hause gekommen sind?«

»Ihre Frage ist eine Feststellung«, sagte ich.

Hugo W. hatte fast ein Jahr lang angeblich wegen dringender Verpflichtungen Stunden ausfallen lassen; dann packte ihn die Analyse aber so, daß er erschien, selbst wenn es Katzen hagelte. Lag er erst auf der Couch, machte er das durch Intellektualisieren und Schweigen wieder rückgängig. Eine Besserung seines, insbesondere gegen aggressive Impulse gerichteten, beträchtlichen Widerstandes war kaum zu registrieren. Eines Tages begann er mit der Bemerkung, es sei doch komisch, wie oft er im Traum das Gefühl habe, daß das, was er träume, nicht möglich sei, aber dann wieder, daß es doch möglich sei. Zum Beispiel letzte Nacht:

Ich hörte Radio. Der Sprecher sagte: »Die Vereinigten Staaten haben sich aus dem Vietnamkrieg zurückgezogen (resigned).« Ich konnte nicht glauben, daß ich recht gehört hatte. Es konnte nicht wahr sein, und doch schien die Nachricht zu stimmen, so unwahrscheinlich sie klang.

Er hatte das merkwürdige Gefühl, dasselbe zweimal hintereinander geträumt zu haben. Beide Träume waren gleich, nur daß beim ersten Mal die Stimme aus dem Radio, das zweite Mal aus dem Fernsehapparat kam. Vor dem Traum war er wütend wie ein Rumpelstilzchen auf seine Frau. Sie waren bei einem anderen Ehepaar eingeladen gewesen, und sie hatte sich während des Essens so unerträglich beklagt, daß er es kaum aushalten konnte. Er hatte sich ihre Bösartigkeit zehn Jahre lang gefallen lassen, aber gestern abend wurde er so wütend, daß er sich dabei ertappte, wie er die Fäuste ballte. Auf dem Heimweg konnte er kein Wort zu ihr sagen, distanzierte sich von ihr und kochte. »Wie ist es möglich, daß ich das so lange ertragen habe? Das darf doch nicht wahr sein!«

»Haben Sie Einfälle zu ›sich aus dem Krieg zurückziehen‹?«

Er dachte, es beziehe sich auf die doppelte Bedeutung von »resignation« (Rückzug): »to be resigned to or to resign from marriage« (sich mit der Ehe abgefunden haben oder sich aus der Ehe zurückziehen).[4]

Hugos Traum drückte die Ambivalenz aus, die bei Zwangscharakteren zu erwarten ist. Der Traum und die Assoziationen spiegelten das zwanghafte Bedürfnis wider, etwas zu tun und rückgängig zu machen (es ist möglich – ist nicht möglich). Da seine Assoziationen einen intellektuellen Charakter hatten, verzichtete ich auf eine ausdrückliche Interpretation. Trotz allem, der Druck der Realität hatte die starke Verleugnung, wenn auch nur kurz, überwunden; das bestätigten die Assoziationen zum Traum.

Sechs Monate später kam Hugo auf dasselbe Thema zurück.

4 Da die Doppelbedeutung von to resign keine Entsprechung im Deutschen hat, muß an dieser Stelle der amerikanische Text wiedergegeben werden (Anmerkung des Übersetzers).

In einer fruchtbareren Stunde nahm er von seiner Flucht vor sich selbst soweit Abstand, daß er freier über den sadomasochistischen Charakter seiner Ehe sprechen konnte. Er sagte, er könne allmählich erkennen, daß er jahrelang eine Vogel-Strauß-Politik betrieben und darum gekämpft habe, eine harmonische Fassade aufrechtzuerhalten, wobei ihm in Wirklichkeit die unerträglichen Eigenschaften seiner Frau bewußt gewesen seien.

»Wieso passiert Ihnen das?« fragte ich.

Er erinnerte sich an eine ganze Reihe von Gelegenheiten, in denen sie ihn schon vor der Ehe gedemütigt hatte. Er fragte sich, warum er sich immer weigere, das Offensichtliche zu sehen. Wovor hatte er Angst?

Am nächsten Tag überraschte Hugo mich mit der Bemerkung, er sei nach der letzten Stunde sehr ungern weggegangen; er hatte sogar den Impuls, zurückzukommen und anzuklopfen, um weiterzumachen. Diese Feststellung unterschied sich so von seiner sonstigen Zurückhaltung, daß ich sicher war, daß er durch meine Intervention in mir einen Verbündeten sah. Dann erzählte er mir einen Traum:

Ich ging mit einem Freund spazieren. Wir kamen zu einem Metzgerladen. Dort verließ mich mein Freund. Ich sah drinnen den Metzger. Er war blind. Der Laden lag im Dunkeln; er war braun gestrichen. Der Metzger sprach mich in Bostoner Ostküstenakzent mit Namen an. Ich wollte Fleisch für meine Katze. Obwohl er blind war, zerkleinerte er mit einem scharfen Messer eine Niere.

Er dachte, der Metzger, den er blind gemacht hatte, sei ich.

»Aus welchem Grund meinen Sie das? Was ist mit dem Ostküstenakzent?«

»Stimmt. So spreche ich«, sagte er.

»Sie sagten, daß Sie gestern an dem Problem Ihrer unzulänglichen Wahrnehmung weiterarbeiten wollten.«

Er wurde an einen Mann erinnert, dessen Gedanken er nie verstehen konnte, obwohl sie allen anderen ziemlich klar waren. Er konnte sie nie begreifen. Und er schien auch niemals beim ersten Mal auf etwas zu hören. »Nichts sehen, nichts hören, nichts wissen; so bin ich.« Er erinnerte sich an eine Einzelheit des Traumes; der Laden hatte keine Tür. Er war weit offen, so daß er jederzeit hineingehen konnte.

»Warum muß ich so blind sein?« fragte er.

»Warum der Fleischer?« erwiderte ich.

»Der Mann zerhackt alles, so daß es verpfuscht ist.«[5]

»Da ist etwas, das Sie nicht sehen wollen . . .«, fing ich an, wurde aber unterbrochen. »Der Fleischer hatte einen Akzent wie der Schauspieler Kil(l)bride[6].« Nach einer kurzen Pause fügte er hinzu: »Sie wissen, was das bedeutet.«

Der Traum hatte das Thema der letzten Stunde aufgegriffen und kündete eine neue Entwicklung seines Kampfes gegen die Verleugnung an. »Keine Tür am Laden«, so daß er »jederzeit hineingehen konnte«. Die Analyse von Widerstand und Abwehr hatte ihm, wenn auch behutsam, erlaubt, sich im Traum mit der mörderischen Wut auseinanderzusetzen.

Jenny K. hatte ihrer Mutter gegenüber eine klassisch zu nennende Ambivalenz. Ging ihre Mutter weg, vermißte Jenny sie; waren sie wieder zusammen, gingen sie sich an die Gurgel. Den folgenden Traum hatte Jenny vor den in den früheren Abschnitten berichteten Träumen:

Ich ging über Land und sah eine Frau im Auto. Sie fuhr so nachlässig, daß ein anderes Auto nicht ausweichen konnte und ihren Kotflügel zerbeulte. Es haute ihr den Hut vom Kopf. Als er auf den Boden flog, sah ich, daß eine Gänsefeder dransteckte.

Gestern hatte sie sich mit ihrer Mutter zum Einkaufen getroffen. Es war furchtbar. Die Arroganz und Herablassung der Mutter hatten den armen Verkäufer zu kriecherischer Unterwürfigkeit erniedrigt. Sie selbst hatte immer solche

5 Es handelt sich hier um ein Wortspiel: to butcher heißt zerkleinern, hat umgangssprachlich aber auch die Bedeutung »verpfuschen«.

6 In diesem Namen steckt ein Wortspiel »kill the bride«, das heißt »bring die Braut um« (Anmerkung des Übersetzers).

Mühe, gegenüber Verkäufern den rechten Ton zu finden . . .
Mutter mochte zwar in ihren Vorstellungen altmodisch sein,
aber sie wußte, wie sie bekam, was sie wollte.

»Sie ist eine Gans, der Sie den Kopf heruntermachen
könnten«, sagte ich.

Ein bestürztes Schweigen – als sei sie unvorbereitet überrum-
pelt worden – dann voller Haß: »Sie tut so viel für mich, will
mir Kleider kaufen, will, daß ich so gepflegt aussehe wie sie,
aber ich kann es nicht ertragen, wenn sie mir sagt, was ich zu
tun habe . . . Immer fragt sie, warum ich nicht heirate, warum
ich dies und jenes nicht mache. Ich glaube, sie hat schon
Interesse, aber es bringt mich auf die Palme. Sie ist eine
Heuchlerin. Sie weiß, daß sie besser aussieht als ich, und dann
fragt sie Vater: ›Ist sie nicht hübsch?‹ und er sagt: ›mhm,
mhm‹, als ob er nicht wüßte, wen sie meint, und als wäre es
ihm total Wurst . . .«

Die restliche Zeit sprach Jenny empört über Frauen, besonders solche, die elegant waren und anziehend auf Männer
wirkten. Obwohl sie noch weit davon entfernt war, ihre
Feindseligkeit gegenüber Frauen mit den Gefühlen gegenüber ihrer Mutter in Verbindung zu bringen, hatte sie sich
freimütiger als früher geäußert, und insbesondere mir wurde
ihre Identifikation mit der Mutter deutlicher, die »wußte, wie
sie bekam, was sie wollte«.

Die ablehnende Haltung gegenüber seinem Vater hielt Simon
E. in ständigem Aufruhr. Es war ihm unmöglich, seine Wut
zu beherrschen, wenn er mit ihm zusammen war; im übrigen
ließ er seinen fortgesetzten Phantasien freien Lauf, deren
ständiges Thema der Tod des Vaters und die Verfügung über
sein Vermögen war. Nur der Ausgang der Phantasien zeigte
Unterschiede: sein Vater ließ ihn ohne einen Cent zurück und
vermachte das gesamte Vermögen Simons Bruder oder
hinterließ reumütig alles ihm. In einer bestimmten Stunde
stellte Simon sich vor, in einer besonders verzweifelten
finanziellen Situation zu sein, und beschwor die zweite
Version der Phantasie. Einem Impuls folgend, hatte er mit

seinem Vater ein freundliches Telefongespräch geführt, aber der zeigte nur Verständnis für seine Herzlichkeit, weiter nichts. Letzte Nacht hatte er geträumt.

Mein Vater und ich gingen liebenswürdig in einem Garten spazieren. Er stellte mir Fragen über Blumen. Ich brauste auf und schrie: »Was für eine dumme Frage!« Er schaute mich überrascht an und machte mir seinerseits Vorwürfe. Ich wurde immer wütender und hätte ihn am liebsten verhauen.

Mit zunehmend leiser werdender und zuletzt kaum hörbarer Stimme sprach er den größten Teil der Stunde über Leute, die besser dran waren als er, über seine Probleme zu Hause und die Schwierigkeiten, seinen Verpflichtungen nachzukommen. Dann, als wechselte er das Thema, und so nebenbei, kam er auf eine Frage zurück, die ich ihm am Tag vorher gestellt hatte. Ich mußte plötzlich an den Traum denken und sagte: »Was für eine dumme Frage!«
»Stimmt«, sagte er, »ich hatte das Gefühl, Sie hatten mir nicht zugehört, sonst hätten Sie mir nicht diese Frage gestellt.«
Es folgte ein Sturm von Beschimpfungen und Wut gegen mich, seine Familie und die ganze Welt. Dann seufzte er tief und sagte: »Jetzt fühle ich mich um Tonnen erleichtert.«
Man könnte einwerfen, warum ich nicht auf das Offensichtliche eingegangen bin und den Traum in Verbindung mit seinem Kampf mit dem Vater gebracht habe. Ich ließ mich wieder von den Assoziationen leiten. Nach der Wiederholung des Grolls, den wir beide gut kannten, bezog er sich ohne weiteres auf meine dumme Frage. Meine Intervention, mit der ich mich auf den Traum bezog, gab Simon die Möglichkeit, die Verbindung zwischen mir und seinem Vater herzustellen, wenn er wollte. Wir beide enttäuschten ihn durch unsere »Dummheit« und Gleichgültigkeit. Seine Feindseligkeit gegenüber seinem Vater war bewußt (und auch unbewußt) und ließ sich rechtfertigen. Die parallel dazu verlau-

fende Feindseligkeit mir gegenüber konnte er schwerer begründen. Die Lösung des Konflikts konnte nur in der Übertragung erfolgen. »Was für eine dumme Frage!« war die Brücke. Die sexuelle Bedeutung von »Garten« und »Blumen« wies darauf hin, daß die Auseinandersetzung mit seinem Vater genauso viel mit der Sexualität wie mit dem Geld zu tun hatte. Das Fehlen passender Assoziationen verbot das Eingehen auf diesen Gesichtspunkt des Traumes. Ich verzichtete auch auf die Interpretation des Über-Ich-Aspekts im Traum. »Was für eine dumme Frage« bezog sich auch auf die Frage, die er seinem Vater nicht stellte: »Wieviel Geld werde ich bekommen?« Im Augenblick war es vordringlicher, seine latente Einstellung zu mir bewußt zu machen, die anderenfalls nicht aufgedeckt worden wäre.

Ein paar Wochen später brachte Simon folgenden Traum.

Ich bin ein Kind und spiele im Meer, wo sich die Wellen brechen. Mein Vater steht über mir, lächelt und spielt mit mir, drückt aber meinen Kopf unter Wasser. Ich bekomme keine Luft und krieg's mit der Angst zu tun. Ich kämpfe, um Luft zu bekommen. Ich bin außer mir, hilflos und wütend. Ich versuche mein Glück und hole Luft, bin aber nicht sicher, ob mein Kopf aus dem Wasser ist. Zu meiner Erleichterung atme ich Luft ein.

Seine Assoziationen drehten sich um seine altbekannte Feindseligkeit gegenüber seinem Vater. Als er sagte: »Gestern abend dachte ich an ihn und wurde so wütend, daß ich unwillkürlich dachte ›Gott verdamm ihn!‹«, sagte ich: »Wenn Sie voller Wut den Atem angehalten haben, mußten Sie vielleicht mal Pause machen, um Luft zu holen.«

Seine Stimme wurde dramatisch: »Ich erinnere mich, daß ich voller Wut geschrien habe, wenn ich nicht bekam, was ich wollte. Ich war ohne Frage ein verwöhnter Fratz. Niemand konnte mich abstellen; ich konnte nicht aufhören, bis ich schließlich tief Atem holte. Jetzt halte ich mich anscheinend zurück, dasselbe mit meiner Familie zu tun.«

Weder Material aus der Vergangenheit noch die Assoziationen wiesen darauf hin, daß der Traum ein wirkliches Kindheitserlebnis wiedergab. Ich entschloß mich, aufgrund der Besonderheit der Traumdarstellung im Rahmen von Simons augenblicklicher analytischer Situation, eine Rekonstruktion vorzunehmen. Wir erhalten nicht immer solch erfreuliche Bestätigung unserer Rekonstruktionen, selbst wenn sie zutreffen. Tage, Wochen oder Monate können vergehen, bis wir herausbekommen, ob wir recht hatten oder nicht.

Das Durcharbeiten hatte zunehmend die Aggression ichfremd gemacht und im Traum eine infantile Triebmanifestation und Verfassung des Ichs wiederbelebt. Das Zurückhalten des Atems konnte als Zurückhalten des Kots angesehen werden, ein zusätzlicher Hinweis auf das Entwicklungsstadium, aus dem der Traum stammte. In einer tieferen Schicht deutete das Eintauchen in Wasser auf die Geburt, insbesondere – da durch die Vater-Analytiker-Figur dargestellt – auf die Wiedergeburt hin. Einige Tage später träumte Simon von einem Freund, der ihm beschrieb, wie er noch einmal ein berufliches Unternehmen in Angriff nahm. Simons Assoziationen wiesen auf seinen eigenen Wunsch hin, wiedergeboren zu werden, ein anderer Mensch zu sein und beim zweiten Mal die Dinge anders anzupacken. Der Zusammenhang mit der Analyse war durchsichtig und ergänzte den früheren Traum.

John Y. hielt sich für ein Muster an Güte und Großherzigkeit; er rühmte sich gerne seiner Bereitschaft, anderen den Vortritt zu lassen, und seiner Fähigkeit, bei schwersten Kränkungen gelassen zu bleiben. Es machte ihm keine Schwierigkeiten, dieses Selbstbild mit seiner Haltung in Einklang zu bringen, fast jeden herabzusetzen, der in seinem Umkreis auftauchte. Alle Bemühungen, ihn mit diesem Widerspruch zu konfrontieren, führten zu intellektueller Einsicht, überzeugten ihn jedoch kaum. John sah weiterhin in seinem kritischen Verstand nichts als bloße Gedanken und gab ihnen daher keine besondere Bedeutung. In einer Stunde voller Klagen, daß weder in noch außerhalb der Analyse sich etwas ändere, erinnerte er sich an einen Traum.

Ich war in einem Zimmer. Ein Mann lag auf dem Bett. Er war krank oder sehr müde. Er drehte sich auf den Bauch und wollte offenbar schlafen. Ich deckte ihn liebevoll zu, um ihn warm zu halten, damit er schlafen konnte.

Er mußte sich um seine Freundin, die krank war, kümmern. Sie hatte ihm vorgeworfen, er sei wegen ihres leichten Unwohlseins zu besorgt, so daß sie das Gefühl habe, sie übertreibe . . . Übrigens erinnere ihn der Mann auf dem Bett daran, wie er sich mir gegenüber verhält . . . Er hatte kürzlich angefangen, Todesanzeigen zu lesen . . . Er hatte sich Gedanken darüber gemacht, wie schwer ich arbeite und daß ich müde aussehe, und sich gefragt, ob ich überhaupt zur Ruhe komme. Er hatte gerade von einem Arzt gehört, der an einem Herzinfarkt gestorben war. Er war sich seines Bedürfnisses, feindselige Impulse zu verleugnen, bewußt; das hätte ich ihm bereits klargemacht; aber warum der Traum, und wer war der Mann?

»Sie wollen mich fortwährend nicht liebevoll in Schlaf versetzen«, sagte ich.

»Warum bin ich immer so liebenswürdig?« erwiderte er mit wehmütigem Lächeln, als führten wir ein privates Gespräch.

Meine Interpretation formulierte einen feindseligen Impuls, den er zwar kannte, aber nicht fühlte, aufs neue. Eine stärkere Reaktion konnte ich im Augenblick nicht erwarten. Allerdings zeigte er keine Anzeichen von Bereitschaft, die ödipalen Gesichtspunkte, welche in einer tieferen Schicht vorhanden waren und im Traum sichtbar wurden, zur Kenntnis zu nehmen.

Als ich ein paar Wochen später durch das Zimmer ging und etwas vom Schreibtisch holte, sagte er mir, er hätte den Impuls gehabt, nach mir zu treten. Ich sagte: »Das ist auch eine Möglichkeit der Beziehung und des Kontaktes.« Die Aggression hat viele Gesichter.

Johns Widerstand in der Analyse ging Hand in Hand mit dem Ausagieren seiner Phantasien außerhalb der Analyse. Sein Verhalten stellte unbewußt eine kontraphobische Abwehr gegen die Einsprüche des Über-Ichs dar und zielte darauf ab, Vergeltungsmaßnahmen des Über-Ichs wachzurufen. John hatte den folgenden Traum, nachdem ihm ein Freund gesagt hatte, seine Aufsässigkeit und Unbesonnenheit brächten seine Stellung in Gefahr.

Ich gehe mit meiner Schwester einen felsigen, kahlen Hügel hoch. Feindliche Panzer stehen sich gegenüber und fahren im Kreis herum, als ob etwas losgehen solle. Offenbar gehe ich in einen Panzer hinein, ein amerikanischer Panzer beschützt mich wie ein Unterschlupf.

Einige Leute hatten ihn davor gewarnt, einen Typ im Geschäft zu unterstützen, der vorhatte, den Großkopfeten einen Streich zu spielen. Er wußte, daß er mit dem Feuer spielte, aber der Gedanke reizte ihn so, daß er irgendwie stark in Versuchung war ... Als Kind spielte er tatsächlich gern mit dem Feuer. Seine Schwester hatte ihm kürzlich erzählt, daß er einmal fast das Haus angezündet hätte.

Ich verstand den Traum als Wunsch, vor feindseligen Impulsen geschützt zu werden, die sich unter dem Mantel eines derben Scherzes verstecken, und sagte: »Sie spielen noch immer mit dem Feuer, und ich soll Ihnen sagen, Sie sollen damit aufhören.«

Seine erste Frau pflegte ihm zu sagen, er müsse sich Grenzen setzen, aber er bewunderte Menschen, welche die Dinge selbst in die Hand nahmen und nach vorn stürmten. »Als Kind dachte ich in dem Augenblick, wo meine Eltern das Haus verließen, an alle verbotenen Dinge, die ich tun könnte. Dieser amerikanische Panzer war zu meinem Schutz da. Ich glaube, ich erzähle Ihnen das in der Hoffnung, daß Sie mir sagen, ich soll aufhören.«

9 Traum und infantile Sexualität

Unbewußte Phantasien, unsichtbar wie die durch sie repräsentierten Triebe, sind von großem Einfluß und beharrlich. Zusammen mit den Ursprüngen ihrer Entwicklung können sie aus dem Charakter, den Symptomen und dem Verhalten abgelesen werden; aber nichts kann den fast bildhaften Beweis besser veranschaulichen als der Traum. Die sexuellen und aggressiven Triebe und ihre Abkömmlinge sind die Hauptquelle der Traumbildung. Es überrascht daher kaum, daß der Traum mit seiner einzigartigen hypermnestischen Fähigkeit über den Zugang zu den Phantasien der frühen Kindheit verfügt.

Der Traum richtet unsere und des Patienten Aufmerksamkeit auf sexuelle Erfahrungen, die anderenfalls im Schutt der Kindheit liegen. Er ist der Hauptweg, auf dem wir nicht nur die Phantasien, sondern auch die Struktur des Ichs und die mit ihr zusammenhängende Angst wieder aufspüren können. Sogar die Darstellung der aus präverbalen Phasen stammenden libidinösen Erregung gelangt in den Traum, gewöhnlich in Form somatischer Erinnerungen und Wahrnehmungen des Tast-, Gesichts-, Gehörs-, Geruchs- und sogar des Geschmackssinnes.

Mitunter versetzt der Traum uns in die Lage, diese frühen Phantasien zu rekonstruieren. Manchmal treten sie, natürlich entstellt, im manifesten Traum in Erscheinung, aber trotzdem deutlich erkennbar, wenn wir unsere Kenntnis der Symbolik einsetzen, denn die Symbole sind die Gestalt, in der sie sich häufig zu erkennen geben. Der manifeste Traum gibt aber keineswegs sichere Hinweise auf das Vorherrschen oder relative Überwiegen sexueller oder aggressiver Triebe im latenten Trauminhalt. Zensur und Entstellung können einen harmlosen manifesten Traum hervorbringen. Außerdem kann der erotische manifeste Traum aufgrund der Austauschbarkeit der Triebe die Aggression der latenten Traumgedanken verbergen, und die Aggression des manifesten Traumes kann umgekehrt zu erotischen latenten Traumgedanken hinführen.

Die unmittelbare Erfassung sexueller Triebrepräsentanzen in einem Traum kann uns zu voreiliger Interpretation verführen. Das analytische Vorgehen erfordert jedoch, daß wir an erster Stelle die Beurteilung des Ich-Zustandes des Patienten, die Zuverlässigkeit des Arbeitsbündnisses, den Kontext und die Assoziationen berücksichtigen, kurz alles, was wir unter Takt in der Analyse zusammenfassen. Im optimalen Fall sollte die Deutung nach einem Zusammenhang zwischen frühen sexuellen Erfahrungen und der Realität der Gegenwart suchen.

Auf seinem Lebensweg hatte Simon E. mit der Erfüllung des geheimen Wunsches gerechnet, eines Tages irgendwie den Thron zu besteigen, als siegreicher Held proklamiert zu werden, die Hand der schönen Dame zu gewinnen und über ein Weltreich zu herrschen. Die Notwendigkeit, die infantilen Phantasien und Bindungen aufgeben, führte zu einer Phase ausgedehnter Trauer. In dieser Atmosphäre von Enttäuschung, Verlust und Depression brachte er einen Traum, in dem die verdrängten Phantasien enthalten waren.

Ich war mit einer farbigen Frau in einer Wohnung. Wir wollten eine sexuelle Beziehung eingehen. Es war, als hätten wir's gemacht und auch wieder nicht. Ich wußte, sie würde mir vorschlagen, meinen Penis in den Mund zu nehmen. Der Gedanke erregte mich. Im Traum war es anscheinend passiert. Und ich wußte doch, daß es nicht so war.

Er sprach über sein unbestimmtes Gefühl der Apathie, Gleichgültigkeit und Enttäuschung. Nichts, weder die Familie noch die Arbeit noch Freunde, die ganze Welt interessierten ihn nicht.

Simon bezog sich nicht auf den Traum, aber die Art, wie er sprach, brachte seine narzißtische Überbesetzung und den

Rückzug der Libido zum Ausdruck. Ich brachte das mit dem Traumbild der Fellatio in Verbindung und sah in der farbigen Frau den weniger gehemmten Teil seiner selbst.

»Sie müssen sich vorgestellt haben, Ihren Penis selbst in den Mund zu nehmen«, sagte ich.

Sofort erinnerte er sich, daß er das in der Pubertät versucht hatte. Er war verblüfft, daß er das über zwanzig Jahre aus seinen Gedanken verdrängen konnte. Er dachte außerdem daran, daß er, kurz nachdem er sich gezwungen hatte, den Gedanken aufzugeben, die sonderbare Vorstellung hatte, daß das, was er getan hatte, in Wirklichkeit nur ein Traum gewesen war. (»Es war, als hätten wir's gemacht und auch wieder nicht . . . es war passiert. Und ich wußte doch, daß es nicht so war.«)

Der Kontext des Traumes machte eine Rekonstruktion möglich. Die auf das Durcharbeiten des Entwöhnungsprozesses folgende Enttäuschung hatte Simon auf eine frühere Quelle der Befriedigung, auf sich selbst, zurückgeworfen. Ich wußte, daß er ein hartnäckiger Daumenlutscher gewesen war. Die Phantasie der Autofellatio folgte diesem früheren Vorbild, um sich in der augenblicklichen Situation zu trösten; ihr Auftreten im Traum diente der übergeordneten Funktion der Phantasie, die unerbittliche und unerträgliche Realität zu ersetzen.

Sechs Monate später berichtete Simon nach einem entspannten Wochenende mit seiner Familie einen Traum, der eine weitere infantile Phantasie enthielt.

Ich ging die Treppe hinunter in einen Keller. Er war ganz weiß gekachelt. Er war voller Wasser. Ich wollte sehen, woher das Wasser kam und bemerkte ein Kindermädchen aus meiner Kindheit. Sie stand an einem Eisschrank, anscheinend sollte sie ein Loch stopfen. Aber sie brachte es nicht fertig. Ich versuchte, das Loch zu finden, um es abzudichten.

Auf dem Küchenboden waren gestern Wasserpfützen. Seine Kinder und ihre Freunde waren das ganze Wochenende im

Haus und im Garten, zwei von ihnen hatten zusammen ein Bad genommen. Seine Frau erzählte ihm, daß eine Nachbarin schwanger sei. Sicher hatte er Freude an seinen Kindern, besonders der jüngere Sohn war bezaubernd . . .

Die Symbole in Simons Traum (»die Treppe in einen Keller voller Wasser hinuntergehen«) und die Assoziationen ergaben die Richtung der latenten Gedanken. Als er von seinem Jüngsten sprach, sagte ich: »Sie haben wohl daran gedacht, noch mehr Kinder zu haben, hatten aber das Gefühl, Sie müßten Schluß damit machen.«

»Ach! Meine Frau hatte mich kürzlich gefragt, ob ich nicht noch eines wollte. Natürlich bin ich gerne ein stolzer Papa, aber es läßt mich zugleich erschauern. Ich hätte gern ein Dutzend, aber wie kann ich? Vor allem das Geld. Und ich erinnere mich, als das Kindermädchen nach dem letzten Kind wegging, war ich so hilflos und wußte nicht, was tun. Das wollte ich nicht noch einmal mitmachen. Sicher, ich habe gerne Kinder um mich, es sei denn, sie laufen mir im Weg herum.«

»Sie wären gerne ein stolzer Papa«, sagte ich, »aber Sie wären auch gerne ein Kind.«

Ich verstand das »alte Kindermädchen« als einen Hinweis auf seine eigene Kindheit. Zusammen mit der Symbolik des Ein- oder Auftauchens verdichtete der Traum den Wunsch seiner eigenen Wiedergeburt mit dem Wunsch, mehr Kinder zu haben. Simons Zuneigung zu seinem jüngeren Sohn stammte aus der Identifikation mit ihm – auch er war ein jüngerer Sohn.

Als Paul D. die Analyse begann, zeigte er solche Schwierigkeiten, sich auszudrücken, daß ich dachte, er litte an einer Sprach-, möglicherweise sogar an einer Denkstörung. Diesen Eindruck revidierte ich, als ich erfuhr, daß die Artikulationsstörung sich auf die analytischen Sitzungen beschränkte. Seine Freunde bezeichneten ihn als still, weiter nichts. Noch später erfuhr ich, daß er als Kind zu Hause viel stiller war als in der Schule und anderswo. Im Verlauf der Analyse kam es bei Paul zu einer erheblichen Besserung, bis er im großen Ganzen völlig ungehemmt sprechen konnte.

Ein paar Tage nach einem einwöchigen Urlaub, auf den er überhaupt nicht zu sprechen kam, schwieg er am Anfang der Stunde lange, was an seine frühere Wortkargheit erinnerte. Schließlich sagte er, er müsse einen Traum erzählen.

Ich war gestorben. Ich wußte, daß ich tot war, aber ich wußte, daß ich noch lebe. Ich konnte mit niemandem sprechen oder eine Kommunikation herstellen.

Er sagte, daß er so etwas noch nie geträumt hatte. Er fühlte sich tot und verhielt sich auch so. In der Tat war er der einzige Blindgänger in der Familie. Der Vater und die Brüder waren lebhaft und die Mutter war eine muntere Person, bis sie krank wurde ...

Paul sprach noch schwungloser als sonst und fuhr fort: am Wochenende versuchte er, seine Frau zu trösten; sie war enttäuscht, weil ihre Eltern sie nicht, wie geplant, besuchen konnten. Als sie ein paar Stunden wegging, wurde er unruhig und masturbierte, und er fühlte sich wie ein Kind, das von der Mutter alleingelassen worden war.

Die Betonung der Kommunikation im Traum, sein Schweigen, insbesondere im Hinblick auf meinen Urlaub, und die in den Assoziationen angedeutete Einsamkeit veranlaßten mich zu intervenieren.

»Ihre Mutter ist tot, und Sie haben niemanden, mit dem Sie reden können, und keiner wußte, wie Sie sich gefühlt haben, ohne daß Sie etwas zu sagen brauchten.«

Er war wie elektrifiziert, wenn auch mit niedriger Spannung. Für den Rest der Stunde sprach er wenig lebhaft. Er hatte tatsächlich an seine Mutter und das vollkommene Einverständnis zwischen ihr und ihm gedacht. Ein Blick hatte genügt ... Wie wenig bedeutete es ihm, mit Leuten zu sprechen, sogar mit seiner Frau. Jetzt dachte er an den Traum: Wenn er tot wäre, wäre er mit seiner Mutter vereint, und es wäre nicht notwendig zu sprechen (hier sagte ich bestätigend

»ja«). Er war depressiv, als ich weg war, hatte sich gewünscht, mit mir zu sprechen, und doch nahm er sich die Abhängigkeit von mir übel. Wie schwierig es war, mit jemandem eine Beziehung zu haben; wie gut mußte seine Mutter ihn verstanden und seine Wünsche gekannt haben, ohne daß er ein Wort zu sagen brauchte.

Während der ganzen Analyse hatte nichts den Ursprung von Pauls Kommunikationsschwierigkeiten so deutlich gemacht wie dieser Traum und die Assoziationen. Die symbolische Beziehung zwischen Schweigen und Tod halfen mir zu verstehen, woran es lag.

Paul war weniger von seinem Bedürfnis zu masturbieren beunruhigt, als durch das Fortbestehen sadomasochistischer Schlagephantasien, die eine unabdingbare Begleiterscheinung der Masturbation waren, wenn er zum Orgasmus kommen wollte. Die Analyse war nie ganz erfolgreich in der Auflösung dieses Aspektes seiner Psychopathologie, wenn auch sie ihn in die Lage versetzte, zu einer zufriedenstellenden heterosexuellen Befriedigung zu gelangen. Er hatte bereits in vielfältiger Weise abgewandelte Formen der Schlagephantasien ausagiert, und er hatte bereits eine oberflächliche Bekanntschaft mit seiner unbewußten infantilen Fixierung gemacht, die Sexualität und Sadismus verband, als er folgenden Traum brachte.

Ich war auf einer Party. Die Leute dort waren alles Verwandte. Da merkte ich, daß sie darüber sprachen, daß sie mein kleines Töchterchen umbringen müßten. Dann wußte ich, sie meinten, ich müßte es umbringen.

Er rätselte eine Weile an dem Traum herum, ohne besonders betroffen zu sein. Er sprach über den Spaß, den er beim Spielen mit seiner kleinen Tochter hatte, ihre Heiterkeit und Aufgeschlossenheit (ich war so vertraut mit seiner Rolle als Prophet von Düsternis und Verderbnis, daß ich überrascht war zu hören, daß ihm etwas Freude macht). Eher zögernd und fast unhörbar gestand er, eine sexuelle Erregung zu haben, wenn er sie streichelte.

Um den Zusammenhang, den er in typisch zwanghafter Weise ungeschehen machte, wieder herzustellen, sagte ich: »Im Traum brachten Sie Ihre Tochter um. Aber Sie haben sexuelle Gefühle für sie. Wer würde da denken, daß eine Verbindung besteht, daß das miteinander zu tun hat?«

Er erzählte mir, daß er gestern masturbiert und wieder eine seiner alten Schlagephantasien gehabt hatte. Er fuhr mit der Erinnerung an zahlreiche Situationen fort, in denen er schmerzhafte Erlebnisse gesucht und merkwürdige Befriedigung durch sie erfahren hatte. Sexuelle Erregung durch Qual und Hassen – das schien so verrückt, so unbegreiflich.

Meine Intervention war bloß eine Variation eines alten Themas. Der Traum erlaubte mir, ihm eine neue Spielart des Problems zu zeigen. Indem ich sie in Worte kleidete, setzte ich seine Angst herab, was die nachfolgenden Assoziationen belegten.

Am nächsten Tag brachte er einen anderen Traum. Das war etwas Ungewöhnliches: ich hatte mich daran gewöhnt, einen Traum pro Woche als überreichlich anzusehen.

Ich war hier bei Ihnen. Wir saßen uns gegenüber, von Mann zu Mann. Sie sprachen mit mir über Ihre Probleme. Es waren keine sexuellen Probleme. Schule oder Unterricht. Ich hörte zu und wollte Sie trösten.

Während ich zuhörte, schossen mir mehrere Gedanken durch den Kopf: »Von Mann zu Mann« wies auf einen homosexuellen Wunsch hin; gegenübersitzen schränkte die freie Assoziation ein, stellte mehr eine gesellschaftliche als eine Behandlungssituation her und leistete der Möglichkeit des Widerstandes Vorschub. Ich wußte, daß sein Vater früher mit Familienproblemen zu ihm gekommen war und er den Schiedsrichter gespielt hatte. »Meine Probleme« anhören, seine Teilnahme an mir bedeuteten sicherlich eine Reaktionsbildung, die Umkehrung der Feindseligkeit infolge der Abwehr. Ich schüttelte diese Gedanken ab und ermahnte mich, daß es meine, nicht seine waren. Wenn ich den manifesten Traum zu wörtlich nahm, verletzte ich die Grundregel, daß der manifeste Traum nicht beim Nennwert genommen werden darf, sondern nur der Ausgangspunkt für Assoziationen ist.

Paul war gerade von seinem Vater besucht worden, der ihm Geld gegeben hatte. Er war dankbar, fühlte sich jedoch verpflichtet und abhängig, genau wie mir gegenüber. Meine Überlegenheit, die Tatsache, daß ich ihm etwas voraus hatte, machten ihn hilflos, als würde ich ihn unterdrücken ... Durch seine Schlagephantasien fühlte er sich auch kindisch. Zu Hause führte er sich selbstherrlich auf, war unduldsam seiner Frau gegenüber und erwartete, daß sie ihn bediente wie seine Mutter.

Ich intervenierte nicht. Wie so viele Träume konnte auch dieser auf verschiedenen Bezugsebenen gedeutet werden. Unter einem gemeinsamen Nenner betrachtet, ragte Erleichterung als zentrales Motiv heraus. Das Problem war »nicht sexuell«; noch nicht einmal die schrecklichen, faszinierenden sadomasochistischen Phantasien gehörten zu ihm. Der Traum könnte die Erfüllung des Wunsches bedeutet haben, vor seinen anstößigen Impulsen zu fliehen. Oder wir könnten, wie bereits geschehen, den Schluß ziehen, daß der Traum feindselige Absichten ausdrückte. Sein Vater schenkt, und er nimmt es übel; ich gebe, und er nimmt es übel. Die Umkehrung der Rollen beinhaltet den Wunsch, mich als Vergeltung für meine Hilfe zu demütigen. Der Aspekt des Tröstens ist das Gegenteil von Schlagen. Wie er seine Frau mit seinen Pascha-Forderungen »schlug« (und diese mit Besorgnis verschleierte), so verbarg seine Anteilnahme an mir im Traum seine feindseligen Gefühle. Oder der Traum war vielleicht eine Reaktion auf die vorausgegangene Stunde und drückte den Widerstand aus: wir wollen nicht in das schmutzige Unbewußte der Sexualität, des Sadismus und all das eindringen. Im Rückblick denke ich, letzteres traf am ehesten zu. Da ich mir damals nicht sicher war, sagte ich nichts.

Der zurückhaltende und untadelige Hugo W. brachte nicht viele Träume, und wenn, waren sie entweder unbestimmt, oder er hatte keine Assoziationen. Bei Hugo lernte ich mit Zweideutigkeiten zu leben, und bei nichts mehr als bei seinen Träumen. Die folgenden Träume waren alles andere als klar, schienen aber einen, wenn auch begrenzten, Zugang zum Unbewußten anzubieten.

Rasieren oder waschen an einem Spülstein, nicht in meinem Haus – ein Hotel, Ferienort oder Mietwohnung. Das Rasieren oder Waschen dauerte lange. Zur selben Zeit lief ein Bad ein. Ich guckte nicht hin und merkte nicht, daß das Wasser überlief, bis es unter dem Spülstein hervorkam. Ich dachte: »Herrje, das läuft durch die Decke und gibt Ärger! Wie schlimm! Ich muß es aufwischen.« Ich wischte es auf und rasierte mich wieder. Dasselbe schien nochmal zu passieren. Überall hohes Wasser. Ich griff in die Badewanne hinein. Warum floß es nicht ab? Ich langte hinunter, um etwas freizulegen, was nicht offen war. Mein Arm wurde naß. Dann wußte ich, ich hatte das Problem gelöst.

Gestern abend hatte er Schwierigkeiten einzuschlafen, weil er über die Feindschaft zwischen seiner Mutter und seiner Frau nachgrübelte. Obwohl sie wußten, daß er für Eintracht war, setzten sie ihn unter einen furchtbaren Druck und lehnten es ab, miteinander zu sprechen. Er saß zwischen zwei Stühlen.

»Im Traum saßen Sie zwischen Badewanne und Spülstein«, warf ich ein.

Ja, und der Abfluß funktionierte nicht – wie sein Penis. Gestern früh hatte er sich seiner Frau genähert, konnte aber nicht eindringen.

»Sie war nicht offen«, ergänzte ich.

Er stimmte zu – wie der Abfluß, den er im Traum zu öffnen versuchte. Gestern abend spürte er beim Versuch zu schlafen seinen Penis und die Hoden herunterbaumeln und »langte mit der Hand hinunter« (ich sagte nichts dazu). In seiner Familie überging jeder jeden. Er überging seine Frau und seine Mutter; sie übergingen ihn und sich . . . Gestern abend hatte er das Bedürfnis zu masturbieren.

Mit Rücksicht auf die Tatsache, daß seine Stunde fast vorbei war, sagte ich: »Das bringen Sie gerade noch im rechten Augenblick herein. Im Traum wurde Ihr Arm naß, und die Masturbation ist schließlich eine Befriedigung, für die Sie selbst sorgen können.«

Im Hinblick auf das begrenzte Verstehenkönnen des Traumes beschränkte ich mich darauf, diesen Zusammenhang zwischen dem Traum und den Assoziationen herzustellen. Hätte er die Masturbation nicht erwähnt, hätte ich die letzte Bemerkung nicht machen können. Wahrscheinlich war ich auf der richtigen Spur, denn die nächste Stunde begann er mit einem weiteren Traum.

Etwas mit Angeln. Ich wollte zum Angeln rausfahren. Ich hatte ein Haus gekauft. Dorthin wollte ich gehen. Es hatte keine Fenster. Aber komisch, es war weit weg von dem Angelgebiet, sechs Meilen oder so.

Er hatte einen furchtbaren Krach mit seiner Frau gehabt, weil er am Wochenende angeln gehen wollte, und sie kann Angeln nicht ausstehen. Er sagte zu ihr: »Ich bin nicht dein Schandpfahl, ich bin nicht dein Sündenbock, ich bin nicht dein Irgendwer.« Sie griff das letzte Wort auf und machte ihm Vorwürfe, daß er sich von ihr zurückziehe. Als er danach nicht schlafen konnte, nahm er einen Drink und masturbierte.

»Und dann hatten Sie den Traum?«

»Stimmt. In dem Haus ohne Fenster kann niemand sehen, was ich mache. Da bin ich für mich.«

»Wenn Sie masturbieren, brauchen Sie niemand anderen.«

Hugo sprach über sein zunehmendes Gefühl der Entfremdung von seiner Frau und neuerdings auch von seinem Kind. Dann schweifte er in einen Rückblick über die Vorkommnisse im Geschäft ab, unterbrach sich aber, um festzustellen: »Wieder ziehe ich mich von Ihnen ganz auf mich zurück.«[1]

Die Assoziationen gaben alle dasselbe Thema zu erkennen: seinen Rückzug von engem Kontakt mit Menschen. Ich will nur ergänzen, daß er dabei war, die Ursache seines sekundären Narzißmus ernsthafter als vorher durchzuarbeiten. Der Traum und was dem Traum vorausgegangen war, spiegelte seine Bemühungen wider, den Mangel an Bemutterung auszugleichen, indem er sich selbst bemutterte.

Ungeachtet ständiger Charakteranalyse verfolgten George G.s Übertragungsreaktionen ihren Kurs auf einer prägenitalen Ebene, und seine Phantasien folgten dem Beispiel. Sexualität war unauflösbar mit der Toilette verbunden; er zog Masturbation dem Verkehr vor und interessierte sich mehr für die sexuellen Aktivitäten anderer (einschließlich meiner) als für die eigenen. Die Art seiner Phantasien und die fast begierig zu nennende Sorglosigkeit, die er eingestand und die sich auf mich bezogen, hätten in mir den Verdacht einer schweren Erkrankung geweckt, hätte ich nicht gewußt, daß er sich außerhalb der Analyse angemessen verhielt. Ich führte diese Eigenart der Übertragungshaltung auf seine Kindheitserfahrungen mit seiner Mutter zurück, mit der er das Spiel gespielt haben mußte: wer weiß was. Wenn seine innersten Gedanken, einmal ausgedrückt, zu nichts führten, wiederholte er sie, als würde der bloße Wortschwall die analytische Arbeit ersetzen. Ich teilte ihm schließlich die Vermutung mit, daß ein Großteil dessen, was er erzählte, ihm nichts sagte, was er nicht schon wüßte. Am nächsten Tag murmelte er, daß er sich verwirrter als sonst fühle, und begann dann mit folgendem Traum.

Eine Frau sprach in einem großen Raum zu Zuhörern. Die Leute schienen zu wissen, was sie mitzuteilen hatte. Sie wurde verwirrt. Dann ging ich mit ihr durch ein paar Räume in eine Klinik. Wir

1 Traum Seite 109: »Ich war irgendwo, wo Leute tanzten ...«

legten uns auf einen Operationstisch. Es war angenehm, meine Arme um sie zu legen. Ich bekam einen Orgasmus und versuchte, ihn mit der Hand zurückzuhalten. Dann noch was mit zwei Betten und einer Toilettenschüssel und einem Spülstein zum Urinieren.

Ich wußte auf einmal, die Frau repräsentierte seinen weiblichen Aspekt (»Sie wurde verwirrt ... Die Leute schienen zu wissen, was sie mitzuteilen hatte«). Georges Assoziationen bestätigten meine Vermutung.

Als sich ihm gestern abend seine Frau näherte, wollte er keinen Verkehr haben; als er sie zurückwies, dachte er an mich ... Der Operationstisch erinnerte ihn an die Couch; das Sprechen der Frau klang wie seines hier. Bei ihr liegen, erinnerte ihn wieder daran, auf meiner Couch zu liegen.

»Es ist ein gutes Gefühl, mit sich selbst auf der Couch zu liegen.« Ich ließ meine Intervention absichtlich offen, um eine Konfrontation zu vermeiden, die wie eine Verurteilung oder Verdammung klingen könnte.

»Ja, genau das habe ich auch gedacht«, antwortete er, »und jetzt fühle ich mich sehr unwohl.«

Gestern abend hatte er ans Masturbieren gedacht. Jetzt kam eine sexuelle Erregung in ihm hoch. Der Gedanke, sich zu berühren, erregte ihn. Vielleicht würde ich ihn berühren. Er wollte mehr von mir; ich war nicht weit genug gegangen. Offenbar handelte der Traum davon, hier zu masturbieren, wobei er sich für sich selbst brauchte.

Ich sagte so viel, wie ich im Hinblick auf seine Passivität für ratsam hielt. Ich hatte die Beziehung des Traumes zu einer Masturbationsphantasie hergestellt, in der er die Rolle von Mann und Frau spielte. Ich wollte ihn nicht überfordern, indem ich ihm sagte, daß die Phantasie eine Reaktion auf seine Enttäuschung der homosexuellen Wünsche in der Übertragung war.

Jenny K.s Angst, die durch die Masturbation ausgelöst wurde, und ihr Widerwille, darüber zu sprechen, wurden bereits erwähnt.[2] Sie brachte diesen Traum, als gerade der Widerstand zu diesem Thema auftauchte.

Ich ritt in einem Park. Das Pferd fiel in Galopp. Ich griff die Zügel mit einer Hand und merkte, daß das Pferd außer Kontrolle geriet. Es schlug einen Weg ein, der es schließlich zwang, langsamer zu gehen. Ich kam in den Stall zurück. Dort zeigte ein Mann einem Jungen, wie man die Zügel mit beiden Händen hält. Ich hatte das Gefühl, daß ich jetzt weiß, wie ich's machen muß. Es war, wie wenn ich ein neues Spiel entdeckt hätte.

Sie dachte an den Spaß beim Reiten, als sie noch jünger war, und an die Möglichkeiten auf dem Land, Tiere bei ihren sexuellen Aktivitäten zu beobachten. Ihre Mutter konnte nie den Gedanken an Sexualität dulden, nicht einmal bei Tieren, und bekam einen Schock, wenn sie ihre Enkelsöhne sich anfassen sah . . . Gestern hatte sie die Tochter der Freundin auf dem Schoß gehabt und sich darüber amüsiert, als das Kind selbstvergessen die Hand an seine Vagina hielt.
»Im Traum hatten Sie ein Spiel entdeckt, das Sie mit den Händen spielen können«, sagte ich.
Jennys Stimme nahm eine neue Behutsamkeit an, als sie mir einen theoretischen Vortrag über die vergleichende Anatomie der männlichen und weiblichen Genitalien hielt, den sie abbrach, um zu sagen, sie hätte den Drang zu urinieren.
Der Traum und die Assoziation zeigten die neuerliche Wiederkehr der Masturbation bzw. Masturbationsphantasien. Jenny hatte der Sexualität gegenüber so lange eine freizügige Einstellung, bis ich an die tiefere Bedeutung ihrer Masturbation herankam. Dann wurde sie plötzlich ihrer Mutter ähnlich und projizierte ihr Mißfallen auf mich.
Ein paar Wochen später brachte Jenny einen Traum, der ein Licht auf das warf, was hinter ihrem leidenschaftlichen, wenn auch nicht mitfühlenden, Interesse an Männern lag.

2 Träume Seite 89: »Dann fuhr ich mit meiner Tante durch den Wald . . .« und Seite 127: »Ich bin da, wo das Schlafzimmer meiner Eltern war . . .«

Ich ging mit einem Mann spazieren. Er hatte eine Marineuniform an. Ein kleines Mädchen erschien und schlängelte sich an ihn heran. Er wollte ihm seinen Mantel geben, aber ich ließ es nicht zu. Ich wollte, daß er ihn mir gab.

Ein Mann in ihrem Büro hatte mit einer anderen Frau seine Spielchen gemacht; obwohl der Mann ihr nichts bedeutete, konnte sie sich doch nicht von einem Gefühl der Eifersucht freimachen ... Gestern abend hatte sie den Anruf eines Mannes erwartet, den sie zu erobern beabsichtigte; sie vertrieb sich die Zeit mit erotischen Träumereien ... Sie hatte von einem Buch gehört, das die Zirkumzision mit dem Abtrennen eines Ärmels vom Mantel verglich, und dabei mußte sie an einen Penis denken.

Im Hinblick auf Jennys Krankheitsbild, ihrer letzten Assoziation und den »Mantel« im manifesten Traum sagte ich: »Ein Mantel im Traum ist eine Umschreibung für den Penis«.

»In meinem Traum, kaum zu glauben!« erwiderte sie ... Sie hatte oft das Gefühl, daß Frauen heiraten, um vollständig zu werden und etwas zu bekommen, das ihnen fehlt, aber sie war sicher, daß sie daran nie in so deutlichen anatomischen Vorstellungen gedacht hatte ... Sie mußte zugeben, daß sie sich beim Masturbieren vorstellte, beide Rollen zu spielen, wurde aber immer beim Aufkommen dieses Gedankens schnell davon abgebracht. »Was soll ich mit einem Penis?« ... Sie dachte daran, daß kleine Mädchen sich fragen, was sie lieber täten: menstruieren oder sich rasieren. Die Jungens schienen immer das beste von allem zu bekommen.

»Sie müssen es immer als ungerecht empfunden haben, daß Jungens immer so viel besser wegkommen und daß Sie immer rennen mußten, um mit ihnen Schritt zu halten.«

»Verdammt!« Sie wurde lauter. »Mein Bruder ... dachte, er könnte alles besser ... forderte mich auf, ihm beim Pinkeln zuzugucken – ich war ungefähr fünf –, und sagte: ›Laß jetzt sehen, wie du's machst.‹ Ich erinnere mich, daß ich sagte:

›Für was brauch' ich das?‹ Aber ich rannte beschämt, wütend, erregt, alles zusammen, weg und dachte: ›Eines Tages, eines Tages!‹ Was eines Tages? Es scheint immer noch so zu sein.«

Träume von Frauen, die hauptsächlich durch den Penisneid hervorgebracht werden, beinhalten immer ein aggressives Element – Wut als Reaktion auf den schmerzlichen Verlust. Träume von Männern mit phallischem Streben werden zusätzlich zu ihrem aggressiven Anteil von der Vergeltungsangst der Kastration begleitet. Die Besitzer des Penis müssen das Schicksal aller Besitzer erleiden – die Angst, daß ihnen weggenommen wird, was sie haben. Der Beraubte kann nur den Verlust beklagen. Ein Verlust ist immer schwerer zu ertragen als ein Mangel.

Durch außerordentliche Selbstkontrolle konnte Jenny zeitweilig das Ausagieren der sexuellen Promiskuität zum Stillstand bringen, beklagte sich aber, durch die Abstinenz fühle sie sich alleingelassen, frustriert und ausgedorrt. Dann hatte sie diesen Traum:

Ich war in einem Lebensmittelladen auf dem Land. Da waren drei Räume. Eine Art Wohnzimmer und zwei Hinterzimmer. Ich ging hinein und merkte, daß in einem weiteren Hinterzimmer Selbstbedienung war. Dort wurde Fleisch geschnitten. Das war alles.

Die Symbolik konnte hier kaum übersehen werden. Ich sah in dem »Laden« die Analyse und in den »Zimmern« die weibliche Anatomie. Die »Selbstbedienung« mit dem »Fleisch« das »geschnitten« wurde, betrachtete ich als einen Rebus für Masturbation und Kastration. Die Assoziationen ergänzten die symbolische Kurzschrift des Traumes. Der »Laden« ließ sie an die Analyse denken. Gestern abend hatte sie über das Fehlen sexueller Erlebnisse gegrübelt. Gestern abend hatte sie einen Mann getroffen, der anscheinend an ihr interessiert war, aber er machte auch keinen männlicheren Eindruck als die anderen Männer, die sie enttäuschend fand. Trotzdem hatte sie sich ein paar Phantasien erlaubt ... Sie dachte daran, wie oft sie frigide war ... Es wäre besser gewesen, diese Dinge nicht mit ihren Freundinnen zu besprechen ... Der Mann, an den sie gedacht hatte, trug einen Bart; dabei dachte sie mit Ekel an das weibliche Genitale. Ach ja, jetzt erinnerte sie sich, daß sie in der letzten Nacht noch einen Traum hatte.

Eine Katze machte etwas Unanständiges mit Fleisch. Sie saß darauf, und ich mußte an die Vagina denken.

Jennys Hinweis auf den Ekel vor dem weiblichen Genitale hatte sie an den zweiten Traum erinnert und konnte daher als Assoziation zu diesem Traum angesehen werden. Im Hinblick auf den ziemlich deutlichen Hinweis des zweiten Traumes auf die Masturbation fiel das Auslassen dieses Themas in ihren Assoziationen desto mehr auf.

»Aber nichts passierte«, sagte ich.

»Sie meinen, gestern abend passierte nichts. Stimmt. Ich masturbierte nicht, obwohl ich es wollte. Nur die Tatsache, daß ich herkommen und mit Ihnen darüber sprechen muß, hielt mich davon ab.«

Meine Intervention sollte ihr zeigen, daß ich ihre Bemühungen, die Impulse unter Kontrolle zu bekommen, verstand. Es ist wichtig, daß wir den Patienten nicht nur mitteilen, daß wir sie verstehen, sondern auch unsere Fähigkeit zu würdigen, was sie erleben. Statt zu agieren, hatte Jenny einen Traum, der das Problem der Masturbation in die Analyse brachte, wo darüber gesprochen werden konnte. Ihre Anspielungen auf die Analyse und die Genitalien machten das Abschließende »das war alles« des ersten Traumes deutlich – »das ist alles, was es dazu gibt, ich habe nichts gemacht.«

Eines Tages ließ Jenny, die wie eine Gewitterwolke aussah, eine Anklage gegen mich und die Analyse im allgemeinen los. Sie warf mir vor, ich sei spießig und würde nicht genügend auf ihre Beschwerden eingehen; sie klagte, daß es ihr schlechter statt besser gehe, und drohte, die Behandlung abzubrechen. Ich war erstaunt über ihren plötzlichen Ausbruch. Soweit ich mich an die letzte Stunde erinnerte, gab es keinen Grund dafür. Sie fegte meine Bitte über eine Aufklärung für ihren Wortschwall beiseite und wiederholte ihre Verachtung für meine wirkungslosen therapeutischen Bemühungen. Mit dieser Bemerkung endete die Stunde. Am nächsten Tag begann sie, immer noch grimmig dreinschauend, mit einem Traum.

Ich war beim Präsidenten der Vereinigten Staaten. Er schenkte mir einen Füllfederhalter. Er hatte ihn gerade benutzt, um irgendein Dokument zu unterzeichnen.

Sie sprach über den letzten Besuch bei ihrem Gynäkologen. Er hatte sie sorgfältig untersucht, zuckte mit den Schultern, als sie ihre Besorgnis über die Unregelmäßigkeit ihrer Periode äußerte, und entließ sie gesund. Komisch, sie hatte Schwierigkeiten, sich an die letzte Periode zu erinnern, und war auch immer unvorbereitet darauf. Die letzte Periode war vor fünf Wochen, und sie hoffte, nicht schwanger zu sein.
Die letzte Stunde und den Traum von heute berücksichtigend, sagte ich: »Wieviel schöner wäre es, wenn Sie sich wegen der Periode keine Gedanken zu machen brauchten.«
Ein Tränenstrom wurde von einer Flut von Assozationen abgelöst. Es war ungerecht, daß Frauen so viele Beschwerden mit der Periode haben. Sie war nicht normal. Sie fühlte sich beschädigt und defekt, sie wünschte sich die Periode und fürchtete sie gleichzeitig. (Hier warf sie ein: »Ich bin jetzt plötzlich weniger wütend auf Sie als vorhin.«) Sie war wütend auf mich gewesen, weil die Behandlung scheinbar nichts half. Sie wollte mich bestrafen und hatte gedacht: »Warum soll ich sprechen, ich habe nichts zu sagen.«[3] Vielleicht hatte die Verzögerung der Periode etwas mit ihrer Stimmung zu tun. Aber das Thema Menstruation kam ihr so banal vor, daß sie es haßte, darauf zurückzukommen. Als Mann könnte ich nicht

3 Traum Seite 89: »Dann fuhr ich mit meiner Tante durch den Wald . . .«, den sie eine Woche nach diesem Traum hatte.

verstehen, wie sie sich dabei fühlt. »Männer mit ihrem Männlichkeitsmythos und ihrer Überlegenheit, ihrer Dominanz!«

Der Traum war der symbolische Ausdruck ihres Peniswunsches, und sie hatte »nichts dazu zu sagen«. Die Frage war, warum sie den Traum gerade jetzt hatte und wie man ihn verwenden könne. Die Assoziationen lieferten die Antwort.

Nach etwa einem Jahr Psychotherapie mit zwei Wochenstunden im Gegenübersitzen nahm Dinah B. eine reguläre Analyse auf. Während der Vorbereitungsphase lebte sie zuerst bei ihrer Mutter, dann bei ihrer Schwester und nahm sich schließlich eine eigene Wohnung. Ihr gesellschaftlicher Umgang änderte sich ebenfalls. Seit ihrer frühen Teenagerzeit stand ihr ein junger Mann zu Diensten. Sicher, er war nicht ihr Ideal, und seine Gegenwart führte zu schwierigen Problemen. Er war zu passiv, zu gefügig. Seine sexuellen Annäherungen stießen sie ab. Aber wenn sie ihn fortjagte, wäre sie ganz einsam; diesen Umstand konnte sie nicht ins Auge fassen.

Einen Monat oder mehr drehten sich die analytischen Sitzungen um das Problem ihres Verehrers und die Anpassung an die Veränderung der Behandlung. Ich hatte sie sorgfältig vorbereitet. Wir hatten über den Vorteil der Analyse und die Konsequenzen gesprochen. Sie fand jedoch das neue Arrangement alles andere als befriedigend. Ich sagte nicht genug, tat nicht genug. Ich war zu kalt und zurückhaltend. Ihre Freunde schienen mit ihren Analytikern eine viel bessere Beziehung zu haben als sie. Als sie einmal, nachdem sie beschrieben hatte, wie sie ihren jungen Freund zurückwies, mich wegen meiner Zurückhaltung tadelte, bemerkte ich, daß sie begreiflicherweise dasselbe mit mir tun wolle. (Der Faktor der Realität, welcher der Veränderung des Settings zugeschrieben werden mußte, war verständlich; wie sie es deutete, war eine andere Sache.) Dann kam ein Traum:

Es war ein komischer Traum. Ich war allein in einem kleinen Raum. Der Archäologe Yigael Yadin kommt plötzlich herein und sagt, er müßte durch meine Wohnung einen Graben ziehen, Rohrleitungen verlegen und eine Verbindungswand abtragen. Ich habe das Gefühl, ich bin mit ihm verheiratet. Dann zieht er den Graben, und ich werde allein gelassen. Ich gehe zur Eingangshalle hinunter und sehe eine Szene wie im Fernsehen: tanzende Zigaretten und Zigarettenschachteln aus Pappe. Es ist ein freier Platz, wo alle miteinander ins Bett gehen. Paare haben in den Zimmern Verkehr, ein Paar macht's in der Toilette. Ich habe einen Kimono an und will eine Zigarette rauchen, aber es ist Samstag, Sabbath, und da ist das nicht schicklich. Ich darf nicht. Ich habe auch keine Streichhölzer. Dann hatte ich das Gefühl, das war gar nicht ich. Es ging um jemand anderen. Mein Mann war nicht tot, die Frau war Frau X, eine berühmte Persönlichkeit in Israel.

Noch als sie den Traum erzählte, hatte sie das Gefühl, Beobachter, nicht Teilnehmer zu sein. Viele Dinge konnte sie aus religiösen Gründen nicht machen ... Sie arbeitete an einer wissenschaftlichen Untersuchung über Sholem Aleichim, der über Liebe, Ehe und Beziehung der Menschen zueinander schrieb. Als sie im Traum mit Yadin sprach, fühlte sie sich wieder wie ein Beobachter: »Das war ich und doch nicht ich«.

»Wie Sie sich in diesem Zimmer bei mir fühlen«, sagte ich.

Sie bestätigte, daß sie sich bei mir wie ein Beobachter fühle und sich wünschte, sich stärker beteiligen zu können. Das war's, worüber sie zu klagen hatte. Wenn sie sich mit ihren Freunden über die Behandlung unterhielt, sagten die ihr, sie fühlten sich einbezogen, so »in«.

»Warum Yadin?« fragte ich.

Er machte Ausgrabungen und verlegte Rohrleitungen. Natürlich, er war der Held von Massada – groß, schlank – stattlich, mir sehr ähnlich.

»Der Mann, der Gräben zieht?« fragte ich mehr rhetorisch.

»Ja, stimmt. Er will Mauern niederreißen und alles besser und schöner machen. Mhm, das ist interessant. Ja, das ist's. Wenn Sie mir beim Traum helfen, wird alles gut werden. Dann«, sie lachte, »stirbt er, verschwindet. Junge, ist das interessant. Heirate, ran an die Arbeit, reiß die Mauern nieder, ein großartiger Gedanke. Aber der Verkehr in der Toilette war merkwürdig. Erinnert mich daran, richtig Stuhlgang zu haben – die Luft rauszulassen, und dann rieche ich nicht. Ich erinnere mich, daß ich bei Theodor Reik vom Verkehr mit einer Prostituierten in der Toilette gelesen habe – sehr erregend, besonders weil die Mutter der jungen Frau im Zimmer nebenan war. Und jetzt, was ist mit den lachenden, ausgelassenen Zigarettenschachteln? Ich wollte mitmachen, ließ es aber sein. Dieses Zigarettenvolk war so real, daß ich es und die Streichholzflamme riechen konnte.«

(Der Hinweis auf die Analyse war so eindeutig, die Fernsehszene eine so vollkommene Darstellung ihres Wunsches, in die »Zauberwelt« der Analyse einzudringen, daß ich sie unterbrach.)

»Ich rauche hier Zigaretten. Die Pappzigaretten waren nicht echt, aber irgendwie echter, als Ihnen die Analyse vorkommt.«

Alles schien hier in der Luft zu schweben. Sie machte sich Gedanken darüber, daß sie ihrem Freund so wenig Interesse entgegenbrachte. Bei ihm entschuldigte sie sich damit, daß sie nicht zwei Dinge auf einmal tun könne, und da sie über Sholem Aleichim arbeitete, hatte sie keine Zeit für ihn.

Dinahs Stimme bekam plötzlich einen anderen Klang, als wenn dadurch, daß sie ihre Phantasien über mich ausgedrückt hatte, noch etwas zum Vorschein kommen könnte. Sie sprach über Geld, wie viel es in ihrer Vorstellung war, über ihre Aussichten auf eine Gehaltszulage. »Von Pappschachteln zum Papiergeld – aber das ist es, worüber ich nachdenke, echt!«

»Ja, das ist ganz echt«, sagte ich.

Sie sprach weiter über Geld, überschlug die Kosten und sagte, wie sie es zusammenkriegen wolle. Sie konnte nicht glauben, daß sie jemals gesagt hätte, Geld sei nicht wichtig. Verrückt, es nahm in ihrer Vorstellung einen riesigen Platz ein. Sie hatte schon die Phantasie gehabt, »das Geld auf die uralte Art und Weise der Frauen zu beschaffen.«

Während ich den Traum »benutzte«, der Patientin bei der Unterscheidung zwischen Phantasie und Realität zu helfen und das Arbeitsbündnis zu fördern, enthielt er Phantasien, die auf eine Psychopathologie hinwiesen, welche sie daran hinderte, zu einer befriedigenden heterosexuellen Einstellung zu kommen. Ohne Frage hing das Auftauchen dieser Phantasien mit der Umwandlung der Psychotherapie in eine Analyse und der Verschiebung der Art und Tiefe der Übertragung zusammen. Das Zusammentreffen der Regression infolge des Liegens und meine neue Rolle als »passiver« Zuhörer lockten Phantasien über die Urszene, das anale Kind und schließlich die Prostitution hervor.

10 Homosexuelle Libido im Traum

Die psychologischen Bedingungen, unter denen die kleinen Mädchen zum ersten Mal ihre Liebe zur Mutter und die kleinen Jungs ihre Liebe zum Vater (bzw. zu Schwestern und Brüdern) erleben, sind genauso schwer wiederzubeleben wie andere frühere Ereignisse. Auch hier hilft der Traum, die Amnesie aufzuheben, indem er die Wege der Wahrnehmung und Aufmerksamkeit erweitert. Der Traum spiegelt die Rolle der Homosexualität im Krankheitsbild wider und zeichnet mit äußerster Genauigkeit ein Bild davon, wie sie die Übertragung schwierig macht. Der Traum macht es möglich, die homosexuellen Konflikte der Adoleszenz zu erfassen, die zu oft in die analytische Mottenkiste verbannt werden. Durch den Traum und seine Deutung bekommen die Patienten eine bessere Vorstellung über Wert und Bedeutung dieser wichtigen Erfahrungen.

Homosexuelle Panik ist eine der schlimmsten Angstformen, der wir in der Analyse begegnen, und sie führt zu erheblichem Widerstand. Daß die Homosexualität heute auf mehr intellektuelle und soziale Toleranz stößt, führt eher zu einer Vergrößerung als zur Verkleinerung der Gefahr, die unbewußte dynamische Bedeutung dieses Problems falsch zu handhaben. Die Anerkennung der Homosexualität ist nicht nur für den Patienten wertlos, sie fördert durch Intellektualisierung auch den Widerstand. Der Patient kann ihre Bedeutung nur dann erfassen, wenn sie in der Begriffswelt seiner eigenen Lebenserfahrung interpretiert wird.

Eine zusätzliche Warnung, den manifesten Traum zu wörtlich zu nehmen, ist hier am Platze. Ein manifestes Traumelement, das homosexuelle Aktivität zu offen aufgreift, kann das Gegenteil verbergen oder durch seine Bilder und Anspielungen einen weit von der Sexualität entfernten latenten Gedanken ausdrücken.

Jenny K. kam ursprünglich in die Analyse, weil sie in ihren Liebesbeziehungen einen Fehlschlag nach dem anderen erfahren hatte und zwei Ehen gescheitert waren. Sie hatte sich unbestimmt gefragt, ob etwas mit ihrer Weiblichkeit nicht stimme, aber erst nach mehr als einem Jahr Behandlung begannen Zeichen eines erotischen Interesses an Frauen in Erscheinung zu treten. Jenny fand den Gedanken an eine homosexuelle Liebesaffäre unvorstellbar, obwohl ihre Empfänglichkeit für schöne Frauen nicht völlig frei von sexuellen Inhalten war und sie sich leicht vorstellen konnte, daß ein Mann solche Frauen begehrenswert finden könnte. Gleichzeitig entdeckte sie, daß ihr Interesse an Männern komplizierter war, als sie angenommen hatte. Den folgenden Traum erzählte sie einige Wochen, nachdem wir ihre männlichen Strebungen untersucht hatten.

Eine Frau, eine Mischung aus Kannibalin und Dame, hatte mich und andere Frauen gefangen und brachte uns auf eine Farm oder in ein Lager. Sie hat vor, uns aufzufressen, aber zugleich ist es ein sexueller Akt. Sie will uns als Prostituierte oder Sklaven halten. Die ganze Geschichte ist sexuell erregend, und sogar im Traum ist sie peinlich.

Der Traum erinnerte sie an Spiele mit anderen Mädchen, wobei sie sexuell erregende sadistische und masochistische Szenen aufführten. Im Traum in der Gewalt der Frau zu sein, war stimulierend. Sie erinnerte noch andere Einzelheiten:

Die Frau saß auf einem Stuhl, und eine junge Frau sagte zu mir, ich solle zu ihr hingehen. Ich begann, über ein Feld zu springen und zu hüpfen. Angeblich tanzte ich. Die Frau rief: »Elevez«, ein Tanzkommando, das ich aber nicht richtig ausführen konnte. Dann verwandelte sich die Szene in einen Harem. Die Dame ist in einem Schwimmbecken und sagt, sie sei sexuell erregt und begierig, und wirft obszöne Seitenblicke auf den Bademeister.

Es war komisch – zuerst Sex mit einer Frau, dann mit einem Mann. Sex und begierig sein – das war sie selbst, durch die

Abstinenz frustriert. Zur Lust benutzt werden und sich nicht wehren können, ließ sie an einen Mann denken, der sie fast vergewaltigt hätte, als sie ein Teenager war. Sie hatte das Vorspiel eingeleitet und war über das Erlebnis erschrocken. Über das Feld hüpfen, erinnerte sie daran, daß sie gerade ein Buch über einen homosexuellen Tänzer gelesen hatte. (Eine lange Pause löste den bisher ständigen Assoziationsfluß ab.) Vielleicht identifizierte sie sich mit ihm. Erst gestern hatte ihr Sohn sie gefragt, was ein Besen sei, und sie hatte sich auf eine ausführliche sozialpsychologische Erklärung eingelassen, nur um festzustellen, daß er einen Kehrbesen gemeint hatte. Durch das Mißverständnis kam sie sich wie ein Idiot vor. Die junge Frau, die ihr sagte, sie solle zur Dame gehen, war eine ihr bekannte lesbische Tänzerin.

In dem darauffolgenden Schweigen spürte ich eine merkliche Veränderung ihrer Stimmung. Eine Spannung stand plötzlich im Raum, von der ich wußte, daß sie aus der Angst herrührte.

»Der Gedanke, daß Sie homosexuelle Neigungen haben könnten, macht Ihnen Angst«, sagte ich. »Es könnte Ihre Gefühle gegenüber Männern stören.«

Jetzt ergoß sich eine regelrechte Flut von Assoziationen. Sie sprach über ihre Schwierigkeiten mit Männern, ihr Bedürfnis, schon als Kind nicht nur als Mädchen, sondern auch als Junge anerkannt zu werden, ihr Bedürfnis zu konkurrieren, Männer zu unterdrücken, und über ihren Mangel an Weiblichkeit. Und dann die Promiskuität, der sie nicht widerstehen konnte, deren sie sich aber schrecklich schämte.

Meine Intervention berücksichtigte die durch die Assoziationen hervorgerufene Angst. Ich wollte ihr helfen, den Widerstand zu überwinden, den die Wahrnehmung homosexueller Impulse regelmäßig hervorruft. Ich intervenierte erst, als nur eine minimale Hilfe erforderlich war, um den latenten Trauminhalt von einem vorbewußten in einen bewußten Ausdruck zu bringen.

Zwei Jahre Analyse brachten George G. in seiner psychosexuellen Entwicklung ein Stückchen weiter. Als er sich mehr auf mich einließ, tauchten verschiedene Aspekte seiner latenten Homosexualität auf. Zur Identifikation mit seiner Mutter gesellten sich Anzeichen für seine Sehnsucht nach der Liebe seines Vaters. Die vorausgegangene symbiotische Identifikation mit seiner Mutter hatte ihn ihr ähnlich werden lassen, so daß er an ihrer Stelle Vaters Liebling sein konnte. Zum Teil wurden diese Phantasien in der Kindheit ausgespielt, wenn er die Kleider seiner Mutter anzog und sich wie eine Frau nach dem Stuhlgang von vorn nach hinten abputzte. Als er seine latente Homosexualität unter dem Einfluß der Übertragung in abgewandelter Form zu agieren begann, hatte er diesen Traum:

Ich war in einem Badeort. Ich suchte ein Zimmer. Ringsherum waren Männer, keine Frauen. Die Männer waren sehr freundlich. In jedem Zimmer waren zwei oder drei Männer. Ich hatte ein Handtuch um mich gewickelt, sonst nichts. Es ließ meinen Hintern frei.

Nachdem er aufgewacht war, wollte er nicht an den Traum denken. Gestern war er in so großartiger Stimmung. Auf der monatlichen Kommissionssitzung hatte der Direktor, ein großartiger Bursche, ihn auf die Seite genommen und ein paar Scherze mit ihm ausgetauscht. Während der Ansprache des Direktors folgte George, berauscht durch die Vertraulichkeit, die seiner Meinung nach zwischen ihnen bestand, gierig seinen Ausführungen und zwinkerte ihm ein paarmal zustimmend zu ... Er stellte fest, daß, wenn eine Unstimmigkeit zwischen seiner Frau und seinen Freunden aufkam, er dazu neigte, durch seine Frau peinlich berührt zu sein und die Männer zu verteidigen.
»Sie können einem Mann leichter zustimmen als einer Frau«, sagte ich.
»Im Traum war mein Hintern bedeckt. Ich will damit nichts zu tun haben.«
Ich machte ihn auf den Versprecher »bedeckt« statt »frei«

aufmerksam und fügte hinzu: »Sie müssen Ihre Gefühle für Männer bedecken.«

Er war allerdings erschrocken, als der Direktor ihn auserwählte, und dachte daran, wieviel besser es ihm gefallen hätte, wenn nur sie beide auf der Sitzung gewesen wären. Er erinnerte sich an die Flatterhandtücher, mit denen die Männer im College unter der Dusche den Hintern bedeckten. Er hatte sich immer zu Männern hingezogen gefühlt. Manchmal hatte er das Gefühl, sie weisen ihn zurück, als sei er zu begierig. Er wußte, daß seine häufigen Fragen an mich verführerisch waren. Er wollte alles über mich wissen. In letzter Zeit begann er, sich in den Stunden behaglicher zu fühlen.

Ich war froh, das Wort »homosexuell« vermieden zu haben. So aufgeklärt der Patient auch sein mag, der Gebrauch des Wortes »homosexuell« ist gefährlich. Zuvor hatte George weitgehend unpersönlich und intellektuell an der Analyse teilgenommen. Der Fortschritt seiner Assoziationen wies darauf hin, daß, beladen mit der libidinösen Strömung seiner Homosexualität, sich endlich eine positive Übertragung entwickelte. Ich wollte ganz gewiß diese Entwicklung nicht stören. Der Traum und insbesondere der Versprecher warnten mich, daß nahe der positiven Strömung sich das Potential des zukünftigen Widerstandes entlangzog. Mein Hinweis »Ihre Gefühle bedecken« bereitete auf diese Möglichkeit vor und brachte sie zum Ausdruck.

Während der nächsten Monate zeigte George Zeichen zunehmender sexueller Spannung in der Übertragung. Einerseits erwähnte er immer wieder, wie behaglich er sich bei mir fühle, andererseits hatte er Angst, auf der Couch eine Erektion oder einen Samenerguß zu bekommen. Ich sah darin eine Wiederbelebung der Reaktion auf seinen verführerischen Vater. Zur selben Zeit berichtete er zahlreiche Träume mit homosexuellen Übertragungselementen, aber seine Assoziationen erlaubten mir nicht, sie als solche zu interpretieren. Einer dieser Träume wurde bereits dargestellt.[1] Ein weiterer Traum:

1 Traum Seite 169: »Eine Frau sprach in einem großen Raum . . .«

Auf einem Golfplatz, ein Spiel mit einem anderen Mann hinter mir. Ich machte den Reißverschluß an meinem Golfsack auf. Er sagte: »Schnell, andere kommen her.« Wir schlugen die Bälle ab, und sie flogen wie wild.

Er sprach über Golf, die Ähnlichkeit des anderen Mannes mit ihm, sein geringes Interesse an seiner Frau und das Öffnen des Reißverschlusses an seinem Hosenschlitz bei mir in der Toilette. Er spielte auch andeutungsweise auf die Masturbation an, und, mehr vom Verstand als vom Gefühl her, auf meinen Penis und darauf, mich zu Spielereien herumzukriegen.

Die homosexuellen Anspielungen des Traumes waren ziemlich deutlich, aber der intellektuelle Charakter der Assoziationen schlossen eine Intervention aus. Ich mußte warten, bis etwas eindeutig Relevantes eine ihm verständliche Interpretation möglich machen würde. Zwei Tage später bot sich eine solche Gelegenheit von selbst. Einer dieser wichtigen Schritte war die Interpretation des folgenden Traumes, den er in der Nacht nach der eben beschriebenen Stunde hatte.

Ein Arzt lud mich an einer Bar zum Drink ein. Ich freute mich sehr darüber, hatte aber Schuldgefühle, weil meine Frau nicht dabei war. Dann dachte ich: »Zum Teufel, ich will nicht zu ihr zurückkehren.«

Diesmal erlaubten mir seine Assoziationen,[2] den Traum unmittelbar zu deuten: »Sie sind viel mehr an Männern als an Frauen interessiert.« Für den Rest der Stunde war er gegenüber diesem Thema betont zurückhaltend und eröffnete die nächste Stunde so:

Ich war in dem alten Friseurladen, in den ich gewöhnlich mit meinem Vater ging. Meine Frau war dabei. Ein alter Mann mit silbergrauen Haaren machte sich daran, mir die Haare zu schneiden. Ich ging zu einem anderen Mann. Aber ich wollte mit meiner Frau hinausgehen.

2 Unglücklicherweise nahm ich die Assoziationen nicht auf Tonband auf.

Als er gestern gegangen war, wollte er nach Hause gehen und mit seiner Frau schlafen. Das war ziemlich merkwürdig, weil sie die Periode hatte, was ihn immer abhielt. In Wirklichkeit wollte er mir zeigen, daß er Interesse an Frauen *hatte* . . . Den ganzen Tag mußte er daran denken, daß ich zu ihm gesagt hatte, er sei an Männern mehr interessiert als an Frauen . . . Der Friseurladen ist etwas, wo Burschen hingehen. Dieser alte Friseur war ich. Wenn er mit seinem Vater zum Friseur ging, wünschte er sich einen Bart, damit er wie ein Mann rasiert werden könnte. Immer, wenn seine Frau den Sohn in den Schönheitssalon mitnahm, geriet er außer sich und dachte, das Kind würde sich als schwul entpuppen . . . Im alten Friseurladen gab es Magazine. Er dachte an die bevorstehenden Ferien, wenn ich nicht da bin und er es sich leisten könnte, den *Playboy* zu kaufen und zu wichsen . . . Er hatte vor, eine Frau, die Arbeit suchte, einem Freund vorzustellen, der eine Sekretärin suchte. Er hoffte, sein Freund würde sie einstellen.

»Um die Gefahr der Homosexualität zu vermeiden, beschäftigt man sich mit einer Frau«, sagte ich.

Statt unmittelbar und »fortgeschritten« auf das Spielen mit mir oder das ähnlich zu verstehende Szenarium einzugehen, wandte er sich bequemeren Themen zu:

»Ich dachte auch daran. Wenn ich mich mit einer Frau abgebe, kann ich mich nicht mit einem Mann abgeben. Aber mit Frauen ist's nur oberflächlich. Mit Männern ist es immer echter. Ich ärgere mich über meine Frau, weil sie Dinge nicht kann, die ein Mann kann. Wie oft habe ich gesagt, ich wäre eine bessere Mutter und könnte den Haushalt besser versorgen als sie.«

Übertragung, Arbeitsbündnis und die Assoziationen ermutigten mich, seine Homosexualität direkt anzusprechen und auf die Abwehrmaßnahmen gegen seine Angst hinzuweisen. Während die früheren Träume bereits in dieselbe Richtung gewiesen hatten, wartete ich auf eine günstige Gelegenheit. Ich ließ mich, wie immer, von seinem Ich-Zustand leiten und, statt Widerstand heraufzubeschwören, gab ich ihm Zeit, in kleinen Schritten den hochkommenden homosexuellen Gehalt aufzunehmen.

Nachdem seine erste Ehe gescheitert war, suchte John Y. Hilfe in der Analyse. Noch in der Behandlung heiratete er ohne Wissen des Analytikers wieder. Die zweite Ehe scheiterte nach wenigen Monaten. Der durch die zweite Ehe ausgelöste emotionale Konflikt brachte ihn zu mir in die Analyse. Die Beziehungen zu Frauen danach waren oberflächlich und entsprechend kurz. John wehrte sich gegen seine homosexuellen Wünsche in der Übertragung mit übertriebener Zurückhaltung bzw. unverhohlener Feindseligkeit. Außerhalb der Analyse schwankte er zwischen heterosexueller Promiskuität und Episoden von Kumpanei mit einem jüngeren Mann hin und her, von dem er sich dominieren ließ. Das Ausagieren der libidinösen Spannungen hielt die homosexuellen Strömungen in Grenzen, ließ ihn aber ständig in einem unbefriedigten Zustand. Den folgenden Traum brachte er, nachdem er ein frustrierendes Wochenende allein in seiner Junggesellenbude zugebracht hatte:

Ich wartete in einem Hotel oder auf einem Bahnhof vor der Herrentoilette. Ein ganzer Haufen wollte hineingehen. Alle waren schwarz gekleidet. Niemand schien hineingehen zu können. Dann kam ein Aufseher mit einer Stechuhr heraus und sagte: »Da ist niemand.« Anscheinend mußten sie räumen, weil die Gefahr bestand, daß ein Verrückter eine Bombe hineingelegt hatte. Jetzt konnten wir hineingehen.

Er hatte mit einer Frau in einer »Hotel«halle, die an einen »Bahnhof« grenzte, gesprochen, sich aber nach einem verbalen Geplänkel entschieden, sich nicht mit ihr einzulassen . . . Ein leeres Wochenende stand vor ihm, er dachte daran zu masturbieren, und nach langem Überlegen entschied er, daß es wirklich nichts machen würde, wenn er's täte. Seither war er depressiv.

John hatte keine weiteren unmittelbaren Assoziationen zum

Traum. Die ganze Stunde über machte ich weder eine Deutung noch sonst eine Intervention. Der Widerstand hielt mich davon ab, seine Aufmerksamkeit darauf zu lenken, daß der Traum auf seinen Konflikt mit der Masturbation und Homosexualität anspielte. Trotz seiner Anstrengungen, weniger zu masturbieren (»da ist niemand, es würde nichts machen, wenn er es täte«) wurde er depressiv (»schwarz gekleidete« Menschen). Er brauchte mich (»Aufseher« Über-Ich) als Schutz gegen die »gefährliche Bombe« in der »Herrentoilette«. Aber der »Haufen« und »niemand kann hineingehen« waren ein Hinweis, im Augenblick keine Intervention vorzunehmen. Johns Traum vermittelte, daß der Widerstand es unmöglich machte, mit ihm darüber zu sprechen. Trotz des Reichtums, der Wichtigkeit und Bedeutung eines Traumes im Zusammenhang mit dem Problem, das wir bei Patienten beobachten können, müssen wir allzu oft seinen tieferen Sinn für uns behalten und können erst später Bezug darauf nehmen.

In seinen gesellschaftlichen Kontakten war John weitgehend von seinem jüngeren Freund Pete abhängig, der um Frauen herumscharwenzelte, Partys veranstaltete, und dessen Leben voll von den Erfolgen zu sein schien, die ihm so offensichtlich fehlten. Als John Pete kritischer sah, stellte er fest, daß alle von ihm beschafften Frauen überspannt waren und die Partys nicht hielten, was sie versprachen. In diesem Zusammenhang hatte er folgenden Traum:

Pete und ich machten ein Spiel in einer Bar. Erst goß er mir, dann ich ihm ein Glas mit milchiger Flüssigkeit über den Rücken. Dann fing ich an durchzudrehen, und es sah nicht mehr nach einem Spiel aus. Dann waren wir in einem Aufzug, der immer schneller und schneller nach oben sauste. Schließlich schoß er durch das Dach in das offene Gebälk.

Er und Pete waren in letzter Zeit so dick miteinander befreundet, daß die Leute schon offen sagten, ihre Beziehung sei verdächtig. Allmählich wurde ihm klar, wie schwer es sein würde, mit ihm zu brechen ... Die milchige Flüssigkeit im

Traum klang wie Samen, und die Liftfahrt hatte die Neben-
bedeutung der damit zusammenhängenden sexuellen Erregung . . . Er hatte sich schrecklich gespannt gefühlt, als er in
die Stunde kam – war ärgerlicher über mich als sonst.

Ich brachte diese Bemerkung mit dem Hinweis im Traum
»durchzudrehen« in Verbindung, setzte mich an die Stelle
von Pete und sagte: »Mit mir zu kämpfen ist weniger
verwirrend als mit mir zu dick befreundet zu sein.«

Er erinnerte sich an frühere Träume, in denen er von Männern
angegriffen wurde. Er begann immer deutlicher zu fühlen,
daß seine Homosexualität störte – (etwa eine Minute wartete
er auf eine Reaktion, aber ich sagte nichts). Er spürte weniger
Neigung, seine bedeutungslosen Scharaden mit Frauen wei-
terzuspielen; intuitiv durchschauten sie seine Höflichkeit und
interpretierten sie als unecht und feindselig.

Johns Verleugnung jedweder Beziehung zu mir war ein
Zeichen für die Stärke seines Widerstandes. Hätte ich von
Homosexualität gesprochen, hätte ich seinem Hauptwider-
stand, der Intellektualisierung, unmittelbar in die Hände
gespielt. Über die homosexuellen Aspekte seiner Freundschaft mit Pete konnte er einigermaßen leicht sprechen. Aber
er konnte sich nicht mit der Homosexualität in der Übertragung auseinandersetzen. Wenn meine Intervention auch
nicht den Erfolg hatte, sein Agieren mit Pete in die analytische
Situation hereinzubringen, brachte sie ihn doch dem Kern des
Problems näher.

Innerhalb der nächsten Wochen baute er eine Beziehung zu
einer früheren Freundin Petes auf. In dieser Zeit sah er seinen
Freund weniger, aber als die Begeisterung für die Frau
abkühlte, kehrte er zu Pete zurück, der sie gemeinsam mit
ihm herabsetzte. Mittlerweile bestanden seine Sitzungen
hauptsächlich aus Wiederkäuen und Klagen über die Eintö-
nigkeit seines Lebens und das Versagen der Analyse, weil sich
nichts änderte. Dann hatte er diesen Traum:

Ich ging mit jemandem zu einem Eisenbahnwagen auf dem Neben-
gleis eines Verschiebebahnhofs. Wir gingen Stufen hinauf, die zur

Seitentür führten. Der Wagen war leer. Die andere Person, ein Mann, wollte dableiben, während ich nach hinten ging, um nach meinen Schlafsäcken zu sehen. Der Wagen fuhr nirgendwo hin, und ich wußte auch nicht, ob das je der Fall sein würde. Ich suchte die Schlafsäcke auf dem Bahnhof, dann unten in der Straße. Sie schienen sogar weiter weg zu verschwinden, an einen anderen Ort, ich mußte ohne sie zurückkehren.

Er sprach über sein wachsendes Unbehagen mit der Frau. Gestern war es sogar so weit gekommen, daß er ihren Namen vergessen hatte.

»Schlafsäcke«, sagte ich.

Das überging er. Er hatte das Gefühl, als würde er wirklich nirgendwo hinfahren. Er und Pete putzten wieder wie früher die ihnen bekannten Frauen herunter, die nicht ihren Erwartungen entsprachen.

Hätte ich darauf hingewiesen, daß er die Frau zugunsten des Mannes verlassen hat, hätte er nicht zugehört. Der Widerstand verlangte, daß meine Intervention eher kurz und andeutend war als präzise. Ich bestätigte ihm nur die Leere seiner Liebesbeziehung. Ich mußte warten, bis im Laufe der Zeit ausführlichere und tiefere Assoziationen ihn zu den unbewußten ödipalen Phantasien hinführten, die seinen homosexuellen Wünschen zugrunde lagen.

Eine gewisse Schroffheit in der Stimme, Unbeholfenheit im Gang, Ungeduld mit Einzelheiten und ein Hang, Verantwortung zu übernehmen, bewies Dinah B.'s Ablehnung der Weiblichkeit. Als sie noch in Psychotherapie war, erzählte sie mir von einer kurzen homosexuellen Beziehung während der Pubertät. Die Wochen danach widmete sie dem Arbeiten an ihrer verdrängten Homosexualität. In dieser Zeit eröffnete sie eines Tages, daß sie weit ausholen müsse und eine Menge zu sagen habe. Gestern bekam sie endlich ihre Periode, und letzte Nacht hatte sie einen Traum:

Ein Mann ist mit vielen anderen Leuten, hauptsächlich Männern, im Gefängnis. Außer ihm werden alle herausgelassen. Er muß bleiben und bleiben, möglicherweise wird er herausgelassen, muß aber für

den Rest seines Lebens wiederkommen. Ich kann die Jahre vorüber-
rollen sehen, als seien es Nummern, 30, 40, 50, 60.

Sie wachte in der Überzeugung auf, sie selbst sei der Mann.
Ich fragte, wie sie darauf gekommen sei. Sie konnte es nicht
sagen, aber es war ein starkes Gefühl, unbedingt so. Sie hatte
den Tag mit einem jungen Mann verbracht, für den sie keine
Gefühle hatte und bei dem auch nicht zu erwarten war, daß
etwas passierte.
Ihre absichtliche Abschweifung, in der sie weder auf die
Periode noch auf den Traum einging, veranlaßte mich zu der
Frage, ob sie mir den Traum noch einmal erzählen wolle. Sie
widersprach, es würde langweilig werden. Sie hätte ihn
bereits vollständig berichtet. Nachdem ich gefragt hatte,
wieso sie so sicher sei, gab sie nach.

Ein Mann ist mit vielen andern Männern im Gefängnis. Außer ihm
werden alle weggelassen. Er muß für den Rest seines Lebens bleiben
und wurde nur einmal eine Zeitlang weggelassen. Die Jahre rollen
wie Zahlen vorbei, 30, 40, 50, 60. Der Mann war mittelgroß,
beschränkt und hatte braune ungekämmte Haare.

Sie erwähnte die Ähnlichkeit zwischen den körperlichen
Merkmalen des Mannes und ihren eigenen. Ich richtete ihre
Aufmerksamkeit auf ihre Berichtigung »weggelassen« statt
»herausgelassen«. Jetzt erinnerte sie sich, daß sie gestern von
dem ständigen Gedanken geplagt wurde, all ihre Freunde
würden heiraten und sie würde zurück»gelassen«. Sie war
gestern erschrocken, als sie den jungen Mann zurückwies,
indem sie unwillkürlich ihre Hand von seiner wegzog. Sie
hatte gedacht: »Mit Frauen bin ich immer so viel glücklicher
als mit Männern.«
»Eine Frau zu sein«, sagte ich, »ist wie eine Art lebenslange
Gefangenschaft, eine Gefangenschaft, der Sie nicht entfliehen
können. Und ein Detail des Frauseins ist die Periode, die
immer weitergeht. Sie wissen, wie wenig Sie sich um Details
kümmern.«
»Stimmt, ich konnte halbe Sachen nie leiden. Ich stelle lieber

Pläne auf und überlasse die Details anderen.« Den Rest der Stunde widmete sie ihrer Angst, von Frauen angezogen zu werden, und schloß nachdenklich: »Und ich hatte gedacht, daß ich außer dem starken Gefühl, ein Mann zu sein, dem Traum nichts entnehmen könnte. Sicher lasse ich die Details weg, nicht wahr?«

Wir wissen, daß die nachträglich eingebrachten Traumelemente eine besondere Bedeutung haben. Genauso erfordert eine andere Version des Traumes, wenn er zweimal erzählt wird, besondere Aufmerksamkeit bezüglich der Zusätze, Auslassungen und Veränderungen. Dinahs erste Version war ein Kompromiß zwischen dem Ausdruck suchenden Gedanken und der Abneigung, ihn auszudrücken: »lassen wir heraus, was nach meinem Empfinden wegzulassen ist«. Ihre Eingangsbemerkung, daß sie viel zu sagen habe (ich kehrte diese Bemerkung für mich um) beeinflußte meine Entscheidung für die Intervention. Das Bedürfnis, ihren anatomischen Mangel zu verleugnen, war das Vorbild ihrer typischen Abwehr, Details zugunsten der großen Linie auszulassen. In der Mehrzahl der Fälle bedeutet bei Frauen das »Fehlen eines Details«, daß sie sich unbewußt stark mit dem Fehlen des Penis beschäftigen. Der Mann, der das Detail besitzt, braucht sich mit Details nicht aufzuhalten. Ein Glück für den häuslichen Frieden, daß die Frau, die es vermißt, sich sehr darum kümmert.

Mehrere Monate lang erwähnte Dinah die Periode überhaupt nicht. Dann brachte sie, als hätte es die eben beschriebene Stunde nie gegeben, diesen Traum:

Ich fahre mit einer Frau im Auto. Es wird dunkel, und wir halten an der Ecke einer verlassenen Straße. Plötzlich steigt eine Farbige in einem roten Mantel ein und fängt an, uns anzugreifen. Ich weiß nicht, warum.

Den gestrigen Tag hatte sie mit Gussie, ihrer besten Freundin, verbracht und war auch die Nacht über bei ihr geblieben. Beim Schlafengehen hatten sie einen kurzen Streit, denn

Gussie warf ihr vor, sie gehe wie ein Trampeltier ins Bett.

»Wann hatten Sie Ihre Periode?« fragte ich.

Wie komisch, daß ich das fragte. Gewöhnlich vergaß sie alles, was mit ihrer Periode zu tun hatte. Nur der Umstand, daß Gussie ihre Periode hatte, erinnerte sie daran, daß ihre Periode überfällig war. Gestern abend fand sie Flecken in ihrer Unterwäsche. Ziemlich merkwürdig, sie wurde sexuell erregt, als sie erfuhr, daß Gussie ihre Periode hatte. Ihr kamen homosexuelle Gedanken, sie merkte aber, daß sie vor dem Kontakt mit ihr zurückschreckte und ihr auswich . . . Wenn man die Periode doch nur übergehen könnte.

Die Interpretation des früheren Traumes war eine Determinante dieses Traumes und erleichterte seine Deutung, genauso wie die Hinweise auf die Homosexualität in »mit einer Frau im Auto fahren« und im »roten Mantel«, der die phallische Frau symbolisierte, die dennoch menstruieren muß. Ich legte es so aus, daß das »Ich weiß nicht, warum« die Ergänzung verlangte »mir das passieren muß«. Ich entschloß mich daher, das im Traum symbolisierte Element der Menstruation in Frageform zur Sprache zu bringen, um ihr eine günstige Gelegenheit zu verschaffen, sich mit diesem wichtigen Aspekt ihrer latenten Homosexualität auseinanderzusetzen. Der Traum half, an etwas wieder heranzukommen, was sonst unzugänglich geblieben wäre.

Früh in der Analyse, mehrere Jahre bevor er den Traum brachte, der hier wiedergegeben werden soll, erzählte mir Don J., begierig, von Schuld enlastet zu werden, daß er in der Kindheit seinen jüngeren Bruder zu sexuellen Spielereien verführt hatte. Er sprach dieses Ereignis mehrmals in weit auseinanderliegenden Abständen und mit offensichtlichem Widerwillen an. Einmal erzählte er mir, sein Bruder, ein weibischer Mann und wahrscheinlich manifest homosexuell, mache ihn für seine Abnormität verantwortlich.

Don stand immer unter einer zwanghaften Promiskuität mit Frauen, obwohl ihr Geruch und ihr Ausfluß ihn abstießen.

Durch die Analyse entdeckte er, daß seine übertriebene Betonung der Reinlichkeit eine Reaktionsbildung war; auf diese Enthüllung folgte die Wiederkehr verdrängter analer Phantasien; er agierte sie beim Verkehr aus, der ihm nur noch Befriedigung verschaffte, wenn er von analen Spielen begleitet war. Bis zu dem ersten Traum hatte er sich auf das gegenseitige Einführen des Fingers in den Anus beschränkt, obwohl seine Phantasien weiter gingen. Der Zusammenhang zwischen Kastrationsangst, Homosexualität und übermäßiger Beschäftigung mit dem Analen war noch nicht untersucht, als Don diesen Traum berichtete.

Ich machte mir an einem eigenartigen Pult zu schaffen, das zugleich eine Orgel war. Es hatte einen merkwürdigen Mechanismus. Damit ich Musik darauf machen konnte, mußte ein Mann in die Rückseite Luft einblasen. Dadurch richteten sich die Tasten auf. Anderenfalls, ohne die Luft, fiel die Tastatur zusammen. Ein Mann reparierte den Orgeltisch.

Unechte, sophistische Bemerkungen über seine »Arschloch«-Veranlagung wurden von Klagen über den Gestank nach »Scheiße« in seiner Wohnung abgelöst. Dauernd wusch er sich die Hände und wechselte das Bettlaken, aber in der Wohnung schien es weiter zu stinken. Gestern abend war er so gebläht, daß er dauernd aus dem Zimmer gehen mußte, um nicht in Gegenwart seiner Freundin zu furzen. Ebenfalls gestern abend passierte etwas, das ihn richtiggehend erschreckte. Seine Freundin war damit einverstanden, daß er seinen Penis in ihren Anus einführte – der Gedanke war wahnsinnig erregend –, aber als es dazu kommen sollte, ließ die Erektion nach.

Don erwähnte nicht den »Mann« an der »Rückseite« und die »Tasten«, die sich aufrichteten und zusammenfielen. (Das Fehlen von Assoziationen zu symbolischen Traumelementen ist etwas Geläufiges.) Die lange Erfahrung mit ihm ermutigte mich, den Widerstand in Form seines ausführlichen Gebrauchs von Symbolen zu umgehen und zu sagen: »Ein

Finger in Ihrem Anus ist ganz schön, sogar erregend. Setzen Sie an die Stelle von Finger den Penis, hinter Ihnen.«
Er dachte eine Weile nach und sagte dann: »Ja, der Mann muß damit beschäftigt gewesen sein, die Orgel zu befestigen . . . Der Mann hinter der Orgel waren Sie. Das ganze Wochenende waren Sie gegenwärtig. Ist hierher zu kommen die einzige Möglichkeit, daß mein Schwanz nicht schlappmacht? Bei allen Frauen verliere ich nach einer gewissen Zeit das Interesse am Sex.«
Die Bezugnahme auf mich in seiner Antwort klang nicht sehr überzeugend, und deshalb verfolgte ich sie nicht weiter. Daß er auf meine unverblümte Interpretation so leicht einging, sagte mir, daß sie Angst und Widerstand ausgelöst hatte. Ich sagte nichts weiter.
Sechs Monate später hatte Don einen Traum, der in ihm das Empfinden des körperlichen Krankseins auslöste. Als er aufwachte, mußte er die ganze Wohnung putzen, um etwas Schmutziges loszuwerden. Seine alte Steifigkeit war so schlimm, daß er sich mit Freiübungen lockern mußte. Auf dem Weg zu meiner Praxis war er so steif gegangen, daß er an seinen Bruder erinnert wurde, dessen gezierte Haltung meilenweit deutlich machte, was er ist.
Ich nahm die Stimmen der Familie auf Tonband auf, ich schätzte es als Andenken hoch ein. Ich war wütend auf einige Jungens, die es hinter meinem Rücken zu fassen kriegten. Sie löschten die Tonspur.
Dann trank ich im Badezimmer mit einigen Männern Bier. Mir wurde schlecht, und ich mußte mich übergeben. Dann erinnerte ich mich während des Träumens ganz genau an einen Traum. Mir war klar, daß ich von einem Traum träumte, und doch war es so real, als ob es sich wirklich ereignete. Ich hatte eine sexuelle Beziehung zu meinem Bruder – eine ausgesprochen schöne Liebesbeziehung zwischen zwei Erwachsenen und nicht zwischen Kindern.
Beachten Sie die Entwicklung des Traumes: vom Auslöschen der Erinnerung zum Wunsch, sie völlig auszumerzen, was dann in der Neuauflage der wirklichen Kindheitsepisode im

Traum im Traum endet – Versuche der Abwehr, die zur Äußerung des Wunsches führen.

Don betonte, daß die letzte Szene ihn am stärksten berührt hatte. Es war, als wenn eine verborgene Liebesgeschichte über Monate und Jahre weiterbestanden hätte, als wenn er dauernd davon gewußt, sie aber nie zugegeben hätte ... Er wünschte, dahin zu kommen, daß er ans Heiraten denken konnte. Daß andere Leute heiraten und glücklich sein konnten, nur er nicht, löste bei ihm das Gefühl aus, nicht normal zu sein. Gestern abend war er mit seiner Freundin und seinem Bruder ausgegangen und hatte, wie gewöhnlich, eine innere Unruhe, weil er sich nicht festlegen konnte, wem von beiden seine Ergebenheit galt. Schon lange hatte er gemerkt, wie gehemmt er war, wenn er mit seinem Bruder allein war – steif und befangen; er wollte, daß eine Frau dabei war. Dasselbe ereignete sich, wenn er mit anderen Männern zusammen war ... Der Traum im Traum von der Liebesbeziehung zu seinem Bruder war so real gewesen. Das schien auch nach dem Aufwachen so zu sein; er war bewegungslos und steif und fühlte sich wie gelähmt.

»Wenn Sie sich gegen diese unwillkommenen homosexuellen Gefühle in acht nehmen, können sie eine körperliche Form annehmen. Es macht Sie steif.«

Er stöhnte: »Ich kann nicht entspannt im selben Zimmer mit ihm sitzen. Ich werde so steif und fürchte, daß ich schreien muß. Gestern fragte ich meine Freundin, ob die bunten Hemden und Anzüge, die ich so gerne trage, zu weibisch seien. Sie versicherte mir, es sei eine gängige Sache und völlig in Ordnung. Warum kann ich nicht heiraten? Warum behandle ich Sex, als wäre es Schmutz?«

Ich dachte, eine Verbindung zwischen seiner Angst und den körperlichen Symptomen, die ihn so peinigten, würde Don über eine Hürde hinweghelfen, ohne die Angst zu verstärken, die ihn so offensichtlich in ihren Klauen hielt. Er arbeitete gut mit, und die weitere Verfolgung anderer Elemente des Traumes mußte freiwillig geschehen.

11 Ödipaler Konflikt im Traum

Manche Patienten tun so, als seien sie in der Blüte ihrer Jahre plötzlich auf der Bildfläche mit Ehemann, Ehefrau, Kindern, Freunden, Feinden und natürlich auch den Symptomen erschienen; vor allem bekommen wir zu hören, daß sie niemals Eltern, Geschwister oder eine Kindheit hatten. Bei diesen Patienten kann der Traum, der gesetzmäßig das infantile sexuelle und aggressive Erleben mit den Eltern und Ersatzobjekten wiederbelebt, die einzige Möglichkeit sein, die Vergangenheit zu rekonstruieren. Die meisten ödipalen Phantasien waren immer unbewußt. Selbst diejenigen, die bis zur vorbewußten Vorstellung und verbalem Ausdruck (ich liebe dich, Mami; ich hasse dich, Papi) gelangen, unterliegen später der Verdrängung. Durch die Wiederbelebung verdrängter Erinnerungen regt der Traum den Patienten an, die Aufmerksamkeit auf diese vernachlässigte Lebensperiode zu lenken.

Wenn die Übertragung sich entwickelt, lernen wir die Vergangenheit durch die Gegenwart kennen. Nirgends ist das eindeutiger als in Träumen, die auf die ödipale Situation hinweisen. Deshalb gehen wir davon aus, daß die Deutung der Träume mit ödipalem Inhalt in den Begriffen der Übertragung vorgenommen werden muß; manchmal wird der ursprüngliche Inhalt direkt angesprochen. Der Traum hilft zu bestimmen, welcher Aspekt zutreffender und wirkungsvoller ist, wenn, wie so oft in der Analyse, Vergangenheit und Gegenwart sich nicht voneinander trennen lassen.

Im Wachzustand führt die Verdrängung ödipaler Konflikte zur Aufhebung der feindseligen Impulse gegen die Person desselben und der erotischen Gefühle gegenüber der Person des anderen Geschlechts. Ganz ähnlich entstellen Zensur und Traumarbeit den Zusammenhang der beiden Seiten des ödipalen Dramas, beziehungsweise die positiven und negativen Aspekte erscheinen nacheinander, sei es in Träumen derselben Nacht oder aufeinanderfolgender Nächte. Wie auch immer, der Zusammenhang läßt sich im Traum trotz Zensur und Entstellung leichter herstellen, als wenn die beiden Aspekte der Reihe nach durch Agieren dargestellt oder durch Isolierung der Affekte ferngehalten werden. Die Unangemessenheit der infantilen Impulse läßt sich im Traum deutlicher beobachten als im Agieren. Indem der Traum eine Distanz herstellt, macht er es dem Patienten leichter, die Impulse als ich-fremd zu betrachten.

Insofern, als die ödipale Entwicklungsphase den Grundstock für das endgültige Erblühen des Über-Ichs bildet, sind wir nicht überrascht, auf Über-Ich-Reaktionen zu stoßen, wann und wo immer ödipale Impulse geweckt werden. In den Träumen dieses Kapitels werden wir uns genauso mit diesen Reaktionen wie mit den Triebimpulsen befassen und die Betonung der Interpretation auf das legen, was gerade vorherrscht und wirksam ist.

Das Agieren unbewußter Konflikte stellt solange unlösbare Probleme dar, bis es ich-fremd geworden ist. Alle unbewußten Konflikte unterliegen dem Agieren, aber keiner ist verhängnisvoller und repetitiver als der ödipale, so wenig es sich lohnt, diesem Scheinglück begierig nachzulaufen. Wenn die Übertragung die ödipalen Sehnsüchte wiederbelebt, kann das Agieren an anderer Stelle ihre wirkliche Bedeutung in Schach halten. Träume helfen, die ödipale Wiederbelebung an ihren eigentlichen Platz im analytischen Prozeß, das heißt in die Übertragung zu rücken, wo die Herkunft der ödipalen Impulse angemessener zu rekonstruieren und zu beurteilen ist. Durch das Wiederbeleben der Objekte und Ereignisse der ödipalen Phase und der dazugehörigen Affekte ist der Traum ein unersetzlicher Verbündeter, um den Patienten an sein Unbewußtes heranzuführen. Im Traum und in der Übertragung wird der ödipale Konflikt zur lebendigen Realität statt zur bloßen intellektuellen Übung.

Als wir uns bei der Behandlung noch gegenüber saßen, begrüßte Dinah B. mich eines Tages mit seltsamer Zurückhaltung.

»Stimmt was nicht?« fragte ich.

Nichts besonderes; mit der Arbeit stimmte etwas nicht. Ihr Chef war gerade aus dem Urlaub zurück und war so fordernd; er könnte sich vielleicht beschweren, daß sie in seiner Abwesenheit nicht ordentlich gearbeitet hätte, und das könnte ihr entsetzliche Schuldgefühle machen. Dann war sie noch gereizt und angespannt vom letzten Wochenende, das sie bei ihren Eltern verbracht hatte. Sie waren gerade aus dem Urlaub zurückgekommen; ihre Mutter sah richtig elend aus und spielte die Märtyrerin. Sie wäre lieber zu Hause geblieben, aber die Mutter erwartete offensichtlich, daß sie zu ihnen kommt; was soll sie da machen?

»Ist es nicht merkwürdig, daß Sie sich so verantwortlich für Ihre Mutter fühlen?« fragte ich.

»Warum dieses ewige Schuldgefühl!« antwortete sie spöttisch. »Aber ich will das nicht mehr mitmachen. Ich muß Ihnen einen Traum erzählen.«

Ich bin in einem Raum, in dem ein Feuer zu sein scheint. Ich kann's nicht sehen, aber es wird warm. Die Leute packen ihre Sachen zusammen und gehen. Ich gehe als letzte. Ich trage ein elegantes Abendkleid und Ohrringe, ganz herausgeputzt.

Als Assoziationen benutzte ich die Einfälle vor dem Traumbericht (mit einer unwillkürlichen Erinnerung an Doras Traum, in dem sie mit ihrem Schmuck aus dem brennenden Zimmer floh [*Freud*, 1905e]), und sagte: »Ihnen wurde heiß im Traum. Sie waren so elegant und ihre Mutter so ungepflegt. Wie können Sie die Zwietracht mit Ihrer Mutter besser ausdrücken?«

Dinah schwieg nachdenklich. Dann fuhr sie fort: Gestern nach dem Abendessen begann ihre Mutter, die Fingernägel zu pflegen. Ihr Vater fragte, ob sie auch ihm die Nägel schneiden würde. Dinah war es peinlich, als sie die beiden so reden hörte. Als sie dann in ihrem Zimmer war, dachte sie daran zu masturbieren. Der Gedanke, daß ihre Eltern vielleicht miteinander schliefen, schoß ihr durch den Kopf ... Wie konnten sie – wie konnte *er* – mit einer so unattraktiven Frau?

Das Feuer im Traum verdichtete Dinahs Aggression, den Wunsch zu masturbieren und deren ödipale Bedeutung. Schuldgefühle – sie »wollte nicht darüber sprechen« – standen im Raum und rührten genauso von ihrem Impuls zu masturbieren wie von der ödipalen Wut gegen ihre Mutter her. Das konnte ich aber erst nach meiner Deutung entdecken.

Zwei Monate später sah Dinah wieder geistesabwesend und verstört aus, so daß ich fragte, was los sei. Sie wußte es nicht, aber sie fragte sich, warum sie sich nach so langer Behandlungszeit in meinem Wartezimmer immer noch so verlegen fühlte. Sie mußte mir einen Traum erzählen.

Ich war schwanger. Ich schämte mich sehr, weil ich nicht verheiratet war. Anscheinend hatte ich vor einigen Monaten eine Liebesnacht gehabt. Ich wußte nicht, wer der Vater des Kindes war. Ich fragte mich, ob ich es loswerden könnte. Ich erinnerte mich, daß der Verkehr sehr schön gewesen war, und hielt an dem Gedanken fest. Am meisten beunruhigte mich, daß ich das zur Schau stelle und die Leute es sehen können.

Sie erinnerte sich, daß sie schon einmal geträumt hatte, schwanger zu sein ... Der Vater war niemand Bestimmtes. Sie war allein, enttäuscht, und brauchte jemanden zum Lieben ... Seit der letzten Stunde war eine lange Zeit vergangen ... Das Wochenende erschien ihr länger als sonst. Sie erinnerte sich, daß sie letzte Stunde über ihre sexuellen Schwierigkeiten gesprochen hatte. Sie hatte an mich gedacht und fand es dumm, sagen zu müssen, daß sie darauf achtete, was ich anhabe, und daß sie Phantasien hatte, mir Sachen zum Anziehen zu kaufen.

»Es ist Ihnen peinlich, schwanger zu sein, und es ist Ihnen peinlich, hierher zu mir zu kommen«, sagte ich.

»Meinen Sie, das hängt zusammen? Ja, am Wochenende dachte ich daran zu masturbieren, aber ich machte es nicht.« Jetzt erinnerte sie sich an weitere Einzelheiten des Traumes.

Ich wandte mich an einen Mann, der mir eine Möglichkeit zur Abtreibung beschaffen sollte. Meine Mutter war irgendwo im Traum.

Mit etwa sechs Jahren wurde sie von ihrer Mutter beim Doktorspiel mit einem Jungen erwischt und schwer beschimpft . . . Einen Mann um Hilfe bitten, ließ sie an mich denken. Der Mann im Traum war der Vater des Kindes.
»In Ihrer Einsamkeit und Enttäuschung könnten Sie sich vorstellen, schwanger zu sein und zum Trost ein Kind zu haben. Ich bin derjenige, an den Sie sich um diese Hilfe wenden, Ihnen dieses Baby zu schenken.«
Ihre Reaktion nahm den Rest der Stunde ein: Sie war so einsam, fast jeder Mann wäre ihr recht. Nur mit irgendeinem zu schlafen, war unvorstellbar. Vor der Ehe Verkehr zu haben, war genauso undenkbar, und doch hatte sie daran gedacht. Es war schwer sich vorzustellen, daß ihr Traum bedeuten sollte, sie wolle ein Baby von mir. Sie hatte davon gehört, daß kleine Mädchen sich von ihren Vätern Babies wünschen. Vielleicht erinnerte sich sich deshalb so lebhaft an das Schimpfen der Mutter.
Indem ich die Zusammenhänge herstellte und die gegensätzlichen Auffassungen einander gegenüberstellte, hoffte ich, sie zu dem zwingenden Ergebnis hinzuführen, das sie selbst aus dem Traum abgeleitet hatte.
John Y. schützte sich vor einer Depression, indem er sich in wilde sexuelle Aktivitäten stürzte, in der unbewußten Absicht, noch depressiver zu werden. Andauernd war er hinter Frauen her. Da die Frauen im Geschäft seinen Ansprüchen nicht genügten, suchte er sie auf gesellschaftlichen Veranstaltungen und in Bars. Johns Hauptbeschäftigung bestand darin, Mitarbeiter zu provozieren, insbesonde-

re seine Vorgesetzten. Das hatte ihn bereits einige gute Stellungen gekostet. Schuldgefühle und Selbstbeschuldigungen in dieser ödipalen Tretmühle lähmten ihn, bis die Einsamkeit ihn darin bestärkte, das ganze von vorn zu beginnen. Die Analyse hatte soweit Erfolg, als sie die sich wiederholenden Anfälle von Agieren veränderte. Jetzt zügelte er sich so weit, daß er seine Stelle behielt und die Frauen nicht mehr heiratete. Den folgenden Traum hatte er, nachdem ich, nicht zum ersten Mal, versucht hatte, ihm eine Beziehung zwischen seiner unangemessenen und selbstzerstörerischen Aufführung und seinem Über-Ich-Mangel herzustellen.

Ich schlief mit meiner Tochter. Sie schien überrascht, machte aber mit. Ich zögerte, machte dann aber irgendwie weiter.

Als er aufwachte, fragte er sich, wie es zu einem so ungewöhnlichen Traum kommen könne. Am Abend vorher war er mit einigen viel jüngeren Freunden zusammen, die wie Adoleszenten ihre Hemmungen abgelegt und eine kleine Orgie veranstaltet hatten. Er beneidete und betrachtete zugleich mißtrauisch ihren Mangel an Zurückhaltung, der gerade jetzt so im Gegensatz zu seinem eigenen Bedürfnis stand, passiver Beobachter zu sein. Als er ihnen zuschaute, kam ihm plötzlich die Erkenntnis, daß seine Hemmungen unnötig waren; es war an der Zeit, seine Verantwortung abzustreifen. Aber er konnte nicht umhin, sich schuldig zu fühlen. Im Traum hatte er sich zurückgehalten, war unfähig, es bedenkenlos durchzuführen. Wenn er doch nur diese Befangenheit loswerden und sich von dem Schuldgefühl freimachen könnte, das ihn hinderte, sich natürlich zu verhalten.
»Sie wollen sich selbst überzeugen, daß Sie vor nichts Angst zu haben brauchen, daß nichts Sie umwerfen kann. Und Ihr Traum läßt sie etwas Verbotenes tun, und Sie wissen, Sie sollten es lassen.«
»Ja. Er erinnert mich an meine Kindheit. Mein Vater war viel auf Reisen, und wenn er wegfuhr, war mein erster Gedanke

›Wer wird mich jetzt bestrafen?‹, und daß ich mich gehenlassen, masturbieren und alle möglichen erotischen Tagträume haben würde.«

In mehr als drei Jahren Analyse hatte John selten seine Familie oder Kindheit erwähnt, sondern vielmehr nur über seine Arbeit, Verabredungen und Wochenenderlebnisse gesprochen.

Aufgrund des manifesten Trauminhaltes hätte man vermuten können, die Traumarbeit hätte Urlaub genommen, die Tiefe des Unbewußten sei endgültig ausgelotet worden, und ein verdrängter Impuls habe die gesamte Abwehr durchbrochen. Weit entfernt von der Darstellung des Wunsches, mit seiner Tochter zu schlafen, enthielt Johns Traum eine Über-Ich-Komponente, die ihn an ihre dauernde Gegenwart und Macht erinnerte und ihn mit dem Bild einer verbotenen inzestuösen Szene konfrontierte. Im Grunde war es die gegenteilige Darstellung seines Versuchs, seinem Über-Ich zu trotzen (»Schau, was ich kann – ich habe keine Schuldgefühle«) und es gegen die unkontrollierten infantilen inzestuösen Triebregungen zu Hilfe zu rufen.

Neben seinen kurzen, jedoch zahlreichen sexuellen Raubzügen unterhielt John vereinzelte Verabredungen mit einer seiner früheren Geliebten, der Frau eines Arztes, die ein paar Jahre älter war als er. Im Verlauf eines Berichtes über einen kürzlich erfolgten Besuch bei ihr deutete er flüchtig, fast verstohlen, sexuelle Phantasien über meine Frau an.

»Sie haben Schuldgefühle, weil Sie die Frau nehmen, die Ihnen nicht gehört«, sagte ich.

Er nahm meine Bemerkung mit offensichtlichem Widerstreben auf. Letzte Nacht hatte er geträumt:

Ich lag im Bett, als mein Vater plötzlich hereinkam. Er stand ruhig da, aber ich fing an zu schreien und zu toben. Ich wußte nicht, was ich sagte. Es war ohne Vernunft, Gedanken und Inhalt. Ich tobte nur mit ihm.

Er war entsetzt über seinen bösartigen Angriff, zumal er überzeugt war, daß ich das eigentliche Objekt war.

»Erst schicken Sie mich weg und nehmen meine Frau. Dann sind Sie wütend auf mich. Ihr Interesse an Frauen ist ein Kampf mit Männern«, sagte ich.

»Mhm, kann sein. Als ich gestern von hier weggegangen war, geriet ich in eine völlig unangebrachte Wut auf meinen Chef. Ich war so außer mir, daß ich nicht an die Folgen dachte. Später war ich erschrocken darüber und konnte mir nicht vorstellen, was mich dazu veranlaßt hatte. Es war, als hätte ich es darauf angelegt, gefeuert zu werden. Und dann hatte ich diesen Traum. Mhm.«

Oberflächlich war seine Wut auf mich (nachdem die Traumarbeit das Objekt entstellt und den Affekt vom Inhalt abgezogen hatte, durfte die Wut durchkommen) durch die Intervention der vorigen Stunde ausgelöst worden, aber ich wählte eine Interpretation, welche die Übertragung und ihren zweideutigen Unterton seiner Phantasien und seines Widerstrebens, meine Intervention vom Tag vorher zu akzeptieren, mit einbezog.

Ein Jahr später agierte John die ödipale Situation in einer neuen Spielart, diesmal mit einer jungen Frau, die eher seine Tochter hätte sein können. Wie die Arztfrau war sie an einen anderen Mann gebunden. Nachdem wir einige Wochen der Analyse dieser Phase des Widerstandes durch Agieren gewidmet hatten, berichtete er folgenden Traum:

Ich treffe mich mit anderen Leuten. Etwas Wichtiges soll geschehen. Ich vermute, mein Chef hatte vor, irgendeine aggressive Bewegung zu machen. Wie gewöhnlich, täusche ich vor, daß ich mich nicht darum kümmere und den anderen Leuten überlegen bin. Dann gibt er bekannt, er sei krank und wolle aus eigenem Antrieb die Firma verlassen und nicht rausgeschmissen werden.

Er hatte den Gedanken, daß der »zurücktretende Chef« eigentlich ich sei: er dachte so oft daran, seine Stelle und die Analyse zu quittieren. Er fragte sich, wie seine derzeitige Liebesaffäre enden solle; sie war schön, aber er fühlte sich hin- und hergezerrt bei dem Wunsch, sie fortzusetzen . . . Im Traum war eine Andeutung, daß der Chef einen Herzanfall hatte. Komisch, dieser Unterschied zwischen dem, was er vom Chef als Aussage erwartete und was er sagte. Ein verrückter Gedanke drängte sich ihm auf: er war mir für meine Zuverlässigkeit dankbar, daß ich nicht krank oder launisch war ... Er ertappte sich dabei, daß er seine Freundin mit falschem Namen ansprach – dauernd benutzte er den Namen der Arztfrau ... Vielleicht würde er bei der Umorganisation in der Firma mit der Leitung der neuen Abteilung betraut werden.

»Ich habe heute ein fast euphorisches Gefühl«, fuhr er fort. »Nichts bringt mich aus der Ruhe. Es ist so schön mit X. Sie ist der ideale Mensch für eine Affäre – kein Wunsch nach einem bürgerlichen Leben. Mhm, in diesem Traum – Zeit, daß Sie zurücktreten.«

»Daß ich sterbe«, sagte ich.

»Das drückt der Traum nicht aus, aber trotzdem, mein Chef war in einem ziemlich ernsten Zustand. Krebs. Noch drei Monate zu leben.« Dann widerwillig: »Sie haben recht.«

»Wenn ich aus dem Weg bin, können Sie mit Ihrer Freundin glücklich sein.«

»Stimmt«, sagte er prompt. »Das trifft in vieler Hinsicht zu. Sie loswerden ist, wie den alten Herrn loswerden ... Komisch, worauf das hinausläuft«, ergänzte er nachdenklich.

Johns triebhafte Leidenschaft, zu tun, wovon er eindeutig wußte, daß er es lassen sollte, entsprang unbewußten Vatermord-Impulsen. Das Über-Ich zu töten, hieß den Vater zu töten. Mochten die Zusammenhänge noch so beredt, die Konstruktionen noch so elegant und die Interpretationen noch so sorgfältig sein, sie konnten ihn nicht überzeugen, daß seine Abwehrmanöver gegenüber den Schuldgefühlen vergeblich waren. Nicht so im Traum.

Ein paar Tage später hatte John folgenden Traum in einer Nacht, die er mit seiner Freundin verbracht hatte:

Ich war in einem Restaurant. Außer der Kellnerin war niemand da. Ich saß allein da. Die Kellnerin winkte mich heran, und ich folgte ihr in einen Nebenraum. Sie zeigte auf einen Kühlschrank, in dem ich meine Tochter zusammengekauert und halb erfroren vorfand. Ich sagte: »Was zum Teufel geht hier vor?« Ich holte sie heraus, hauchte ihr in den Nacken und trug sie hinaus. Sie war erschrocken, halb erfroren, aber dankbar.

Er sprach ausführlich über seine Freundin. Besorgt hatte er sie im Schlaf zugedeckt, damit ihr nicht kalt würde, hatte sie angeschaut und gedacht, wie jung sie noch sei, wie ein Kind, wie seine Tochter. Er hatte ihr den Traum erzählt, und sie hatten festgestellt, daß sie nicht erkennen können, was er mit ihr zu tun habe. (Daß er die unbewußte Verbindung zwischen der Freundin und seiner Tochter bereits entdeckt hatte, war klar. Nicht nur, daß er es verleugnete, er erzählte der Freundin sogar den Traum.) Er fragte sich, was er damit bezwecken wolle, einen solchen Unsinn mit jemandem in ihrem Alter zu machen.

Ich hielt mich an den Grundsatz, daß gesprochene Worte als Beitrag des Über-Ichs sich von etwas Gehörtem, Gesprochenem, Gelesenem oder Gedachtem ableiten und durch die Traumarbeit reproduziert werden.

»»Was zum Teufel geht hier vor?‹, waren gesprochene Worte?« fragte ich.

»Ja, und es war etwas mit den Worten, das sehr real, irgendwie sehr bedeutend zu sein schien.«

»Woher stammen sie?«

»Ich kann's nicht beschwören. Aber ich weiß, etwas ganz Ähnliches ist mir durch den Kopf gegangen. Ich hatte mich gefragt, was ich mache . . .«

». . . mit der Freundin. Eine Seite von Ihnen ruft Sie zur Rechenschaft für das, was Sie tun.«

»Wozu brauche ich einen Traum, um mir das zu sagen, was ich die ganze Zeit schon weiß?«

Dieser Traum und der andere, in dem er mit der Tochter geschlafen hatte[1], enthielten Über-Ich-Beschuldigungen

1 Traum Seite 202: »Ich schlief mit meiner Tochter . . .«

wegen der ödipalen Impulse und des Agierens – der frühere Traum mit kontraphobischer Abwehr, »wer hat Angst?«. Der letzte Traum wies trotz der Abwehr auf die Gegenwart von Angst hin (»sie war erschrocken«, bedeutete, er war es.) Meine Intervention zielte darauf ab, auf den Beitrag seines unbewußten Schuldgefühles an den unbefriedigenden Umständen seiner sexuellen Beziehungen zu Frauen hinzuweisen. Ödipale Schuldgefühle waren die tiefste Ursache seiner Krankheit. Der Traum half, in die Analyse zu bringen, was John mit so wenig Befriedigung ausagierte.

John berichtete den folgenden Traum, nachdem ihm sein heranwachsender Sohn von einer erfolgreichen sexuellen Heldentat berichtet hatte.

Ich ging durch ein scheunenartiges altes Haus. Es war voller alter kaputter Möbel. Im zweiten Stock sah ich einen Tisch. Als ich näher kam, sah ich, daß es ein alter Nähtisch war. Ich dachte, den könnte ich gebrauchen. Dann sah ich, die Platte war weg, aber die Füße wurden noch mit Schrauben festgehalten. Ich dachte, es ist eine Schande. Es war ein Prachtstück. Ich wußte, daß ich ihn nicht mehr zusammenfügen konnte. Er war von einem geschickten Mann gemacht worden, der sein Können seinem Sohn weitergegeben hatte.

Er dachte traurig darüber nach, daß er es nicht annähernd so gut konnte wie sein Sohn . . . Wieso konnten andere Menschen heiraten und zusammenhalten, während anscheinend alles, was er tat, darin bestand, seine Zeit mit aufgegabelten, heruntergekommenen Typen zu verbringen? Andere Leute hatten »Pracht«ehen und konnten miteinander reden; er konnte es nicht . . . Konnten es seine Eltern?

»Sie müssen sich immer gewünscht haben zu machen, was Ihr Vater und Ihre Mutter machten«, sagte ich, »aber Ihr Vater konnte, und Sie konnten nicht.«

»Schon wieder das?« fragte er. Dann erinnerte er einen weiteren Traum:

Ich saß mit meiner Mutter am Tisch. Sie machte eine wohltuende

Bemerkung über etwas, das ich vorhatte. Ich rammte ein Messer in den Tisch und sagte: »Ich werde tun, was ich will, wenn es soweit ist. Es wird sich ändern. Es wird kommen.« Ich wußte nicht genau, was.

Die reiche Symbolik des ersten Traumes wies deutlich auf die ödipale Herkunft hin. Die Interpretation half, den zweiten Traum an die Oberfläche zu bringen.

»»Messer im Tisch‹ ist etwas Sexuelles, nicht wahr? Aber es klingt so theoretisch.«

Ich war damit nicht mehr einverstanden. Er brachte wieder seine spezifische Art des Widerstandes ins Spiel: dem vollen Vertrauen folgte völlige Ablehnung. Daß John seinen Sohn an die Stelle des Vaters setzte, war alles andere als theoretisch.

Man kann niemandem einen Vorwurf machen, wenn er denkt, daß so viel Arbeit Johns Abwehr und Widerstand so wenig zu beeinflussen vermochte, insbesondere die Isolierung. So langsam mit ihm voranzukommen, kann ohne weiteres zu der Frage führen, ob Träume letzten Endes weiterhelfen können. Aber ohne sie hätte ich kaum einen Zugang zu wichtigen Ereignissen seiner Kindheit und den Beziehungen in der Familie gehabt. Die Träume lösten Assoziationen aus, die mir die Möglichkeit gaben, die Isolierung aufzuheben und die bedeutungsvollen Affekte des ödipalen Konfliktes wiederzubeleben. Ich hatte überreichlich Beweise, daß seine sexuelle Promiskuität weniger von einem unmäßigen Verlangen, als von seinem unbewußt agierten Bedürfnis stammte, mir als dem wiedererrichteten väterlichen Über-Ich zu trotzen. Die Interpretationen dieses Vorganges führten zu widerwilligen intellektuellen Einsichten. Die Aussagen der Träume waren anders, sie waren eine innere Botschaft, der er sich nicht entziehen konnte.

Nachdem beträchtliche Zeit dem Aufspüren der Quellen von Paul D.'s Unbefriedigtsein in Sexualität und Ehe geopfert worden war, kam es mit dem folgenden Traum zur Wende. Er eröffnete die Stunde mit der Bemerkung, er habe mir einen lebhaften Traum zu erzählen, der ihn am frühen Morgen geweckt und so beunruhigt hätte, daß er nicht mehr einschlafen konnte. Da Paul seine Träume wie Besucher von anderen Planeten zu behandeln pflegte, war die Einleitung bemerkenswert.

Ich war an einem Ort, an den ich nach vielen Jahren zurückkehrte. Ich wußte, daß ich vorher, erst kürzlich, schon einmal hiergewesen war. Da war eine Frau. Sie lächelte, hatte eine wunderbare Figur, und ich fühlte mich stark von ihr angezogen. Ich saß an einem Bett bei meinem Vater und sagte ihm verbittert, ich wollte sie heiraten, könnte aber nicht. Ich war bereits verheiratet. Mein Vater schaute traurig drein, als ob er sich meinetwegen Sorgen machte und mir helfen wollte.

Gestern abend war er seiner Frau entronnen und nach dem Essen mit einem Freund weggegangen. Als er nach Hause kam, sagte ihm seine Frau, sein Vater hätte angerufen und sei besorgt um die Gesundheit der Mutter. Paul machte sich wegen seiner Sorglosigkeit Vorwürfe, und auf Drängen seiner Frau rief er bei seinem Vater an. Die ganze Unterhaltung drehte sich um die Krankheit der Mutter ... Er war immer noch verwirrt wegen seiner außerehelichen Phantasien. Die einzige Möglichkeit, Lust auf seine Frau zu bekommen, war, an eine andere Frau zu denken.
(Ich überlegte, daß da noch eine Kluft bestand zwischen dem, was er sagte, und dem, was mir der Traum über sein Unbewußtes mitteilte. Um die Verbindung zwischen Traum und Assoziationen, die wichtiger waren, herzustellen, fragte ich, ob er bei dem Traum weiterhelfen könne. Er ging darauf ein, indem er sich auf die Frau konzentrierte.) Sie war unbekannt und doch vertraut; er hatte das komische Gefühl, sie früher schon gekannt zu haben; er fühlte sich unwiderstehlich, wie durch einen Zwang, angezogen.
Pauls Gedanken schweiften zu verschiedenen Frauen ab, die er vor der Ehe gekannt hatte. Nachdem er einige Zeit in dieser Stimmung verharrt hatte, kam ich zu dem Schluß, daß er so

weit gekommen war, wie es ohne Hilfe ging, und daß nun der Zeitpunkt war, eine Interpretation zu formulieren.

»Gestern abend sprachen Sie mit Ihrem Vater über Ihre Mutter. Im Traum sprachen Sie mit ihm über eine Frau, die Sie heiraten wollten.«

Seine Stimme wurde scharf. »Ja, meine Mutter war die Frau, die ich nicht heiraten kann. Nach allem läuft es auf meine Mutter hinaus. Ich bin Mamas Sohn, stimmt. Ich dachte immer an meine Mutter als hübsche junge Frau. Besonders erinnere ich mich, daß ich mich mit ihrer guten Figur beschäftigte. Sie kriegen es natürlich heraus ... Deshalb bin ich so unglücklich – alle diese anderen Frauen.«

Das Wissen, daß die Symbolik im manifesten Traum das ödipale Drama darstellte (der Ort, an dem man früher war und an den man zurückkehrt – die Mutter), gibt uns noch nicht die Berechtigung, dem Patienten unseren Fund mitzuteilen, ohne vorher notwendige und ausreichende Zwischenschritte unternommen zu haben. Durch die Konfrontation Pauls mit einer im Traum so schmerzlich dargestellten Ursache seiner sexuellen Unzufriedenheit nahm ich weder eine dramatische Änderung irgendeiner Art vorweg noch stellte ich sie fest. Sich entfaltende Abwehr führte zu erneuter Verdrängung, aber die Botschaft war angekommen.

Eine von Don J.'s Hauptklagen war seine Unfähigkeit, eine ernsthafte Bindung an eine Frau zustandezubringen. Es fiel ihm ziemlich leicht zu werben, aber den richtigen Gefallen fand er erst daran, wenn er wußte, daß die Frau einem anderen Mann gehörte. Eines Tages warf er sich auf die Couch mit der Bemerkung, er habe mir einen sehr lebhaften Traum zu erzählen; die Szene, die ich verstehen sollte, war etwas, das sein ganzes Leben durchdrang und ihn nicht loslassen wollte:

Ich werde einer neuen Frau vorgestellt. Sie ist sexuell erregend. Ich küsse und umarme sie, und es ist herrlich. Ich halte mich zurück, aufs Ganze zu gehen. Dann, am nächsten Tag, sitze ich in einem Restaurant und sehe sie mit einem anderen Mann. Ich bin wütend und untröstlich. Ich stehe auf. Ich muß die Wahrheit anerkennen. Ich gehe weg. Um sicher zu sein, daß ich auch richtig gesehen habe, schaue ich noch einmal hin. Sie *gehört* zu dem anderen Mann.

Voller Haß wachte er auf, hatte das Bedürfnis zu schreien und wollte, daß das Bild verschwindet, aber es blieb. So oft er auch die vielen Möglichkeiten überdachte, mit denen wir diese Sache vorher betrachtet hatten, es half nichts. Natürlich wußte er, daß er nur von Frauen angezogen wurde, die einem anderen gehörten. Seine jetzige Freundin war ihm so ergeben, daß er kratzbürstig wurde und sie wegwünschte . . . Gestern hatte er eine heftige Auseinandersetzung mit einer Frau, die ihm für die Arbeit, die er für sie getan hatte, kein Geld geben wollte. Er konnte sich nicht von dem Gefühl freimachen, daß sie andere Männer ihm vorzog. Da war offensichtlich ein Zusammenhang mit dem Traum.

»So ein starkes Gefühl«, sagte ich, »muß aus mehr als einer Quelle kommen. Sie wissen, wie weit es zurückgeht. Welche Frau geht mit einem anderen Mann?«

Er wußte, daß das Problem auf seine Mutter zurückging. So mußte es sein, aber es half nichts, es war theoretisch. Übrigens ging ihm seine Mutter auf die Nerven. Sein Vater war viel netter. Wieso konnte er nicht von Frauen erregt werden, für die er Zärtlichkeit empfand? Warum bedeutete Sexualität mit Frauen Kampf mit Männern? Warum beschwor er ständig Rivalität herauf, selbst wenn kein Anlaß bestand? Warum veranstaltete er immer eine Aufführung wie im Traum? Diese Frau hatte ihm kein Geld gegeben – die Frau, die Versprechungen macht, aber sie nicht einlöst – sie war wie seine Mutter.

Dons Als-ob-Persönlichkeit und Narzißmus ließen an der Echtheit irgendeines seiner Gefühle zweifeln. Sie machten es ihm außerdem schwer, innerhalb und außerhalb der Analyse zwischen Phantasie und Wirklichkeit zu unterscheiden. Ein so deutlicher und unverstellter Traum kann den Argwohn des Analytikers wecken. Er könnte leicht den Eindruck vermitteln, daß er aus Gefügigkeit, die in der Abwehr begründet ist, entsprungen war. Der Verlauf der Stunde bewies jedoch die Gültigkeit des Traumes, denn Don hatte in der letzten Nacht geträumt:

Ich sitze mit meiner Freundin in der Nähe von Boston fest und will wegkommen. Zu meiner Freude und Erleichterung sehe ich meine Eltern in einem Kombiwagen kommen. Ich weiß, ich bin gerettet.

Nachdem er gestern gegangen war, wollte er anrufen und mir sagen, was für ein Genie ich bin. Das mit der unerreichbaren Frau hatte ihn den ganzen Tag beschäftigt. Das hatte er alles schon vorher gehört, aber gestern schien es festzusitzen, und dann dieser Traum in der letzten Nacht, diese Erleichterung, als die Eltern kamen. Im Traum wollte er sie sehen und war glücklich mit ihnen. Er erinnerte sich an ein Ferienlager in der Nähe von Boston. Er hatte solches Heimweh und wollte seine Mutter nicht gehen lassen. Er jammerte und führte sich so auf, daß sie ihm sagte, er mache sie ganz unglücklich.
Er schwieg. »Das mache ich jetzt noch mit allen Frauen. Ich mache sie unglücklich, bis sie sich beschweren und fragen, was ich will.«
Ziemlich früh in der Analyse erzählte Jenny K. diesen Traum:

Ich war hier in der Praxis. Beim Hinausgehen merkte ich, daß ich nackt war. Auf dem Tisch im Vorraum lagen mein Büstenhalter und mein Schlüpfer. Aber es waren zwei Büstenhalter; einer gehörte der Frau, die auf Sie wartete. Ich dachte: »Sie darf das nicht auch machen. Ich bin Ihre Patientin.« Sie kamen heraus, um ihr etwas zu erklären, aber Sie waren ein anderer, ein Mann, den ich in meiner Kindheit kannte. Ich sagte zu Ihnen – ihm: »Erzählen Sie von meinem Vater, Sie kennen die Familie.«

Es war ihr peinlich, im Traum nackt zu sein (als sie darüber sprach, verschränkte sie die Arme über ihrem Busen, dann, als sie es bemerkte, lachte sie verlegen und gestand sexuelle Phantasien mit mir, die sie beunruhigten). Es kränkte sie genauso zu denken, daß ihr Traum mich in einen Mann verwandelt hatte, den sie immer für einen Schwächling gehalten hatte. Sie schien sich immer mit verweichlichten Männern einzulassen. Ihr Vater ließ sich von ihrer Mutter beherrschen ... Sie war ihrer Mutter viel ähnlicher ... Kürzlich hatte eine Freundin angerufen und ihr gesagt, sie hätte mich getroffen und fände mich außerordentlich fähig. Die Freundin war bei einem Psychologen in Behandlung, und Jenny fragte sich, ob der Anruf durch Eifersucht ausgelöst worden war ... Sie wollte alles über mich wissen ... Sie war ziemlich sicher, ich war ein richtiger Mann ... Die Gefühle für ihren Vater waren so schwankend. Einmal war er ein Held, dann wieder ein armer Tropf. Sie konnte sich nicht erinnern, wann die Geschichte passiert war. »Ich war ein Dreikäsehoch. Mutter konnte nicht mit mir fertig werden. Sie sagte zu Vater: ›Sag's ihr, sag's ihr.‹ Aber er haute nicht auf den Tisch, nicht einmal, als ich nackt ums Haus spazierte.«

Jennys Assoziationen flossen so reichlich, daß eine Interpretation überflüssig war; und ich hielt mich an das alte ärztliche Prinzip »primum non nocere« – vor allem nicht schaden. Ich hätte die Eifersucht in ihren Assoziationen mit der Eifersucht im Traum in Verbindung bringen können; ich hätte ihr deuten können: »Sie wollen mich ganz für sich haben«; ich hätte eine Parallele zwischen ihrem Verhalten ihrem Vater und mir gegenüber ziehen können; ich hätte ihre Aufmerksamkeit auf ihre Neugierde auf mich, sei es auf meinen Beruf, sei es auf mich persönlich, lenken können. Ich entschloß mich, nichts zu sagen. Der Traum und die Assoziationen waren vor allem eine Verführung, das ödipale Drama mit ihr zu agieren. Mein Schweigen diente einem doppelten Zweck: erstens die Verführung zurückzuweisen; zweitens eine voreilige Interpretation aufgrund noch zu unbestimmter Assoziationen zu vermeiden. Obwohl die Assoziationen völlig stichhaltig waren, waren sie, für sich genommen, ein verführerischer Appell. Hätte ich mich auf eine Interpretation eingelassen, hätte ich die Möglichkeit der weiteren Entwicklung des ödipalen Konfliktes in der Übertragung ausgesperrt.

Daß Simon E. Geld so überbewertete, konnte nicht nur seiner Analität oder der Identifikation mit seinem Vater zugeschrieben werden, dessen geflügeltes Wort es war: »Was kostet es?« Eine Quelle der Überbewertung wurde mir verständlicher, als ich erfuhr, daß er als Kind seine Mutter ständig verführte, ihm Geld zu geben, das sein Vater ihm konsequent vorenthielt.

Am Tag vor dem ersten der folgenden Träume hatte er mich gefragt, ob ich seiner Krankenkasse schreiben und sie auffordern könne, ihm das Geld für die Rechnung zu schicken. Ich lehnte es ab und sagte ihm, seine Bitte sei mit seinen Versuchen zu vergleichen, von den Eltern Geld zu bekommen, und fügte ausdrücklich hinzu, daß er versuche, ihre Rollen mir zuzuschieben. Er kam auf die Rivalität mit seinem Vater zu sprechen. Am nächsten Tag berichtete er folgenden Traum:

Ich war in einem großen Raum, in dem mehrere Betten standen, wie in einer Klinik. Ein kleiner Junge war böse und ungezogen. Er mußte zu Hause bleiben und durfte nicht ins Kino gehen. Da fing er an, wild zu werden. Ich sagte zu ihm: »Geh in dein Zimmer. Marsch, ins Bett!« Er ging.

Es gab noch so viel, was er in der letzten Stunde nicht erzählen konnte . . . Als er klein war, schlenderte er gerne mit seinem Vater herum, aber, egal, was er machte, sein Vater kritisierte ihn und gab ihm das Gefühl der Unzulänglichkeit. Nun schaffte er wie ein Wilder, um viel Geld zu verdienen, und obwohl er ziemlichen Erfolg hatte, konnte er nichts gegen das Gefühl tun, daß es ihm nicht zustand.

Simons Traum war offenbar durch meine Weigerung, auf seine Bitte einzugehen, und durch die meine Weigerung begleitende Übertragungsdeutung ausgelöst worden.

»Sie beurteilen sich selbst als unzulänglich, wie Ihr Vater Sie einschätzte. Sie stimmen ihm zu. Und was ich Ihnen gestern gesagt habe, haben Sie als Kritik aufgefaßt.«

Zum ersten Mal in der Analyse brach er in hemmungsloses Schluchzen aus, das bis zum Ende der Stunde anhielt, und von einem Ausbruch bitterer Empörung begleitet war. Er hatte Wut auf seinen Vater, weil er ihn nicht verstanden, ihn kleingemacht und das Gefühl von Unzulänglichkeit und Schuld geweckt hatte, obwohl er wußte, daß er so gut war, wie jeder andere Junge oder besser. »So habe ich seit Jahren nicht geheult. Ich weiß nicht, warum ich heule, aber ich kann's nicht halten.«

Letzte Nacht hatte er noch einen Traum:

Meine Eltern sitzen im Auto, und ich sage ihnen auf Wiedersehen. Es ist sehr schmerzlich. Sie fahren weg. Dann gehe ich zu meiner Frau, aber mein Vater ist bei ihr. Er sieht sehr alt aus, seine Zähne verfaulen; wie ein Hinterwäldler. Dann bin ich in einem Hotelzimmer und will mit meiner Frau unter die Dusche gehen. Ich habe eine mächtige Erektion – riesig – und sage ihr: »Schau, wie groß mein Penis jetzt ist.« Ich stoße ihn in sie, verfehle aber die Öffnung. Schließlich ficke ich mit ihr im Stehen. Das Komische daran ist, daß jemand anderer in der Nähe ist.

Merkwürdig, im Zusammenhang mit dem Traum von gestern hatte er so viel an seinen Vater gedacht, aber keine Gedanken an seine Mutter gehabt. Gestern war er so erschöpft, daß er nicht einmal mehr heulen konnte. Obwohl er wußte, daß er nur an der Oberfläche gekratzt hatte, hatte der Druck ein bißchen nachgelassen ... Wie oft hatte er sich seinem Vater gefügt und gleichzeitig versucht, ihn auszustechen. »Ich war ein Blender. Ich fühlte mich wie ein Weichling, ich konnte kein richtiger Kerl sein.«

»Und was ist mit dem großen Penis im Traum? Sie haben das so betont.«

»Er erinnert mich an ein Pferd. Mit so einem Penis könnte ich alles erreichen. Im Traum nahm meine Frau ihn in die Hand, und sie hatte größere Brüste als in Wirklichkeit.«

Simons frühere Beschreibung seiner Mutter gab den Anlaß zu meiner nächsten Frage: »Wie Ihre Mutter?«

Erst gestern hatte er an ihren Körper gedacht. Als Jugendlicher hatte er ihre Brüste gesehen; sie sprach oft davon, wie groß sie seien. Beim Baden pflegte sie seinen Penis zu hätscheln und ihn ein süßes kleines Vögelchen zu nennen. Die dritte Person im Bett (eine Ergänzung) muß seine Mutter gewesen sein. Er merkte jetzt, warum er seinem Vater und Bruder gegenüber Schuldgefühle hatte. Er hatte damals seine Mutter geliebt und wollte niemanden dabei haben. Als er mir das erzählte, schlief er halb, als träume er noch. »Wenn ich genug Geld verdiene, brauche ich sie nicht mehr. Das wird meine Rache sein.«

»Im Traum werden Sie gewahr, wie groß Ihr Penis im Vergleich zu früher ist.«

»Ich habe das Gefühl, er ist klein, wie das süße kleine Vögelchen.«

»Bei Ihrer großen Mutter muß er Ihnen im Vergleich zu dem Ihres Vaters sehr klein vorgekommen sein. Und die Rache, von der Sie sprechen, muß eine Art Ausgleich dafür sein.«

Ein nachdenkliches Schweigen füllte den Rest der Stunde aus. Obwohl ich niemals eine spezielle Verbindung zwischen dem Kampf mit seinem Vater und der unbändigen Besessenheit auf das Geld hergestellt hatte, trat dieses Thema bald danach einstweilig in den Hintergrund.

Sechs Monate später eröffnete Simon eine Stunde mit folgendem Traum:

Ich war mit meinem Vater in einem Zimmer. Er war sarkastisch und setzte die Psychiatrie herab. Ich versuchte, ihn zu beruhigen, aber er wollte nicht aufhören. Ich mußte mit mir kämpfen, um meine Wut unter Kontrolle zu halten. Ich wollte ihm sagen, daß er nicht fair sei.

Er dachte daran, daß ich einmal gesagt hatte, er sei nicht fair zu mir. Er dachte auch an seine Schmähungen gegen mich und an seine heutigen Klagen, daß ich nicht wüßte, was ich mache. Sein Vater im Traum war zugleich er selbst und ich, das wußte er. Er hatte noch einen Traum:

Ich war bei einem Freund und bat ihn um die Telefonnummer einer Frau, die wir beide kannten. Es war eine merkwürdig lange Nummer. Er schaute mich spöttisch an, gab mir aber die Nummer.

Gestern hatte er sich dabei erwischt, wie er seinen Vater gegen jemanden verteidigte, der ihn herabsetzte. Doch nachher mußte er sich alle möglichen Rachephantasien gegen den alten Herrn und mich eingestehen . . . Die Telefonnummer erinnerte ihn an die Nummer seiner Mutter außerhalb der Stadt.

Ich stellte die Verbindung zu dem her, was er weggelassen hatte: »Sie kämpfen mit Ihrem Vater, dann bekommen Sie Ihre Mutter. Die beiden Träume gehören zusammen.«

Die vorigen Kapitel haben sich mit einer Reihe von Traum-
folgen befaßt, um unter anderem zu zeigen, wie der Traum
die Fluktuationen der Ich-Abwehr darstellt. Ich habe, wenn
auch manchmal nur andeutend, auf die oppositionelle Haltung des Ichs und Über-Ichs im Traum gegenüber den
Trieben hingewiesen. Nun will ich ausführlicher den Beitrag
des Traumes zu den adaptativen und kreativen Aspekten des
Ichs und Über-Ichs untersuchen.

Eine Analyse kann nicht erfolgreich verlaufen, wenn nicht ein
gut Teil des Ichs abseits vom Tumult der Konflikte mithilft
und alle Aspekte der Situation überblickt. Unter günstigen
Umständen hilft dem Patienten und uns ein konfliktfreies
autonomes Ich, indem es Vergangenheit und Gegenwart,
Phantasie und Realität, Vernunft und Unvernunft sowie das
Selbst und die anderen auseinanderhält. Kurz gesagt, es kann
beurteilen, was in seinem eigenen Interesse wirklich unange-
messen ist. Und da wir in gewisser Hinsicht ohne ein Ich, das
solch eine Position einnimmt, nichts ausrichten können,
versucht die Psychoanalyse vor allem, die konfliktfreien
autonomen Funktionen des Ichs zu fördern und zu stärken,
um die pathologischen Anteile ich-fremd zu machen. Bei der
Behandlung von Charakterstörungen und der Wiederherstel-
lung von Über-Ich-Defekten kann dies den größten Teil der
Zeit beanspruchen.

Wir erwarten nicht, daß Verschiebungen im dynamischen
Gleichgewicht beim Patienten dramatische Veränderungen
der Symptome oder des manifesten Verhaltens nach sich
ziehen. Wachstum und Entwicklung der konfliktfreien Sphä-
re des Ichs und die Modifikationen im Über-Ich sind innere
Vorgänge, die sich unmerklich innerhalb langer Zeiträume
vollziehen, ohne ihre Ankunft anzukündigen. Die klinische
Stille, in der mitunter die qualvoll langsame Veränderung

erfolgt, gibt uns reichlich Zeit, an der Wirksamkeit unserer Arbeit zu zweifeln. In Anbetracht der Tatsache, daß Träume – wie die Symptome – Kompromisse der Ansprüche der psychischen Instanzen sind, spiegelt die Eigenart des Kompromisses die quantitative und qualitative Veränderung im System wider. Träume künden oft die wachsende Fähigkeit zur Realitätswahrnehmung, Triebbeherrschung und Ausbildung neuer Identifikationen an. Ihre Deutung gibt uns Einblicke in den bevorstehenden Funktionswandel, der durch eine Modifikation der Art und Verteilung der unbewußten Kräfte hervorgebracht wurde, noch bevor wir im klinischen Bild Veränderungen beobachten können.

In dem Maße, wie das Ich Synthese, Wahrnehmung, Integration, Regulation und die Kontrolle neu erwirbt und das Über-Ich sich von einem punitiven zu einem mehr von Idealen bestimmten Niveau entwickelt, können wir, ohne den Tiefentraum zu vernachlässigen, zunehmend unsere Aufmerksamkeit dem Oberflächentraum widmen. Ohne die Verbindung zur Vergangenheit zu verlieren, können wir die Interpretation in größerem Maße auf die Bedeutung und Gegebenheiten der Gegenwart beziehen.

Als Ergebnis der Analyse begann Don J., seine zwanghafte Promiskuität als absurd und das unehrliche Spiel mit der Freundin, die ihn liebte, als unhaltbar anzusehen. Er konnte seine phantasiebeherrschten Impulse mit einem Grad an Objektivität prüfen, die ihm alle seine Handlungen unreal erscheinen ließen, aber trotzdem agierte er unaufhörlich weiter. Zwei Tage, nachdem ich ihm gesagt hatte: »Es ist, als ob das, was Sie hier machen, nichts mit der Realität zu tun hätte«, kam er mit einem äußerst verdichteten und in Symbole gekleideten Traum an:

Ich versuchte, einen Film in meine Kamera einzulegen, und konnte die Rolle nicht reinkriegen. Sie war voller Abfall, Papierschnipseln und Lebensmitteln. Ich kam ins Schwitzen und wachte klitschnaß auf.

Gestern abend hatte er es wieder gemacht. Er hatte mit einer Frau telefoniert, die er in Wirklichkeit verachtete. Was für einen Dreck sie redeten. Er wie sie. Als er auflegte, ärgerte er sich fürchterlich über sich selbst ... Allmählich kamen ihm alle Frauen gleich vor – nichts schien wirklich zu sein.

»Sie konnten das richtige Ding nicht reinkriegen«, sagte ich. »Papier und Lebensmittel stellen im Traum die Frauen dar. Sie versuchen, Ihren Penis in Gang zu bringen und konzentrieren sich dabei auf Dreck, Schmutz und Abfall, aber er kommt nicht in Gang.«

»Stimmt. Ich weiß, die Kamera ist mein Penis – darüber haben wir schon gesprochen. Mein Gott, was mache ich bloß?«

Don kannte bereits die Angst vor der Aggression, war sich aber nur dumpf der Beziehung zwischen seiner Angst und der sexuellen Promiskuität bewußt. Daß er jetzt eine Erektion nur unter bestimmten Bedingungen zustande bringen konnte, war vom psychoanalytischen Standpunkt aus ein merklicher Fortschritt für jemanden, der früher aus seiner sexuellen Unerschöpflichkeit eine Tugend gemacht hatte. Der Vergleich mit einer bereits oben dargestellten Sitzung[1] vor einem halben Jahr kann das lebhaft beweisen.

Sechs Monate später gab Don sich immer noch Prügel wegen seiner unersättlichen Begierde, seiner Gleichgültigkeit gegenüber der ihm ergebenen Freundin und des Wiederaufbrechens unkontrollierter Wutausbrüche gegen seine Eltern. Zum ersten Mal in seinem Leben gebrauchte er unflätige Ausdrücke gegen sie. Warum passierte ihm das, fragte er. Wann würde er das hinter sich haben? Brauchte er vielleicht einen anderen Analytiker? Wann endlich würde die Analyse ihm helfen?

Er trakierte mich einige Tage lang mit eisernem Schweigen, ließ, angeblich aus geschäftlichen Gründen, eine Stunde ausfallen und berichtete dann folgenden Traum:

1 Traum Seite 147: »Ich nahm Mengen von Nahrung zu mir ...«

Ich war in einem Hotelzimmer, ähnlich dem, in dem mein heruntergekommener Onkel lebte. Ich lag im Bett und aß Rührei. X kommt herein, um mir etwas zu bringen. Ich stand nicht auf, ihn zu begrüßen oder herzlich zu reagieren – ich war unhöflich. Er war verletzt und machte Anstalten zu gehen. Ich geriet in Panik, weil ich ihn beleidigt hatte. Ich ging ihm nach in die Halle. Ich wollte nicht, daß unsere Freundschaft aus sei. Ich verteidigte und rechtfertigte mich, war unterwürfig und sagte, daß es mir leid tut und ich mich nicht richtig verhalten hatte.

Er mochte X, einen lieben, netten Kerl. Er wußte nicht, für wen der stand, war aber beunruhigt, daß die Beziehung zu ihm unterbrochen sein könnte.

»Gestern waren Sie und ich unterbrochen«, sagte ich.

Gestern hatte er den Wunsch, hier zu sein. Im Traum beunruhigte es ihn, daß die Beziehung mit dem Mann abgebrochen sein könnte. Das war der springende Punkt im Traum. Und er saß da und aß und ließ ihn warten; dann erst merkte er, daß er sich blöd benommen hatte; alles in allem, der Kerl war ein Mensch und hatte diese Behandlung nicht verdient . . . Er erinnerte sich, in einer früheren Sitzung erzählt zu haben, wie er mit seinem Vater zusammensaß und diskutierte. Als er gesagt hatte: »Ich hatte das Gefühl, als müßte ich von der Couch aufstehen und ihn schlagen«, hatte ich auf das Wort »Couch« aufmerksam gemacht. Er bemerkte, daß er seine Feindseligkeit gegen mich meinte. Das war ihm nicht entgangen! Es beunruhigte ihn, daß bei allem, was ich gesagt und er eingesehen hatte, nichts zur Veränderung geführt hatte. Dann hatte er noch einen Traum:

Frank Sinatra – wir sind gesellig beisammen, wir angeln. Es macht mich erzittern, mit dem König der Bühne zusammen zu sein – der bekanntesten Person der Welt. Ich bin bei ihm (ich verstehe diese Träume wirklich nicht) – er stellt sich mir gleich.

Sinatra – er hatte gehört, daß Sinatra bei einer Schlägerei verprügelt worden war. Einen Mann mit so vielen Frauen, mit allem so wild, so voller Wutanfälle, muß das entsetzlich unglücklich machen. Gestern in der Mittagspause – die ganzen verheirateten Männer sagten: »Ich würde gern dieses Weib umlegen! – so viel sexueller Wirrwarr – stimmte mit denen etwas nicht? Das Angeln im Traum war kein Zufall. Kürzlich war er mit seinem Vater angeln. Aber bei Sinatra war mehr Glamour als bei seinem Vater. In beiden Träumen war er mit einem Mann zusammen. Wenn er mit einem Mann zusammen ist, hat er nichts mit Frauen zu schaffen. Gestern abend war er auf seine Freundin wütend, und konnte es nicht erwarten, bis sie ging. Und sie war so liebevoll zu ihm, daß selbst seine Mutter am nächsten Tag sagte: »Du bist verrückt, wenn du sie nicht heiratest; sie ist großartig. Ich will mich nicht einmischen, aber sie betet dich an. Sie ist hübsch, lebhaft, anständig, tüchtig, was willst du mehr?« Hätte er ihr sagen sollen: »Mama, wenn sie mich anfaßt, könnte ich schreien; wenn ich sie nackt sehe, regt sich nichts?« Mutter hatte recht, aber was kann man in diesen Träumen sehen, das es verhindert? Könnte er mit ihr über die Träume sprechen? Nein! Neulich war etwas passiert, mag sein, er und ich verstanden uns nicht, haben nicht die gleiche Wellenlänge. Es hatte nichts mit mir zu tun, er wollte, daß ich es weiß, aber vielleicht brauchte er einen anderen Arzt. Vielleicht einen anderen Analytiker – machte er mich verantwortlich dafür? Ich war wie sein Vater; er wollte von der Couch aufstehen und zuschlagen . . .

Bei Dons dramatischer Darstellung fragte ich mich, wie weit sein Ich im Augenblick über Integration und Synthese verfügte. Ein Traum, der die Feindseligkeit mehr im Zusammenhang mit Menschen als mit Monstern und Würgern[2] darstellte und Zeichen eines konstruktiven Über-Ichs einschloß, wies auf einen Fortschritt hin. Meine Intervention machte es ihm möglich, seine Wut im ödipalen Kontext zu sehen. Meine Weigerung, ihm Absolution für seine Selbstbezogenheit zu erteilen, verstärkte seine Wut nicht, sondern

2 Träume Seite 133: »Da war ein schreckliches Untier . . .« und Seite 221: »Ich war in einem Hotelzimmer . . .«

forderte ihn auf, die Verantwortung für seine Feindseligkeit zu übernehmen und sie sorgfältiger zu untersuchen. Im analytischen Sinne konnte ich eine Veränderung der intersystemischen Dynamik beobachten: Der Kampf zwischen Ich und Es verschob sich auf Ich und Über-Ich. Im Traum kamen Homosexualität, Aggression und Oralität vor, aber nur im Hintergrund. Die Assoziationen machten deutlich, daß im Mittelpunkt der Szene sein Wunsch nach einem neuen Objekt stand, mit dem er sich identifizieren konnte.

Nach mehr als einem Jahr träumte Don J., der immer noch agierte.

Ich soll ein Orchester leiten. Die Noten sind nicht zu finden. Ich suche überall nach der Partitur, von der die anderen Stimmen abgeschrieben werden müssen und von der alles abhängt. Ich gerate in Verzweiflung. Wo ist die Partitur? Ich kann sie nicht finden.

Gestern abend war eine junge Frau in seine Wohnung gekommen, angeblich geschäftlich. Als sie gehen wollte, umarmte er sie, und nach kurzer Zeit hatte er sie zu einer Fellatio herumgekriegt. Das Schlimmste daran war, daß er es mir nicht sagen wollte. Der Traum – er brauchte die Partitur als Wegweiser.

Ich sagte: »Die Partitur, die für alles verantwortlich ist, war nicht da. Gestern abend waren Sie ohne die richtige Partitur nicht verantwortlich.«

Nach langem Schweigen: »Es war nicht gut. Ich hätte vernünftiger sein sollen.« Er brach dann nach einem weiteren nachdenklichen Schweigen in Tränen aus und beschimpfte sich schließlich für sein früheres Benehmen.

Träume, in denen man unvorbereitet ist oder eine Aufgabe nicht bewältigen oder zu Ende führen kann, sind den »Prüfungsträumen« (*Freud* 1900 a) insofern verwandt, als sie Selbstvorwürfe enthalten; ihnen fehlt nur der tröstende Aspekt der letzteren, den *Freud* ausdrücklich der »wachen Instanz« zuschrieb. Solche Träume des Versagens teilen mit, daß etwas Unzulässiges getan worden ist. Zusammen mit dem eindeutigen Affekt der Angst bestätigen sie die Beteiligung des Über-Ichs an der Traumbildung. Das Versagen ist das Versagen, nicht nach den Geboten zu leben. Die Erfahrung bestätigt *Freud*s etwas vorsichtigen Erklärungsansatz für den latenten Inhalt von Prüfungsträumen, wonach sich »›Dummheiten‹ und ›Kindereien‹ . . . auf die Wiederholung beanstandeter sexueller Akte« beziehen (*Freud* 1900 a, S. 282).

Gegen Ende der Analyse brachte Paul D. einen außergewöhnlich knappen Traum, der die innere Bilanz widerspiegelte.

Aus einem Waldstück kam ein Schwein; es war voller Borsten.

Nach langer Zeit fühlte er zum ersten Mal irgendwie weniger Ärger auf mich . . . Geld, Geld, Geld . . . gestern abend gab er der Garderobenfrau ein Quarter (25 Cents), als er zwei Mäntel abholte. Sie wollte zwei Quarter, eines für jeden Mantel. Erst war er wütend, dann dachte er: »Sei doch kein knickriger Filz, du hast's ja, und sie kann's brauchen.« Die Aussicht auf eine besser bezahlte Stellung zeichnete sich ab; das und andere finanzielle Dinge wollte er mit seiner Frau besprechen, statt sie, wie gewöhnlich, auszuschließen . . . Er begann einzusehen, daß er bei allem guten Benehmen ein »sehr feindseliger Typ« war, auch mir gegenüber.

Während der Traum eine Menge Gedanken von sexueller Aggression und Schuldgefühlen verdichtete, berechtigte nichts im Kontext oder den Assoziationen zu einer Deutung dieses Inhalts. Im Traum wurde Pauls wachsendes Selbstbewußtsein wiedergegeben: Sein Über-Ich hatte diesen Aspekt erkannt und wollte ihm nicht mehr nachgeben, dem inneren Schweinehund, der masturbierte und sadomasochistische Phantasien hatte.

Nach zehn Jahren gegenseitiger Quälerei entschloß sich Hugo W. – das war eine Folge der Analyse –, sich von seiner Frau zu trennen. In kürzester Zeit setzte er sich mit einer jungen, schicken geschiedenen Frau ab, und allem Anschein nach machte das Leben viel mehr Spaß. Nur ganz allmählich bekam ich mit, daß Hugo mit der neuen Dame nicht so ganz glücklich war. Er weigerte sich, mir die Details der Geschichte zu erzählen, denen er lieber nicht ins Gesicht sehen wollte. So ungefähr sagte ich ihm das und wies ihn auf seine Eigenart hin, für das Offensichtliche blind zu sein. Letzte Nacht hatte er einen Traum:

Ich bin auf einer Party – es ist eng, schmuddelig, ein Haufen Leute, Rauchschwaden. Ich war allein, die Leute drückten ihr Bedauern über meinen Ehekrach aus. Ein alter Klassenkamerad, X, jetzt sehr erfolgreich und eine Autorität, sprach mit mir. Er erinnerte mich an Sie. Er gab mir die Hand, schaute mich aber abwartend und fragend an. Er war mißtrauisch. Ich bringe das auch mit Ihnen in Zusammenhang.

X hatte ihn nie gemocht, durchschaute seine Unechtheit, aber im Traum gab er ihm die Hand, obwohl er fragend guckte. Als er das sagte, dachte er an mich. So viele Leute versammelt, und es war dunkel. Komisch, daß es so dunkel sein sollte.

»Sie wollen etwas nicht zu genau sehen«, sagte ich.

»Alles war dunkel und düster, außer X. Er stand im grellen Licht.« . . . Gestern abend war er bei seiner Freundin zum Essen eingeladen. Kaum war er dort, wurde er benommen, schwindlig und schwitzte. Er sagte ihr, daß er sich nicht wohlfühle. Sie sagte, er würde schlecht aussehen, und legte ihm nahe, nach Hause zu gehen, was er auch tat. Er hatte leichte Herzschmerzen – vielleicht hatte er zu viel geraucht. Der Raum im Traum war voller Rauch. Er legte sich sofort ins Bett und verschlief die Beschwerden, denn er wachte früh auf, direkt nach dem Traum. Er dachte sofort an die Freundin. Wie gefühllos von ihr, ihn nach Hause zu schicken, wenn er sich schlecht fühlte. Aber vielleicht hatte sie recht; wenn man sich so fühlt, ist man am besten allein. Andererseits, er hätte umkippen können.

»Gestern stellte ich die Beziehung zu Ihrer Freundin in Frage.«

»Stimmt. Sie hatten Zweifel, waren fragend, wie im Traum.

Ich mochte diesen Mann nie, obwohl ich seine Achtung und Zuneigung wünschte. Er verachtete immer Menschen; er manipulierte sie.«

»Sie sprechen eigentlich von mir. Sie wollen nicht hören, was ich gestern gesagt habe. Ich soll Ihnen keine Fragen stellen.«

Hugo ging auf ein anderes Thema über, aber ich holte ihn zurück.

»Jetzt ist es wieder so. Sie wollen nicht über Ihre Freundin sprechen. Im Grunde sagen Sie, ich soll Sie in Ruhe lassen.«[3]

»Aber ich komme nicht her, um in Ruhe gelassen zu werden.« (Ich sah das als einen Fortschritt an.)[4]

»Im Traum waren Sie allein, und die Leute sprachen mit Ihnen über Ihre Scheidung. *Sie* könnten mißtrauisch sein mit dem, was Sie tun.«

»Ja. War es richtig, mich von meiner Frau zu trennen? Und hab' ich mich richtig verhalten, als wir noch verheiratet waren? Ich habe sie an nichts teilnehmen lassen, und das mache ich mit meiner neuen Freundin auch so – manchmal habe ich ihr nichts zu sagen.«

Hugos Traum enthielt meine Intervention vom Tag vorher. Er nahm meine Fragen auf, denn er mußte sich selbst fragen. Sein auf Abwehr eingestelltes Ich verleugnete die Realität; sein beobachtendes Ich konnte die durch die Interpretation offengelegte Verleugnung nicht mehr aufrechterhalten. Bevor ich ihn auf die Bedeutung der Selbstkritik im Traum und die Weigerung, die Beweise zu akzeptieren, hinweisen konnte, mußte ich zuerst auf den Widerstand eingehen. Ich konnte dann verdeutlichen, was er verleugnete; was er sah, aber nicht sehen wollte.

---

3 Diese Deutung greift den Wortlaut des Traumes auf: »Ich war allein.« Im Amerikanischen heißt es »I was there alone«; die Deutung heißt im Amerikanischen »In effect you are telling me to leave you alone« (Anmerkung des Übersetzers).

4 Traum Seite 72: »Ich parkte meinen Wagen an der Straße . . .«

Würden wir die Bewegungen einer Analyse grafisch darstellen, so würde sich wahrscheinlich eine Folge von spitzen Gipfeln und breiten Tälern ergeben. Letztere, typisch für die Saure-Gurken-Zeit des Analytikers, würden den größten Raum beanspruchen, aber es wäre falsch, in ihnen ein völliges Fehlen der Entwicklung in der Analyse zu erblicken. In Wirklichkeit können diese breiten Täler genauso mit dem inneren Prozeß des Wachstums, der Integration und des intrapsychischen Wiederaufbaues in Zusammenhang stehen wie mit dem Widerstand. Solche Felder der Reorganisation liegen nicht brach. Sie sind konstruktive Intervalle und bewirken einen Aufschub, der das Sammeln von Kräften für neue Aktivitäten erlaubt. So geht es auch mit den Träumen.

Drei Monate lang ging John Y. über denselben Boden, den er vorher so oft zugedeckt hatte – dasselbe Agieren, dasselbe Klagen, daß ihm die Analyse überhaupt nichts bringe. In dieser Zeit erzählte er entweder keine Träume oder nur solche, die ich nicht verstehen konnte. An einem Montag fing er wie gewöhnlich an, das Wochenende abzuhaken. Nichts war passiert, nur dieser Traum:

Ich bin auf einem Bahnhof. Ein Zug fährt ein. Ich stehe da und warte auf ihn; dann merke ich, daß es mein Zug ist; dann habe ich die Vorstellung, ich bin drin. Ich frage mich, ob ich will. Ich ließ meine Taschen im Wagen. Ich ging zum Wagen zurück und dachte: »Mach jetzt alles richtig, mach kein Durcheinander.« Da ist eine kleine blaue Tasche und ein Filzhut. Ich denke: »Wozu brauche ich einen Filzhut, wenn ich nach Washington fahre?« Dann sehe ich meinen Vater und bin überrascht. Er war vorher nicht da. Er sagt: »Kommst du?« Er scheint weder drängend noch mißbilligend, eher neutral und freundlich. Es scheint, als könnte ich's machen.

Er dachte, sein Vater stünde vielleicht für mich, aber das war unwahrscheinlich, denn ich war nicht so freundlich. Sein Vater sagte: »Kommst du?« Am Freitagabend hatte er eine Verabredung, aber es kam zu nichts. Am Samstag traf er eine seiner früheren Freundinnen. Sie masturbierte ihn. Ihm fiel noch das Lied ein: »Warte, ich komme«. Komische zweideutige Gedanken ...[5] Zu Washington fiel ihm der Landesvater ein. Zug versäumen hieß, etwas Wichtiges verpassen. Er konnte sich nicht erinnern, daß sein Vater schon einmal unverstellt im Traum vorgekommen war. Merkwürdig. Sein Vater war nie ungeduldig oder kritisch, nur mahnend (die ruhige, aber mächtige Stimme des Über-Ich-Analytikers). »Verdammt, da sind eine Menge Einzelheiten im Traum, aber ... (er wartete offensichtlich auf eine Intervention von mir, aber ich sagte nichts). So wie mein Vater dort wartete, erinnert mich das an Sie.«

»Warten, während Sie mit den Taschen[6] herummachen«, sagte ich.

Nach langem Schweigen sagte er mit ungewohnt tiefem Gefühl: »Ich weiß. Ich will nicht rechtfertigen, was ich am Wochenende gemacht habe. Ich werde den Zug verpassen, wenn ich nicht aufhöre, so herumzuflippen. Als mein Vater fragte: ›Kommst du?‹ steckte mehr dahinter, als gerade einen Zug zu versäumen. Ich weiß, daß es mir wenig bedeutet, mit Freundinnen auszugehen. Sogar meine Schlagfertigkeit macht mich krank und langweilt mich. Ich weiß, daß ich gerne mit Ihnen streite, aber Sie streiten nicht mit mir, und ich vertändele dauernd die Zeit und wünsche Sie zum Teufel, und Sie werfen es mir nicht einmal vor. Die blaue Tasche war billig, genauso wie ich mich benommen habe.«

Am nächsten Tag brachte John einen Nachtrag. Die Begegnung mit sich selbst im Traum hatte ihn beeindruckt. Er hielt meine Interpretation für einen Vorwurf, als wollte ich ihm sagen, er dürfe nichts mit Frauen zu tun haben. Aber es war sein Traum, wie konnte er da behaupten, daß ich ihm den Vorwurf mache?

Johns zunehmende Urteilsfähigkeit wird deutlich, wenn man

5 Im Amerikanischen heißt »to come« (kommen) als Vulgärausdruck auch: einen Orgasmus haben (Anmerkung des Übersetzers).
6 Der Doppelsinn des Wortes »bag« ist nicht zu übersetzen; das heißt im Slang soviel wie »unattraktive Frau« (Anmerkung des Übersetzers).

diesen mit zwei anderen Träumen vor vier und sechzehn Monaten vergleicht.[7] Der Widerstand war noch am Werk, aber der Traum und die Reaktion darauf zeigten, daß er anfing, in seinem Leben einen Platz für ein konstruktives Über-Ich einzurichten. Meine Intervention zielte darauf ab, diesen Prozeß zu unterstützen.

Die kritische Wahrnehmungsfähigkeit von Johns Ich war so korrumpiert, daß es Jahre dauerte, sie wieder instand zu setzen. Die früher eintönige Wiederholung: »Was hat das mit mir zu tun?« stand im Dienste der Verleugnung seiner Verantwortung für die ihm vom Unbewußten aufgezwungenen Aktivitäten und mußte immer wieder als Abwehr gedeutet werden, wenn nicht alles andere ihm unverständlich bleiben sollte.

Johns hypothetische grafische Kurve zeigte auch weiterhin die zu erwartenden Aufs und Abs. Dann merkte ich nach dem Sommerurlaub, daß er zum ersten Mal fünf Minuten früher war, während er sonst mit dem Glockenschlag erschien. Seine Depressionen waren weniger tief, er masturbierte seltener, das Agieren in flüchtigen Beziehungen befriedigte ihn immer weniger. Er klagte, daß anscheinend alles zum Stillstand kommen mußte; seine Vitalität hatte nachgelassen, und er hatte ein komisches Gefühl. Alles war anders, und doch wieder nicht. In diesem Zusammenhang brachte er fünf Monate nach dem letzten nun diesen Traum:

Ich war hier und wachte wie aus einem Schlaf, einer Ohnmacht oder Lähmung auf. Da merkte ich erst, wo ich war – ich war verwirrt, ein ganz komisches Gefühl. Ich lag auf der Couch wie jetzt, mehr ohnmächtig als schlafend. Ich sagte laut: »O Gott, wo bin ich, was ist passiert?« Es mußte etwas Bedeutendes sein (kriege ich es heraus?) Sie waren ganz Arzt und sagten ohne Teilnahme: »Was für ein Gefühl haben Sie in den Armen?« Dann griffen Sie zu mir herüber

7 Träume Seite 189: »Ich ging mit jemandem zu einem Eisenbahnwagen . . .« und Seite 80: »Es handelte sich buchstäblich um die Analyse . . .«

und berührten meinen Arm. Ich sagte: »Ich kann ihn nicht bewegen.« Offenbar war die Stunde zu Ende. Ich stand auf und sah zwei Paar Schuhe auf dem Boden, ich zog ein Paar an, ging hinaus und merkte, es war das falsche, kam zurück und klopfte an, um zu sagen, daß ich die falschen Schuhe genommen hätte.

Er sah keine Verbindung zu irgendeinem Ereignis von gestern. Er dachte daran, mich zu fragen, was ich von dem Traum halte. Der klarste Traum seit langem. Wie er richtig ohnmächtig wurde, weil er an etwas zu nahe herankam – ein ganz komisches Gefühl. Sein Arm war gelähmt, klang, wie wenn er sich gegen Masturbation wehren wollte. Aber er redete bloß unwichtigen Mist. Warum letzte Nacht? Gestern mußte er bei einer Show beleuchten. Am Samstagabend hatte er auf einer Party eine Frau geküßt. Es war schön, aber mechanisch, kein Kontakt, ein verlorenes Spiel, aber nicht ganz dasselbe Spiel. Gelähmt, nichts machen, erinnerte ihn an etwas, was ich gesagt hatte: »Nichts kann ich tun in meines Vaters Land.« (Er meinte damit die Deutung eines Traumes vor einer Woche »nichts kann geschehen in meines Vaters Land.«) Das Wichtigste im Traum war das Gelähmtsein; es schien so bedeutend ... Als er gestern mit den Lampen hantierte, mußte er Sicherungen einschrauben ... »Wie wenn man den Schwanz reinsteckt und es einen überkommt.« Was hatte das alles mit dem Traum zu tun?
Ich sah es hier, wie so oft, als meine Aufgabe an zu sagen: »Noch mehr herauskriegen?«
Ja. Kam er nicht deshalb hierher? Er würde so gerne von mir hören, was der Traum bedeutet. Er merkte, daß er sich dauernd verteidigte oder angriff ... Es war müßig, noch mehr herauskriegen zu wollen, ohne die Dinge noch schlimmer zu machen; so machte er's immer. Er würde sich gerne entspannen; wenn er sich entspannen könnte, müßte er vielleicht nicht mehr hier sein. Geschickt den Dummkopf spielen. (Er überdachte den Traum noch einmal und drückte seinen Ärger darüber aus, daß er »ihn nicht herauskriegen«

konnte. Als ich an seinem Köder nicht anbiß, fuhr er fort.)

»Es müßte eine Schule geben, wo sie einem beibringen zu fühlen und zu denken, statt die ganze Zeit zu reden . . .« Er fühlte sich ausgeschlossen, keine Beziehung zu mir, nur eine Kette von Wörtern. (Diese Einsicht faßte ich ins Auge.) Agieren, aber nichts fühlen . . . Gestern rief sein Sohn ihn an und der »Teufelskerl, wenn ich da keinen Freund habe, stellen Sie sich vor, er liebt mich. Es war ein komisches Gefühl. Jemand hält mich für unentbehrlich.«

Wie ein manifester Inzesttraum nicht wörtlich genommen zu werden braucht, muß auch ein offen homosexueller Traum im Licht des klinischen Kontextes gesehen werden. Die *Berührung* durch mich war keine sexuelle Handlung, sondern die visuelle Darstellung dafür, daß er sich zunehmend auf die Analyse einließ und mit dem Analytiker identifizierte. *Aufwachen* konnte als Ausdruck der neu erworbenen Einsicht betrachtet werden. Das Verlangen nach »Gefühl«, das Berührtwerden im manifesten Traum, kam in den Assozationen zum Vorschein, nachdem ich den Widerstand gedeutet hatte. Infolge der Aufhebung seiner Abwehr war John bestürzt, verwirrt, in der Vorhölle und gelähmt infolge der Unfähigkeit, wie früher zu agieren. So drückte der Traum das Erwachen des Ichs aus.

Dieser Traum und die Sitzung waren das Ergebnis jahrelanger unermüdlicher Analyse und unablässiger Berücksichtigung von Widerstand und Abwehr. Er bestärkte meine Überzeugung, daß der analytische Prozeß eine intellektuelle Übung in eine lebendige Erfahrung umgewandelt hatte.

Ich wollte, ich wüßte, was die Schuhe im Traum zu suchen hatten. Ich wäre versucht, an die Stelle von Schuhen »Frauen« zu setzen und ihre Rückgabe an den rechtmäßigen Besitzer als ein »Gebe dem Kaiser (und Vater), was des Kaisers ist« interpretieren. Ich fürchte, wir haben dazu kein Recht. Schuhe können genausogut Schuhe oder sonstwas sein, zu dessen Verständnis eine ganze Gedankenkette erforderlich wäre. Darf ich's wiederholen? Wenn wir ohne Bezugnahme auf den Kontext und ohne Assoziationen deuten, lassen wir uns auf ein Glücksspiel ein.

Die Versorgungsphantasien der Kindheit sterben langsam. In der Analyse wehrte Simon E. sich heftig, von der Phantasie abzulassen, daß die Welt für seine Bedürfnisse da sein. Seine Einstellung zur Notwendigkeit, seinen Lebensunterhalt zu verdienen und seine Familie zu ernähren, entwickelte sich langsam von dem Gefühl einer unerhörten Last zu einer unvermeidbaren Verantwortung und Herausforderung, der zu stellen er sich bemühte. Sein Kindheitswunsch nach Erfolg änderte die Richtung und wurde von der Absicht bestimmt, so gut wie die anderen Männer zu sein. Trotzdem sehnte sich Simon von Zeit zu Zeit nach seinem Garten Eden, von dem er in mehr rationalen Augenblicken wußte, daß es ihn nicht mehr gibt. Während er sich auf eine neue Aufgabe einrichtete, die eine längere und intensivere Vorbereitung verlangte, hatte er folgenden Traum:

Ich war wieder in der Schule. Alles war anders. Die Gebäude waren verändert, moderner. Ich sah andere Jugens, die gingen um einen herum, den ich nicht kannte. Ich fühlte mich nicht dazugehörig. Ich sah mich um und fragte mich, was dem, was sich hier abspielt, ähnlich war.

Aus der Art, wie er den Traum erzählte, wußte ich, daß er nicht depressiv war. Doch um sicher zu gehen fragte ich: »Wie waren Ihre Gefühle?«

»Ich war nicht traurig, ich spürte nur, daß alles anders war. Es ist schwer zu erklären.«

Seine Assoziationen beschäftigten sich mit der wachsenden Fähigkeit, Aufgaben in verschiedenen Bereichen zu bewältigen. Der Traum ließ ihn an Thomas Wolfes *Schau heimwärts, Engel* und *Es führt kein Weg zurück* denken. Er löste mehr das Gefühl von Bedauern als von Bedrückung aus.

Um diese hoffnungsvolle Entwicklung zu unterstützen, sagte

ich: »Es ist nicht Ihre übliche Art. *Sie* haben sich geändert.«

Seine Stimme wurde lebhafter: »Ich fühle mich älter. Stimmt, es ist anders. Ich bin nicht sicher, ob es mir gefällt. Etwas geht vorbei, ist vorbei. Ich scheine es zu bedauern.«

Ich konnte nicht umhin, diesen Traum mit früheren zu vergleichen.[8] Allen lag dieselbe orale Sehnsucht zugrunde – aber welcher Unterschied!

In der Analyse geht es auf und ab. Im Traum findet sich immer, wie in den Symptomen und im Verhalten, eine Kompromißbildung zwischen regressiven und progressiven Bewegungen. Für gewöhnlich reichte die Aushändigung der Rechnung aus, Simon in ein Meer von Rachegefühlen zu stürzen, denen eine lange Trotzphase folgte. Einige Monate nach der eben beschriebenen Stunde und Überreichung der Rechnung träumte er, in meine Praxis zu kommen und einen anderen Analytiker vorzufinden, der ihm sagte, ich sei an einem Herzinfarkt gestorben. Wenn auch der Traum zu seiner Gereiztheit noch hinzukam, verzichtete ich auf eine Deutung. Ich ließ ihn lieber die begleitenden Umstände ins Auge fassen und ließ ihm Zeit, sich auszubreiten. Im Vertrauen auf unser zuverlässiges Arbeitsbündnis konnte ich das um so leichter zulassen. Ich wußte, daß er trotz der Qual, hervorgerufen durch seine Wut und Aggression, einen Punkt erreicht hatte, wo er ihre Äußerungen, insbesondere in der Übertragung, aushalten konnte.

Zwei Tage später kam er herein, überreichte mir einen Scheck und sagte heiter: »Heute geht's mir besser.« Dann erzählte er mir zwei Träume:

Ich fuhr zur Arbeit in den Familienbetrieb. Mein Bruder hatte einen gezwirbelten Schnurrbart, dessen Aussehen mich erschrecken sollte. Voller Wut wandte ich mich ihm zu und sagte: *»Du* machst *mir Angst? Nie wieder.«*

8 Träume Seite 111: »Ich war ein Kind auf dem Lande . . .« und Seite 112: »In dieser Praxis . . .«

Dann fuhr ich mit jemandem – ich weiß nicht mit wem – im Auto, er saß auf dem Rücksitz. Vorn war eine Dame. An einer Kreuzung, wo ein Gebäude errichtet wurde, versuchte sie, mich hinauszuschmeißen. Zuerst wurde ich zornig: »Ich werd's ihr zeigen!«, dann dachte ich: »Warum regst du dich so auf? Laß sie, es ist ihr Problem«, und regte mich ab.

Er war müde nach Hause gekommen und widerstand der Versuchung, auszuruhen, »abzuschlaffen«. Er setzte sich stattdessen hin, um Rechnungen zu bezahlen. Später hatte er plötzlich Durchfall. Einen solchen Schnurrbart hatte sein Sohn an Halloween.[9] Als er sich seinem Bruder zuwandte, war es ihm, als wenn er »bezahlen« mit all den Kränkungen in Zusammenhang bringen würde, die er durch ihn erfahren hatte – mehr gab es dazu nicht zu sagen. Komisch, im Augenblick kam er mit seinem Bruder besser aus als vor Jahren . . . In den letzten Tagen war er zufriedener mit sich selbst, verantwortungsvoller . . . Er vermutete, einen Scheck ausfüllen und mir das Geld geben zu müssen, machte ihn ärgerlich wie immer, er würde gerne sagen: »Da haben Sie es, ich habe genug«, wie bei seinem Bruder . . . Dieses Baugelände im Traum – am Familienbetrieb wurde ein Anbau errichtet.

»Sie bauen mehr auf«, sagte ich, »Sie lassen die Dinge nicht so auf sich beruhen.«

Er schwieg eine Weile und suchte nach verborgenen Bomben, als ob er sich fragte, ob Menschen ihn lieben können, wo er sie doch so sehr haßte. Dann: Ja, er hatte seit gestern eine deutliche Veränderung seiner Stimmung wahrgenommen. Er bemerkte die Auswirkung seines »stillen Schmorens«. Es war nicht einfach, aber er hatte etwas mehr Bewegungsfreiheit als sonst und war nicht so depressiv. Er dachte daran, wie es ihn zu Beginn der Analyse geärgert hatte, wenn ein Auto schneller fuhr als er. Er mußte es überholen. Aber als er den

9 Halloween ist der Abend des 31. Oktober, an dem die Kinder verkleidet von Tür zu Tür gehen, Süßigkeiten betteln und Streiche spielen (Anmerkung des Übersetzers).

Scheck ausstellte, wußte er, daß es die Hölle bedeuten würde. Er konnte die Veränderung wahrnehmen, bekam aber immer noch Durchfall. Obwohl er sich besser fühlte, wankte der Boden noch, genauso wie das Baugelände, das mit losen Brettern ausgelegt war (ein zusätzliches Detail). Im Traum glaubte er nicht, daß er es überstehen würde, aber er schaffte es.

In Simons Traum hieß es: »Dann fuhr ich mit jemandem – ich weiß nicht, mit wem – er saß auf dem Rücksitz«. Das bezog sich eindeutig auf mich, aber im Verlauf seiner Assoziationen sah ich keine Notwendigkeit, es zu übersetzen. Der Traum und die Assoziationen bestätigten hinlänglich, daß er sich aktiv bemühte, den Konflikt zwischen den Ansprüchen der Wut und der Vernunft beizulegen.

Wenn im Verlauf der Analyse die Verdrängung aufgehoben wird und libidinöse und aggressive Impulse dem Bewußtsein wieder zugänglich werden, erfährt in Übereinstimmung mit der Veränderung der Abwehrmechanismen des Ichs auch die Traumarbeit eine Wandlung. Der Traum braucht nicht länger Zuflucht zu alten Darstellungsmitteln oder symbolischen Substituten für verpönte Triebrepräsentanzen zu nehmen. Die gestärkten Ich-Funktionen der Synthese und Integration eröffnen neue Wege, die alten infantilen Begierden zuzulassen und zu beeinflussen. Das kann sich in der veränderten manifesten Darstellung des Traumes widerspiegeln, durch sie sogar vorweggenommen werden.

Mehrere Monate nach Beginn der Analyse hatte Roy L. wiederholt Flugträume, zuerst ohne Hilfsmittel, im weiteren Verlauf unter Zuhilfenahme von mächtigen Flugapparaten. Diese Träume waren von Gefühlen der Euphorie und Hochstimmung begleitet, die seinen Narzißmus und die primitive Einschätzung der erektilen Potenz wiedergaben. Solange er in den Träumen ein Wolkenkind war, legte er in der Analyse und im täglichen Leben ein hochmütiges, überhebliches Wesen an den Tag. Als dieses noch zunahm und Wut und Enttäuschung, gefolgt von Depression, erzeugte, kamen seine Träume auf die Erde herab. Hochstimmung und Triumph der nächtlichen Flugabenteuer führten zu Angst, als die Flugzeuge zerschellten bzw. er aus seinen Schwebeflügen herunterpurzelte. Schließlich traten die Flugträume in den Hintergrund, um dann mit der Ausbildung der Übertragung und der Verbesserung seiner Objektbeziehungen ganz zu verschwinden.

Die Triebe sind natürlich unsterblich. In Augenblicken der Schwächung und Belastung, bei schweren Krankheiten und Konflikten, wenn das Ich und der Körper in Gefahr sind, können sie wieder stärker zur Geltung kommen. Verwirrtheitszustände, welche die regulatorischen Kräfte aus dem Gleichgewicht bringen, können unsere früheren Denkweisen wieder aufleben lassen und die alten Träume zurückbringen.

Als eine Folge der Analyse der gegen das Aufkommen von Angst errichteten Abwehr kommen unvermeidlich, nicht zuletzt in den Träumen, aggressive Impulse in Form von Wut und Zorn zum Vorschein. John Y. zum Beispiel träumte am Anfang der Analyse von unheilvollen Sturmwolken, die aufzogen und zunehmend den Himmel bedeckten, von heftigen Explosionen, Metzeleien oder verwüsteten Landschaften. Als mit Hilfe der analytischen Unterstützung und Stärkung der kognitiven, adaptativen und integrativen Ich-Funktionen und mit dem Nachlassen der Vergeltung durch das Über-Ich die Angst zurückging, nahmen Träume dieser Art allmählich ab bzw. eine andere Form an. Daß sie nicht völlig verschwanden, kann entweder auf die Stärke dieser Triebimpulse, deren unzulängliche Beherrschung, weil keine Identifikation mit einem hinreichend »guten« Elternteil bzw. Eltern stattgefunden hatte, oder auf die Grenzen der Analyse zurückgeführt werden. Was auch immer an intrasystemischer Umverteilung zustande kam, spiegelte sich in den Träumen wider; sie wiesen auf die Besänftigung primitiver Aggressionen hin, die sich, statt in archaischen Bildern von Destruktion in Form anmaßenden Auftretens gegenüber den Objekten darstellte.

Ein Hinweis auf die Veränderungen der Über-Ich-Funktionen ist es, wenn der Polizist, der so oft im Traum als Strafinstanz in Erscheinung tritt, sich in einen freundlicheren Ersatz in Form von Selbstermahnungen oder reuevollen Vorwürfen verwandelt. Simon E.'s »Ach, ... laß sie ...« in dem eben erwähnten Traum zeigte eine Mäßigung der Wut gegen seine treulose Mutter, kann aber auch eine Selbstbefreiung bedeuten und heißen: »Auch ich kann gehengelassen werden« – aus den Familienbindungen.

Träumen ist ein ursprünglicher, organischer Vorgang. Die Analyse mag es ans Licht bringen, kann es aber nicht erschaffen. Für viele Menschen beginnt und beendet es die Analyse, als sei der Traum die bevorzugte Art, mit sich selbst ins Gespräch zu kommen. Die Charakterzüge, die sich darin zeigen, durchziehen auffallend das ganze Leben, einschließlich des Lebens und der Erfahrungen in der Analyse. Es kann sein, daß eine gewisse Art von Kreativität zum Vorschein kommt und an das Träumen geknüpft ist, eine Fähigkeit, die für sich genommen noch keine Gewähr für das seelische Wachstum bietet; nur der lebendige Umgang damit kann die Selbsterkenntnis fördern. Don J. zum Beispiel, dessen künstlerische Tätigkeit allgemein als hervorragend bezeichnet wurde, war immer ein fruchtbarer Träumer, auch in Zeiten des Widerstandes. Seine Traumproduktion ließ dann nicht nach, vielmehr nahm ihr Reichtum zu, um den Widerstand im analytischen Prozeß, der sich durch eine nur schwer aufzugebende Abwehr auszeichnete, zum Ausdruck zu bringen.

Es gibt Menschen, deren Einschränkungen zu einer psychischen Verarmung, einschließlich des Traumlebens, führen; daran kann auch die Analyse nichts ändern. Paul D. behielt seine charakterbedingte Sparsamkeit an Traumbeiträgen während der ganzen Analyse bei. Die analen Manifestationen in Form zwanghaften Zurückhaltens, die Angst vor Affekten und das starke Kontrollbedürfnis waren zu einer Lebensform geworden, die nicht weiter verändert werden konnte. Folglich blieb seine Fähigkeit zur Kreativität, zu neuen Lösungen und zum Träumen ebenso begrenzt, wie es mit den Zielsetzungen der Analyse geschehen mußte. Er hatte weder Talent noch Gefallen an der kreativen Regression, die Träumen erst möglich macht. Aber man muß gegenüber bevorzugten Denkformen und Neigungen tolerant sein.

13 Gegenübertragung im Traum

Nach einem Zeitraum von mehreren Jahren will ich den Kreis schließen und auf Bemerkungen in der Einleitung des Buches zurückkommen. Dort hatte ich darauf hingewiesen, daß der Traum außer Gebrauch gekommen ist und daß die analytische Ausbildung im Analytiker nicht die Überzeugung weckt, die nur durch die Erfahrung mit den eigenen Träumen zustandekommen kann; die Generation der jungen Analytiker weiß nicht, was sie mit Träumen anfangen soll.

Dieses Kapitel befaßt sich mit der zweiten Feststellung, obwohl alle drei in enger Beziehung zueinander stehen. Es wendet sich an die Erfahrung des Analytikers mit seinen eigenen Träumen und die Bedeutung dieser Erfahrung als Vertiefung und Erweiterung des analytischen Scharfblickkes.

Die Beweggründe des Analytikers zu träumen, die Träume zu erinnern und in die Arbeit einzubeziehen hören mit der Beendigung der Lehranalyse keineswegs auf. Abgesehen davon, daß die Träume ihm bei der Klärung persönlicher Schwierigkeiten hilfreich sind, ist es wichtig, daß er auf sie zurückgreifen kann, um sein therapeutisches Instrumentarium zu schärfen – die innige Kenntnis des eigenen Unbewußten. Sie unterstützt den Analytiker bei seiner Arbeit, denn sie ist ein wichtiger Beitrag zur Beantwortung der Frage, ob seine Reaktion auf Gegenübertragung beruht oder die reale Arzt-Patient-Beziehung wiedergibt. In seinem Behandlungsbericht über Frau Emmy von N. bemerkte *Freud:* »Ich wußte in der ersten Viertelstunde nach dem Erwachen alle Träume der Nacht und gab mir Mühe, sie niederzuschreiben und mich an ihrer Lösung zu versuchen.« (*Freud* 1893-1895, S. 122, Fußnote) Einige Jahre später sagte er: »Wenn ich gefragt werde, wie man Psychoanalytiker werden kann, so antworte ich, durch das Studium der eigenen Träume.« (*Freud,* 1910 a,

S. 32) Diese Anweisungen wurden mittlerweile vernachlässigt, doch glaube ich, nie in Frage gestellt.

Daß *Freud* seinerzeit seine Träume der Welt mitteilte, erfolgte aus der Notwendigkeit, die Entdeckungen der Traumdeutung zu belegen; dabei standen ihm hauptsächlich nur die eigenen Träume zur Verfügung. Auch wenn wir heute nicht mehr unter denselben Bedingungen arbeiten, brauchen wir sie unbedingt als Ergänzung unseres beruflichen Rüstzeugs. Wir bekommen nicht sehr viel über diesen Aspekt der analytischen Tätigkeit zu hören. Ich fand es im Unterricht enorm lohnend, bestimmte Träume Kollegen und Kandidaten mitzuteilen, und habe selber dabei gelernt. Natürlich wird der Leser nicht von mir erwarten, daß ich mit den Träumen meine Seele ausbreite, selbst wenn es möglich wäre. Ich will mich auf die Darstellung einiger Träume beschränken, soweit sie mit Gegenübertragungsreaktionen zu tun haben.

Letzten Endes ist die Analyse ein interpersoneller Prozeß und keine blutleere Angelegenheit, und der Analytiker muß auf die Patienten reagieren. Das heißt aber nicht, sich einlassen, und der Analytiker hat die Pflicht zu wissen, worauf er reagiert, um nicht mitzuagieren. Sicher wird niemand vom Analytiker fordern, daß er, so gut er auch analysiert sein mag, in einem Vakuum lebt, aus dem alle libidinösen und aggressiven Gefühle für seine Patienten verbannt sind. Selbst wenn ein solcher Zustand zu erreichen wäre, würde es sich um ein zweifelhaftes Ideal handeln, denn wir könnten dem Patienten nur noch einen Analytiker vorsetzen, der kein Mensch mehr ist, und die Analyse wäre nicht möglich. Wir brauchen einen Analytiker, der im Interesse der Behandlung seine Reaktionen auf den Patienten wahrnimmt, kontrolliert und mit Nutzen anwendet.

Eine Patientin mittleren Alters mit drei Kindern löste in mir weder bewußte erotische Phantasien noch Bewunderung ihres weiblichen Charmes aus. In einer langen Analyse konnte sie eine Menge ödipaler und prädipaler Konflikte lösen, heiraten und eine Familie gründen. Als sich die Analyse dem Ende näherte, plagte sie sich ab, die Restbindungen der Übertragung aufzulösen. In dieser Situation voller Trennungsangst kehrte sie erwartungsgemäß zu Phantasien der Wiedervereinigung mit verlorenen Liebesobjekten der Kindheit zurück, wurde enttäuscht über ihren Mann und die Familie und träumte unablässig von neuen Liebesbeziehungen. Die analytische Atmosphäre wurde von ihrer Sehnsucht und ihrem Kummer bestimmt, daß sie den Analytiker nicht zur Erfüllung ihrer Herzenswünsche festhalten konnte. Sie drückte in diesem Zusammenhang deutlich den Wunsch nach körperlichem Kontakt aus, der ihr von ihrem Mann, den sie offensichtlich mit ihren Wünschen nach körperlicher Befriedigung überschüttete, verweigert wurde.

Von Zeit zu Zeit hatte ich Mitleid mit ihr: die arme Frau wurde von allen zurückgewiesen. Etwas in meinen Reaktionen machte mich auf die Möglichkeit aufmerksam, daß ich in einer Weise darin verwickelt war, die in bezug auf mich selbst und die Patientin eine gründliche Erforschung erforderte, zumal ich von einer Serie von Träumen heimgesucht wurde. Sie begannen ziemlich harmlos, wenigstens schien es so.

Ich war zusammen mit der Patientin in einer Wohnung. Sie zeigte mir einen großen Tisch mit einer Auswahl von Süßigkeiten. Dann bot sie mir Melonen und andere Früchte an. Schließlich überreichte sie mir einen Blumenstrauß.

Ich war nicht beunruhigt. Ich konnte die sexuelle Bedeutung der Süßigkeiten, Früchte und Blumen anhand der Symbole erkennen; aber ich hatte einen Widerstand, denn die Einsicht war ohne jeden affektiven Beiklang. Soweit war es eher ein »interessanter« Traum. Diese Arglosigkeit sollte nicht von Dauer sein. Als die Traumarbeit auf die Entstellung zu verzichten schien und ein weiterer Traum offen die Patientin als Sexualpartner darstellte, mußte der Analytiker auch im Wachzustand und beim Erinnern die Verleugnung aufgeben und sich das Offensichtliche eingestehen.

Wie sollte ich diese Information mit meinem Tagewerk in

Verbindung bringen? Wenn eine Gegenübertragungsmanife-
station wie diese nicht ins Bewußtsein des Analytikers
gelangt, kann es sein, daß er mit seinen vertrauten Abwehr-
formen oder sogar mit Agieren antwortet. In jedem Fall ist
dann der analytische Prozeß in Gefahr. Die Chance, die
Entwicklung der Objektbeziehungen, die Genese und Wechselwirkung der damit verbundenen libidinösen und aggressiven Phantasien zu untersuchen, ist verlorengegangen. Der
Widerstand des Analytikers macht gemeinsame Sache mit
dem des Patienten. Wenn schon die Übertragung, so unentbehrlich sie ist, den Grund für den Widerstand abgeben kann,
verhindert die Gegenübertragung gleichermaßen den Fortgang in der Analyse. Besonders hier findet der Analytiker,
sofern er sich mit ihnen befaßt, in den Träumen einen
Bundesgenossen, denn sie zeigen ihm die unbewußten
Aspekte seiner eigenen libidinösen (oder aggressiven)
Objektbeziehungen. Hier mußte der Analytiker mit Ret-
tungsphantasien der Kindheit, schlummernden ödipalen Ver-
suchungen und der eigenen Trennungsangst fertigwerden,
welche die analytische Situation in ihm und in der Patientin
erweckt hatten.

Das folgende Beispiel zeigt, wie der Traum des Analytikers
auf andere Weise hilfreich sein kann:

Meine Praxis ist in einem trostlosen Zustand von Unordnung. Die
Maler waren da und haben ihr Handwerkszeug überall herumliegen
lassen. Die Stühle stehen nicht an ihrem gewohnten Platz und
versperren den Weg. Die Klingel geht nicht. Ich kann keine
Vorbereitungen treffen. Schon kommen Patienten, und ich bekomme Angst. Wann und wie soll ich mit ihnen sprechen?

Dieser Traum wiederholte sich mit Variationen von Zeit zu
Zeit. Es ist eine vertraute Angst, und sie weist auf einen
Konflikt mit der Pflicht hin. Wie dumm oder vielleicht auch
nicht, daß mich genauso jedes Mal ein Widerstand davon
abhält, mir zuzugeben, den ersten Patienten morgens lieber
nicht zu sehen oder anzuhören; er verletzte meinen Stolz,

indem er meine Kompetenz in Frage stellte. Die Wiederkehr der Träume verriet einen Konflikt, der gelöst werden mußte. Im manifesten Traum war meine Praxis systematisch unbrauchbar gemacht für die Sprechstunde. Oberflächlich drückt der Traum eine Beschwerde aus. Der in Frage kommende Patient war ein wandelndes Lexikon von Anklagen, Vorwürfen und Tadel; er machte jeden Tag Schrott aus mir. Der Traum stellte mich als einen Malertrupp dar, dessen Unordnung mich meiner Arbeitsmöglichkeiten beraubte. Der Patient tut nicht, was er soll. Ich stehe vor einem Spiegelbild seiner Zerstörungswut. Wenn er in einen Kampf um narzißtische Überlegenheit verstrickt ist, werde ich ihn besiegen. Ich besiege mich, bevor er mich besiegen kann.

Das sagte mir der Traum; bin ich besser dran, wenn ich's weiß? Ja, wenn er mich lehrt, dem Patienten nicht meinen Willen aufzudrängen und wenn ich ihm das einzig richtige zugestehe: ihn die infantile Omnipotenz wieder auflegen zu lassen.

Als ich vor Jahren meine Praxis eröffnete und mich bemühte, Patienten zu bekommen, war ich froh, daß mir ein junger Mann zur Behandlung überwiesen worden war. Ich war noch in der analytischen Ausbildung und machte eine Psychotherapie mit ihm. Aber er bestand zu meiner Bestürzung darauf, daß es eine Analyse sei, obwohl wir uns gegenübersaßen. Ich fühlte mich unwohl, war unsicher bezüglich meiner Fähigkeiten und hatte Angst, er findet heraus, daß ich Not leide, oder er entdeckt, daß ich mit meiner mageren und ungenügenden Ausbildung noch herumtappe. Sicher wollte ich nicht einen Patienten verlieren, den ich so bitter nötig brauchte.

Der Patient klagte darüber, keine Freunde und Angst vor Frauen zu haben, über Masturbation und unbestimmte homosexuelle Erregungen, denen er allerdings nie nachgegeben hatte. Er gab seine Bereitwilligkeit zu erkennen, besonders gut mitzuarbeiten und mir alles zu sagen, was ich wissen wolle. Zu meinem Erstaunen schwieg er aber dann und erklärte, er könne nichts sagen, wenn ich ihm keine Fragen stelle. Nach einigen schwierigen Sitzungen träumte ich:

Ich habe eine homosexuelle Beziehung zu Mr. X. (dem Patienten), es ist nicht klar, wer der Aktive und wer der Passive ist. Aber wie soll's gemacht werden? Fellatio? Analverkehr? Ich fühle mich hingezogen, und doch erschreckt, und wache mit großer Angst von dem Alptraum auf.

Als erste Reaktion hatte ich den Impuls, vor der manifesten Bedeutung des Traumes wegzulaufen; dann fragte ich mich, ob ich homosexuell sei, und wenn, warum mir das noch niemand gesagt hatte. Erst Jahre später konnte ich verstehen, worum es sich gehandelt hatte.

Genauso wie die Bedeutung der Symptome und die Genese der Neurose erst nach Jahren der Arbeit und intensiver Beschäftigung deutlich werden, kann auch die Bedeutung eines Traumes erst nach beträchtlicher Zeit, manchmal am Ende der Analyse oder lange danach, durchsichtig werden. Zusammenhänge und Lösungen können dann und wann auftreten, und tun es auch, wenn man für das Angebot des Traumes empfänglich ist.

Als ich dieses Kapitel vorbereitete, fiel mir dieser uralte Traum ein. Ich hatte viel verstehen und dem Patienten helfen wollen; aber wie, wenn er mir nicht sagte, was ich wissen mußte? Der manifeste Traum stellte auf der Ebene vertrauter sexueller Ausdrucksformen dar, daß wir beide uns Mühe gaben. Er zeigte mich als Könner – ich war schließlich zu einer sexuellen Leistung fähig –, auch wenn er das Problem aufwarf, wie ich meine Aufgabe erfüllen sollte. Man könnte ihn einen Bequemlichkeitstraum nennen: »Wenn du nichts anderes kannst, bringst du wenigstens das zustande.« Meine Beziehung zum Patienten war unzulänglich, und ich wollte ihn entschädigen. Eine sexuelle Beziehung, wenn auch wortlos, war jedenfalls besser als gar keine. So konnte ich ihn, ungeachtet der Darstellung im Traum, auf einer regressiven

Beziehungsebene an mich binden. Mein Traum versuchte in Wirklichkeit, das Problem der Verständigung mit dem Patienten zu lösen.

Eine solch nüchterne, von Angst begleitete Darstellung der Homosexualität verbarg in einer tieferen Schicht aufgrund der Frustration Aggressionen gegen den Patienten, auf die im Grunde die Angst zurückzuführen war. Eindeutig tiefere Determinanten des Traumes befaßten sich mit der Entfremdung von einer wichtigen Person der Vergangenheit: der Sehnsucht nach der Wiedervereinigung mit einem verlorenen Objekt, der Frage, wer für die Trennung verantwortlich war und wie ich damit fertig werden sollte. Aber ungeachtet dieser Einsicht wäre mir die Deutung der Oberfläche auf der Ebene der aktuellen Arzt-Patient-Beziehung äußerst nützlich gewesen, hätte ich sie damals so verstehen können.

Eine verheiratete berufstätige Frau kam wegen Streitigkeiten in der Ehe, Ekel vor den sexuellen Annäherungen ihres Mannes, Abneigung und Wut gegen ihren Sohn und Depressionen in Behandlung. Obwohl Ende dreißig, machte sie sich auf wie ein Backfisch. Ihr Verhalten in der Psychotherapie entsprach auch bald diesem Entwicklungsstadium. Nach kurzer Zeit verlor sie sich in Träumereien über mich, fragte nach Einzelheiten meines Privatlebens, meinen Lieblingsbeschäftigungen, gestand ihre Phantasien, die sie an den Tagen zwischen den Sitzungen hatte, sprach die Hoffnung aus, daß auch ich an sie denken würde, und fragte schließlich, warum ein Psychotherapeut sich mit seinen Patienten nicht außerhalb der Praxis treffen dürfe, vielleicht bei einem Drink. Dieser blühende Ausdruck von Wertschätzung wechselte sich mit wilden Beschuldigungen ab. Sie haßte mich wegen meiner Gleichgültigkeit und der Bevorzugung der anderen Patienten; sie warf mir vor, ich wolle sie loswerden; sie wünschte sich, tot zu sein.

Selbst wenn sie besser gelaunt war, forderte sie eine Reihe besonderer Aufmerksamkeiten. Ich gab ihren Wünschen nach, das Fenster zu öffnen oder zu schließen, ihr ein Glas

Wasser zu bringen, jedoch nicht ihren Forderungen, die Sitzungen zu verlegen und das Honorar zu kürzen. In gewissen Abständen kam sie auf die Möglichkeit zurück, sich umzubringen – tatsächlich spielte sie mit dem Feuer und raste mit dem Auto oder übersah Verkehrsschilder – oder einen anderen Arzt aufzusuchen, der ihre Probleme besser verstehen könnte als ich, so daß ich mich fragte, ob bei diesem Agieren Fortschritte möglich seien. Würde sie es mit der Einnahme von Tranquillizern, die sie in Unmengen zu sich nahm, zu weit treiben?

In dieser intensiven Übertragungsatmosphäre träumte ich:

Ich war mit meiner Frau und der Patientin zu Hause. Wir waren gelöst und liebenswürdig. Ich freute mich, daß sie in der Familie war. Es war eine angenehme Situation.

Gute Arbeit leisten – alles im Traum war so gut – kehrte beharrlich als Antwort auf den Traum wieder. In den manifesten Gedanken habe ich anscheinend die turbulente Behandlungssituation und ihre und meine Ambivalenz zum Stillstand gebracht und sie mit der Mitgliedschaft in meiner Familie beschenkt. Der Traum scheint eine phantastische Wunscherfüllung zu sein – alle sind zufrieden. Ich war äußerst großmütig, die von der Patientin erwünschte Vertraulichkeit zu gestatten – mit einer Einschränkung: von ihrem Gesichtspunkt aus bedeutete das glückliche Zusammensein mit meiner Frau das genaue Gegenteil ihrer heftig geäußerten Wünsche. Sie hatte mir eindeutig erklärt, daß sie die Existenz meiner Frau für überflüssig und unerwünscht halte. Demnach war ich gar nicht so liebenswürdig, sondern eher unfreundlich. Im Traum war ich nicht länger so gut zu allen.

Warum dann – angesichts der offenkundigen Hinterhältigkeit – dieses Entgegenkommen? Für wen und warum war der Traum so »gut«? Obwohl ich die Drohungen der Patientin sehr wohl verstand, bei mir aufzuhören und sich einen besseren Therapeuten zu suchen, der sie leichter von ihren Beschwerden befreien könnte als ich, war ich dennoch verärgert. Und indem ich Unannehmlichkeiten durch Annehmlichkeiten ersetzte (siehe *Freuds* Traum vom Onkel mit dem gelben Bart, 1900 a, S. 142), gab ich mir zu viel Mühe, alle Wogen zu glätten. Die Fassade zeigte meine Bemühungen, die Patientin mit therapeutischem Eifer zu beschwichtigen, ein Unterfangen, das den Therapeuten erschöpft und dem Patienten nicht gut tut. Der manifeste Traum war darauf angelegt, meine völlig andersartigen Gefühle gegenüber der Patientin, in deren Gegenwart ich mich alles andere als locker und gelöst fühlte, zu verheimlichen. Meine Ambivalenz ihr gegenüber war das Spiegelbild ihres Hin und Her zwischen Liebe und Haß für mich.

Die durch den Traum angeregten Überlegungen machten es möglich, meine Beziehungen zur Patientin in der Behandlungssituation mit mehr Abstand zu betrachten. Sie erlaubten mir, ein gut Stück Vertrauen zu dem wiederzufinden, was ich mit ihr machte. Das Zusammentreffen früherer und gegenwärtiger Gefühle führte zur Wiederbelebung eines Konfliktes und mit dessen Bewältigung zu neuem Interesse und Verständnis für die Probleme der Patientin und für das, was sie untersuchen mußte, um zum selben Ergebnis zu kommen. Die Analyse des Traumes machte es mir möglich, ihrer psychischen Funktionsweise mit mehr Gleichmut zu begegnen.

Das Erscheinen der Patientin im Traum hatte andere Determinanten; sie vertrat eine andere Person. Darüber hinaus stellte der Traum tieferliegende eigene Wünsche dar, erlittene Verluste rückgängig zu machen. An dieser Stelle wollte ich auf die Notwendigkeit hinweisen, die therapeutische Beziehung genau zu untersuchen, wenn ein Patient im Traum des Analytikers auftaucht.

Wie jeder Mensch liebt und haßt der Analytiker. Er kann depressiv werden, vorübergehend sogar eine kurzdauernde Paranoia entwickeln. Er kann sich von Zeit zu Zeit dabei ertappen, masochistisch und damit sadistisch zu sein. Er kann auch nicht vermeiden, von Angst überfallen zu werden, wenn er von außen oder innen bedroht wird. Er wird zögern, zweifeln und Sicherheit suchen, wenn Ambivalenz das Gleichgewicht durcheinanderbringt. *Er* muß nur wissen, was er unternehmen soll, um seine Reaktionen zu den Quellen zurückzuverfolgen und sie zu korrigieren. Wenn der Analytiker seinen Träumen im seelischen Haushalt einen Platz einräumt, werden sie ihm unersetzliche Dienste leisten.

* * * * *

Wenn ich das Buch jetzt abschließe, will ich, selbst unter der Gefahr, etwas Selbstverständliches zu sagen, betonen, daß ich aus didaktischen Gründen nur solche Träume diskutiert habe, mit denen ich etwas anfangen konnte. Ich bin mir bewußt, daß beim Lesen von lauter Träumen das Mißverständnis aufkommen kann, daß ich alle Träume, die mir erzählt wurden, verstanden und gedeutet habe oder daß ich die meiste Zeit für Träume verwende. Ich will eindeutig feststellen, daß die Träume, die sich meinem Verständnis entzogen haben, weit zahlreicher sind als diejenigen, die ich in den analytischen Prozeß einbeziehen konnte.

Ein letztes Wort: Psychoanalyse ist mehr als das Deuten von Träumen. Aber wir können nicht hoffen, unseren Patienten bei der Erforschung ihrer tieferen Schichten zu helfen, ohne den ungewöhnlichen Weg zum Unbewußten zu beschreiten und, die Grenzen und Möglichkeiten wohl wissend, den Traum zu einem wesentlichen Bestandteil der Psychoanalyse zu machen.

Bibliographie

Im Text verwendete Literatur

Baudry, F. (1974), Remarks on Spoken Words in Dreams. Psychoanal. Quart. 43: 581-605

Breuer, J. und S. Freud (1893-1895), Studien über Hysterie, GW 1,·
S. 122 (Fußnote)

Fisher, C. (1965), Psychoanalytic Implications of Recent Research
on Sleep and Dreaming, J. Amer. Psychoanal. Assn. 13:
197-303

Freud, S. (1900 a), Die Traumdeutung, GW 2/3

– (1905 e), Bruchstück einer Hysterie-Analyse, GW 5,
S. 161-224

– (1910 a), Über Psychoanalyse, GW 8, S. 1-60

– (1916-1917), Vorlesungen zur Einführung in die Psychoanalyse,
GW 11

Isakower, O. (1936), Beitrag zur Pathopsychologie der Einschlaf-
phänomene, Intern. Zschr. f. Psa. 12: 466-477

– (1954), Spoken Words in Dreams, Psychoanal. Quart. 23:
1-6

Lewin, B. D. (1946), Sleep, the Mouth and the Dream Screen,
Psychoanal. Quart. 15: 419-434

– (1948 a), Inferences from the Dream Screen, Internat. J. Psychoanal. 29: 224-231

– (1948 b), The Nature of Reality, the Meaning of Nothing, with an
Addendum of Concentration, Psychoanal. Quart. 17:
524-526

– (1953), Reconsideration of the Dream Screen, Psychoanal. Quart.
22: 174-199

Rosenbaum, M. (1965), Dreams in which the Analyst Appears
Undisguised, a Clinical and Statistical Study, Internat. J. Psychoanal. 46: 429-437

Basis-Lektüre

Freud, S. (1900 a), Die Traumdeutung, GW 2/3
– (1901 a), Über den Traum, GW 2/3, S. 643-700
– (1905 e), Bruchstück einer Hysterie-Analyse, GW 5, S. 161-224
– (1909 d), Bemerkungen über einen Fall von Zwangsneurose, GW 7, S. 415-416, 436 Fußnote
– (1910 a), Über Psychoanalyse, GW 8, S. 1-60
– (1911 e), Die Handhabung der Traumdeutung in der Psychoanalyse, GW 8, S. 349-357
– (1913 a), Ein Traum als Beweismittel, GW 10, S. 11-22
– (1916-1917), Vorlesungen zur Einführung in die Psychoanalyse, GW 11
– (1917 d), Metapsychologische Ergänzung zur Traumlehre, GW 10, S. 411-426
– (1918 b), Aus der Geschichte einer infantilen Neurose, GW 12, S. 27-157
– (1923 c), Bemerkungen zur Theorie und Praxis der Traumdeutung, GW 13, S. 299-314
– (1925 i), Einige Nachträge zum Ganzen der Traumdeutung, GW 1, S. 561-573
– (1933), Neue Folge der Vorlesungen zur Einführung in die Psychoanalyse, GW 15

Eine Auswahl von zusätzlicher Lektüre

Alexander, F. (1925), Über Traumpaare und Traumreihen, Intern. Zschr. f. Psa. 11: 80-85
Altman, L. L. (1959), Notes on Oral Symbolism, Psychoanal. Quart. 24: 1-63
– (1961), A Typical Dream, J. Hillside Hosp. 10: 54-58
Bartemeier, L. H. (1950), Illness Following Dreams Internat. J. Psychoanal. 31: 8-10
Baudry, F. D. (1967), The First Dream in Analysis. Presentation at Affiliated Staff Meeting, Treatment Center, New York Psychoanalytic Institute
Bergmann, M. S. (1966), The Intrapsychic and Communicative Aspects of the Dream, Internat. J. Psychoanal. 47: 356-363

Blank, H. R. (1958), Dreams of the Blind, Psychoanal. Quart. 27: 158-174

Blitzsten, N. L., R. S. Eissler & K. R. Eissler (1950), Emergence of Hidden Ego Tendencies During Dream Analysis, Internat. J. Psychoanal. 31: 12-17

Eder, M. D. (1930), Dreams as Resistance, Internat. J. Psychoanal. 11: 40-47

Eggan, D. (1952), The Manifest Content of Dreams, Amer. Anthropol. 54: 469-484

Eisenbud, J. (1965), The Hand and the Breast with Special Reference to Obsessional Neurosis Psychoanal. Quart. 34: 219-248

Eisenstein, V. W. (1949), Dreams after Intercourse, Psychoanal. Quart. 18: 154-172

Erikson, E. H. (1954), Das Traummuster der Psychoanalyse, Übersetzung in Psyche 8: 561-604 (1955)

Esman, A. H. (1962), The Dream Screen in an Adolescent, Psychoanal. Quart. 31: 250-251

Federn, P. (1932), Das Ich-Gefühl im Traume, Intern. Zschr. f. Psa. 18: 145-170

– (1934), Das Erwachen des Ichs im Traume, Intern. Zschr. f. Psa. 20: 109-112

– (1944), A Dream under General Anesthesia, Psychiat. Quart. 18: 422-438

Feldman, S. S. (1945), Interpretation of a Typical and Stereotyped Dream Met with Only During Psychoanalysis, Psychoanal. Quart. 14: 511-515

Fenichel, O. (1925), Bewußtseinsfremdes Erinnerungsmaterial im Traume, Intern. Zschr. f. Psa. 11: 226-229

– (1927), Einige noch nicht beschriebene infantile Sexualtheorien, Intern. Zschr. f. Psa. 13: 166-170

– (1929), Eine Traumanalyse, Intern. Zschr. f. Psa. 15: 502-507

Ferenczi, S. (1916), Affektvertauschung in Träumen, Intern. Zschr. f. Psa. 4: 112

– (1921), Die Symbole der Brücke, Intern. Zschr. f. Psa. 7: 211-213

Fisher, C. (1954), Dreams and Perception, J. Amer. Psychoanal. Assn. 2: 389-445

– (1956), Dreams, Images and Perception, J. Amer. Psychoanal. Assn. 4: 5-48

- (1957), A Study of the Preliminary Stages of the Construction of Dreams and Images, J. Amer. Psychoanal. Assn. 5: 5-60
Fliess, R. (1953), The Revival of Interest in the Dreams², New York: International Universities Press
- (1973), Symbol, Dream, and Psychosis, New York: International Universities Press
Freud, A. (1922), Schlagephantasie und Tagtraum, Imago 8: 317-332
Freud, S. (1901 b), Zur Psychopathologie des Alltagslebens, GW 4
- (1905 c), Der Witz und seine Beziehung zum Unbewußten, GW 6
- (1907 a), Der Wahn und die Träume in W. Jensens »Gradiva«, GW 7, S. 31-139
- (1910 e), Über den Gegensinn der Urworte, GW 8, S. 214-221
- (1913 d), Märchenstoffe in Träumen, GW 10, S. 2-9
- (1913 j), Das Interesse an der Psychoanalyse, GW 8, S. 392-420 (daraus S. 395-398)
- (1914 d), Zur Geschichte der psychoanalytischen Bewegung, GW 10, S. 44-113
- (1916 c), Eine Beziehung zwischen einem Symbol und einem Symptom, GW 10, S. 394-395
- (1920 a), Über die Psychogenese eines Falles von weiblicher Homosexualität, GW 12, S. 271-302 (daraus S. 292-294)
- (1923 a), »Psychoanalyse« und »Libidotheorie«, GW 13, S. 211-233 (daraus S. 216-218)
- (1923 d), Eine Teufelsneurose im siebzehnten Jahrhundert, GW 13, S. 293-353 (daraus S. 334-335)
- (1926 d), Hemmung, Symptom und Angst, GW 14, S. 113-205
- (1929 b), Brief an Maxim Leroy über einen Traum des Cartesius, GW 14, S. 558-560
- (1932 c), Meine Berührung mit Josef Popper-Lynkeus, GW 16, S. 261-266
- (1940 a), Abriß der Psychoanalyse, GW 17, S. 67-138
Friedman, P. (1952), The Bridge: A Study in Symbolism, Psychoanal. Quart. 21: 49-80
Giovacchini, P. L. (1966), Dreams and the Creative Process, Brit. J. Med. Psychol. 39: 105-115
Greenberg, H. H. & H. R. Blank (1970), Dreams of a Dying Patient, Brit. J. Med. Psychol. 43: 355-362
Greenson, R. R. (1970), The Exceptional Position of the Dream in Psychoanalytic Practice, Psychoanal. Quart. 39: 519-549

– (1973), The Clinical Use of the Dream Early in Analysis, Bull. Menninger Clinic 37: 187-192

Grigg, K. A. (1973), »All Roads Lead to Rome«: The Role of the Nursemaid in Freud's Dreams, J. Amer. Psychoanal. Assn. 21: 108-126

Grinstein, A. (1954), The Convertible as a Symbol in Dreams, J. Amer. Psychoanal. Assn. 2: 466-472

Gross, A. (1949), Sense of Time in Dreams, Psychoanal. Quart. 18: 466-470

Grotjahn, M. (1945), Laughter in Dreams, Psychoanal. Quart. 14: 221-227

Harris, I. D. (1960), Typical Anxiety Dreams and Object Relations, Internat. J. Psychoanal. 41: 604-611

– (1962), Dreams about the Analyst, Internat. J. Psychoanal. 43: 151-158

Isakower, O. (1939), On the Exceptional Position of the Auditory Sphere, Internat. J. Psychoanal. 20: 340-348

Jekels, L. & Bergler, E. (1940), Instinct Dualism in Dreams, Psychoanal. Quart. 9: 394-414

Jones, E. (1911 a), Some Instances of the Influence of Dreams on Waking Life, J. Abn. Psychol. 6: 11-18

– (1911 b), On the Nightmare, New York: Grove Press, 1959

– (1916), Die Theorie der Symbolik, Übersetzung in Intern. Zschr. f. Psa. 5: 244-273 (1919); 8: 259-289 (1922)

Kanzer, M. (1945), The Therapeutic Use of Dreams Induced by Hypnotic Suggestion, Psychoanal. Quart. 14: 313-335

– (1955), The Communicative Function of the Dream, Internat. J. Psychoanal. 36: 260-266

– (1959), The Recollection of the Forgotten Dreams, J. Hillside Hosp. 8: 74-85

Knapp, P. H. (1956), Sensory Impressions in Dreams, Psychoanal. Quart. 25: 325-347

Kris, E. (1954), New Contributions to the Study of Freud's Interpretation of Dreams, J. Amer. Psychoanal. Assn. 2: 180-191

– (1956), On Some Vicissitudes of Insight in Psychoanalysis, Internat. J. Psychoanal. 37: 445-455

Lehmann, H. (1966), Two Dreams and a Childhood Memory of Freud, J. Amer. Psychoanal. Assn. 14: 388-405

Lewin, B. D. (1952), Phobic Symptoms and Dream Interpretation.

In: Selected Writings, New York: Psychoanalytic Quarterly, Inc., 1973, pp. 187-212

- (1953), The Forgetting of Dreams, In: Drives, Affects and Behavior, ed. R. M. Loewenstein, New York: International Universities Press, pp. 191-202

- (1955), Dream Psychology and the Analytic Situation, In: Selected Writings, New York: Psychoanalytic Quarterly, Inc., 1973, pp. 264-290

- (1969), Remarks on Creativity, Imagery, and the Dream, In: Selected Writings, New York: Psychoanalytic Quarterly, Inc., 1973, pp. 173-183

Lincoln, J. S. (1935), The Dream in Primitive Cultures, London: Cresset Press

Lippmann, H. S. (1945), The Use of Dreams in Psychiatric Work with Children, The Psychoanalytic Study of the Child, 1: 233-245

Loewenstein, R. M. (1949), A Posttraumatic Dream, Psychoanal. Quart., 18: 449-454

- (1951), The Problem of Interpretation, Psychoanal. Quart. 20: 1-13

Loomis, E. A., Jr. (1956), A Rare Detail in the Dreams of Two Patients, J. Amer. Psychoanal. Assn. 4: 53-55

Lorand, S. & Feldman, S. (1955), The Symbolism of Teeth in Dreams, Internat. J. Psychoanal. 36, 145-161

Mack, J. E. (1970), Nightmares and Human Conflict, Boston: Little, Brown

Niederland, W. G. (1957 a), River Symbolism, Psychoanal. Quart. 25: 469-504, 26: 50-72

- (1957 b), The Earliest Dreams of a Young Child, The Psychoanalytic Study of the Child, 12: 190-208, New York: International Universities Press

Pollack, G. H. & Muslin H. L. (1962), Dreams During Surgical Procedures, Psychoanal. Quart. 31: 175-202

Rangell, L., reporter (1956), Panel on »The Dream in the Pracitce of Psychoanalysis«, J. Amer. Psychoanal. Assn. 4: 122-137

Renneker, R. (1952), Dream Timing, Psychoanal. Quart. 21: 81-91

Róheim, G. (1952), The Gates of the Dream, New York: International Universities Press

Saul, L. J. (1953), The Ego in the Dream, Psychoanal. Quart. 22: 257-258
– (1966), Embarassment Dreams of Nakedness, Internat. J. Psychoanal. 47: 552-558
– (1967), Dream Form and Strength of Impulse in Dreams of Falling and Other Dreams of Descent, Internat. J. Psychoanal. 48: 281-287
Sharpe, E. F. (1949), Dream Analysis, London: Hogarth Press
Shengold, L. (1966), The Metaphor of the Journey in the Interpretation of Dreams, Amer. Imago 23: 316-331
Snyder, F. (1963), The New Biology of Dreaming, Arch. Gen. Psychiat. 8: 381-391
Spanjaard, J. (1969), The Manifest Dream Content and Its Significance for the Interpretation of Dreams, Internat. J. Psychoanal. 50: 221-235
Steiner, M. (1935), Die Traumsymbolik der analytischen Situation, Intern. Zschr. f. Psa. 21: 419-429
Sterba, R. (1927), Ein Prüfungstraum, Intern. Zschr. f. Psa. 13: 456-457
– (1946), Dreams and Acting Out, Psychoanal. Quart. 15: 175-179
Stewart, H. (1973), The Experiencing of the Dream and the Transference, Internat. J. Psychoanal. 54: 345-347
Waelder, R., reporter (1949), Panel on »Dream Theory and Interpretation«, Bull. Amer. Psychoanal. Assn. 5: 36-40
Waldhorn, H. F. (1967), The Place of the Dream in Clinical Psychoanalysis, Kris Study Group Monogr., 2: 96-105, New York: International Universities Press
Whitman, R. M. (1963), Remembering and Forgetting Dreams in Psychoanalysis, J. Amer. Psychoanal. Assn. 11: 752-774
– Kramer, M. & Baldridge, B. J. (1969), Dreams About the Patient, J. Amer. Psychoanal. Assn. 17: 702-727
Winterstein, A. (1954), A Typical Dream Sensation and Its Meaning, Internat. J. Psychoanal. 35: 229-233

Register

Abwehr 93, 208, 226, 229, 231

Abwehrmechanismen 137, 235

Adaptatives Ich und Über-Ich im Traum 218-238

Affekte im Traum 36

Aggression 128, 137
– im Traum 137-158

Agieren 60, 198

Angst 182, 196
– und Traum 119-136

Ambivalenz 93

Arbeitsbündnis 51, 63, 97

Assoziationen 17, 47, 49 f., 51 f.

Baudry, F. 42

Behandlungsbündnis s. Arbeitsbündnis

Darstellbarkeit des Traumes 36-38

Darstellung
– des Analytikers im Traum 92
– visuelle 36 f., 123

Deutung 13 f., 119, s. a. Interpretation
– Technik 50 f., 52 f., 55 f., 70, 90 f., 120
– der Angst 119 f.

dritte Person 79

Es 41

Es-Traum 41

Es-Widerstand 65

Fehlleistung 38

Funktionswandel 219

Freud, S. 11, 12, 17, 29, 39, 199, 223, 224, 239, 240, 247

Gegenübertragung 242 f.
– im Traum 239-248

gleichschwebende Aufmerksamkeit 48

Homosexualität 106, 180

Homosexuelle Libido im Traum 180-196

Ich 41, 42, 218

ich-fremd 198

Ich-Psychologie 11

Ich-Stärke 93

Ich-Traum 42

Identifikation 219

Initialtraum 55-64

Integration 219, 235

Interpretation 14, 137, 219, s. a. Deutung

Intervention 50, 93

Inzesttraum 231

Isakower, O. 42, 96

Isolierung 137, 198

Kastrationsangst 33, 173

Lewin, B. D. 31, 90, 116

Modifikation d. psych. Kräfte
219

negative therapeutische Reaktion 81
Neologismen 20 f.

Oberflächentraum 18, 42,
219
ödipaler Konflikt 197
– im Traum 197-217

passive Rede 79
Patienten
– Dinah B. 139-141, 176-179,
190-193, 199-201
– Daniel F. 70-71, 98-99
– Don J. 115-117, 133-134,
145-149, 193-196, 210-212,
219-224, 237
– George G. 74-75, 103-106,
144-145, 169-170, 182-187
– Hugo W. 71-74, 108-110,
134-136, 138, 149-152, 167-
169, 224-226
– Jenny K. 66-70, 88-90, 99-
103, 127-128, 152-153, 170-
176, 181-182, 212-214
– John Y. 76-80, 106-108,
120-127, 156, 158, 187-190,
201-208, 227-232, 236
– Olivia L. 94-97
– Paul D. 81-82, 141-143,
162-166, 208-210, 224

– Roy L. 60-61, 130-133, 235-
236
– Simon E. 86-87, 110-115,
128-130, 153-156, 161-162,
214-217, 232-235, 237
Penisneid 173
Phantasie
– infantile 138
– unbewußte 159, 197
– und Traum 39, 138
Primärprozeß 20
Prognose 49
Projektion 137
Prüfungstraum 223 f.

Realitätswahrnehmung 219
Regression 68, 94, 97
– im Traum 20
REM-Schlaf 17, 42
Rosenbaum, M. 60

Sekundärprozeß 39
sekundäre Bearbeitung 38-39,
42
Selbstdeutung des Traumes
88
Symbole 28-36, 52, 188 f.,
193
– Bedeutung 28 ff.
– Deutung 29
– Geburt 30
– Tod 30
Strukturtheorie und Traum
39-43
Synthese 219

Tiefentraum 18, 41, 219
Traum
– endloser 84

– erfundener 85 f.
– homosexueller 180, 231
– und infantile Sexualität 159-179
– manifester 19, 43, 47
– als Widerstand 84-91
Traumarbeit 19-28, 47, 137, 139
Traumbericht und Charakterwiderstand 87 f.
Traumdeutung 138
Traumentstellung 39, 43
Traumgedanken, latente 19, 43, 47, 51
Traumquellen 18 f.
Träume einer Nacht 77, 198
Traumsymbole
– Arm 33
– auf- und absteigen 34
– Aufzug 31
– Auge 31
– Ausscheidungen 34 f.
– Bahnfahrt 78
– Bankett 34
– Bein 33
– Berg 30
– Blume 31
– Brücke 31
– drei 32
– Enthauptung 32
– Flamme 32
– Flugtraum 34
– Flur 30
– Früchte 30
– Fürst 35
– Garten 30
– Gebäude 30
– Gehölz 30
– Götter 35
– Gruppen 79
– Haus 35
– Herd 32
– herunterfallen 31
– Holz 35
– Hufeisen 30
– Hut 32
– Insekten 30, 35
– Kamera 32
– Katze 35
– Königin 35
– Kopf 32
– Krawatte 32
– Lähmungstraum 38
– Landschaft 30
– Leiter 30
– Mantel 193
– Menschenfresser 35
– Mund 30
– Muschel 30
– Nase 33, 34
– Ofen 30
– Papier 35
– Projektil 31
– Raum 35
– rot 31
– Sims 30
– Sonne 32
– Spalt 30
– Spinne 35
– Süßigkeit 34
– Schiff 31
– Schlange 32
– Schrank 30
– Schwanz 33
– Schwester 30
– Stoff 35
– Straße 31
– Tal 30

– Tanz 34
– Teufel 32
– Tier 32, 35
– Treppe 30
– Tunnel 30
– Überhang 30
– Umhang 32, 143
– Unterwäsche 30
– Vogel 31
– Wald 30
– Wasser 30
– Würmer 30, 35
– Zähne 33
– Zwerg 32
Triebbefriedigung
– und Ich 41
– infantile, im Traum 19
Triebbeherrschung 219
Triebmischung 138
Triebwunsch, infantiler 18, 39,
  41, 43

Über-Ich 41 f., 81, 219
Über-Ich-Traum 42
Über-Ich-Widerstand 66

Übertragung 92 f.
– negative 93
– positive 93
– im Traum 92-118
Übertragungswiderstand 97
Umkehrung 25 f.

Verdichtung 20-23
Verdrängung 42
Vergessen von Träumen 42
Verleugnung 137
Verschiebung 23-28

Wahrnehmung 219
Widerstand 40, 51, 65, 66, 84,
  93, 97
– Deutung 66, 97
– im Traum 65-83
Widerstandsäußerungen im
  Traum 79
Wiederholung im Traum 37
Wunsch s. Triebwunsch
Worte im Traum 42 f.

Zensur 38, 42, 198

suhrkamp taschenbücher wissenschaft
Wissenschaftsforschung

Ashby: Einführung in die Kyber-
netik. stw 34

Bachelard: Die Bildung des wissenschaftlichen Geistes.
stw 668

– Die Philosophie des Nein.
stw 325

Becker: Grundlagen der Mathe-
matik. stw 114

Böhme, G.: Alternativen der
Wissenschaft. stw 334

Böhme, G./Daele/Krohn: Expe-
rimentelle Philosophie.
stw 205

Böhme, G./Engelhardt (Hg.):
Entfremdete Wissenschaft.
stw 278

Canguilhem: Wissenschaftsge-
schichte und Epistemologie.
stw 286

Cicourel: Methode und Messung
in der Soziologie. stw 99

Daele/Krohn/Weingart (Hg.):
Geplante Forschung. stw 229

Dubiel: Wissenschaftsorganisati-
on und politische Erfahrung.
stw 258

Feyerabend: Wider den Metho-
denzwang. stw 597

Fleck: Erfahrung und Tatsache.
stw 404

Foerster: Wissen und Gewissen.
stw 876

Foucault: Archäologie des Wissens. stw 356

– Die Ordnung der Dinge.
stw 96

– Sexualität und Wahrheit 1. Der
Wille zum Wissen. stw 716

– Sexualität und Wahrheit 2. Der
Gebrauch der Lüste. stw 717

– Sexualität und Wahrheit 3. Die
Sorge um sich. stw 718

– Überwachen und Strafen.
stw 184

– Wahnsinn und Gesellschaft.
stw 39

Frank, Ph.: Das Kausalgesetz
und seine Grenzen. stw 734

Galilei: Sidereus Nuncius.
stw 337

Geuter: Die Professionalisierung
der deutschen Psychologie im
Nationalsozialismus. stw 701

Gould: Der Daumen des Panda.
stw 789

– Der falsch vermessene Mensch.
stw 583

Hausen/Nowotny (Hg.): Wie
männlich ist die Wissenschaft?
stw 590

Holton: Thematische Analyse
der Wissenschaft. stw 293

Jokisch (Hg.): Techniksoziologie.
stw 379

Kocka (Hg.): Interdisziplinarität.
stw 671

Koyré: Von der geschlossenen
Welt zum unendlichen Univer-
sum. stw 320

Krohn/Küppers: Die Selbstorga-
nisation der Wissenschaft.
stw 776

Küppers/Lundgreen/Weingart:
Umweltforschung – die ge-
steuerte Wissenschaft? stw 215

Kuhn: Die Entstehung des Neu-
en. stw 236

suhrkamp taschenbücher wissenschaft
Wissenschaftsforschung

Kuhn: Die Struktur wissenschaftlicher Revolutionen. stw 25

Maturana: *siehe Riegas/Vetter (Hg.)*

Mehrtens/Richter (Hg.): Naturwissenschaft, Technik und NS-Ideologie. stw 303

Meja/Stehr (Hg.): Der Streit um die Wissenssoziologie. stw 361

Mises: Kleines Lehrbuch des Positivismus. stw 871

Mittelstraß: Der Flug der Eule. stw 796

– Die Möglichkeit von Wissenschaft. stw 62

– Wissenschaft als Lebensform. stw 376

Mittelstraß (Hg.): Methodenprobleme der Wissenschaften vom gesellschaftlichen Handeln. stw 270

Needham: Wissenschaft und Zivilisation in China. stw 754

– Wissenschaftlicher Universalismus. stw 264

Nelson: Der Ursprung der Moderne. stw 641

Nowotny: Kernenergie: Gefahr oder Notwendigkeit. stw 290

Oakes: Die Grenzen kulturwissenschaftlicher Begriffsbildung. stw 859

Pannenberg: Wissenschaftstheorie und Theologie. stw 676

Peukert: Wissenschaftstheorie – Handlungstheorie – Fundamentale Theologie. stw 231

Polanyi, M.: Implizites Wissen. stw 543

Prinz/Weingart (Hg.): Die sog. Geisteswissenschaften: Innenansichten. stw 854

Riegas / Vetter (Hg.): Zur Biologie der Erkenntnis. stw 850

Schäfer (Hg.): Mikroskopie der Forschung. stw 766

Schwemmer: Die Philosophie und die Wissenschaften. stw 869

Steinwachs (Hg.): Ausdifferenzierung, Integration, Kompensation in den »Geisteswissenschaften«. stw 855

Stubar (Hg.): Exil, Wissenschaft, Identität. stw 702

Troitzsch/Wohlauf (Hg.): Technik-Geschichte. stw 319

Wahl/Honig/Gravenhorst: Wissenschaftlichkeit und Interessen. stw 398

Weingart: Wissensproduktion und Soziale Struktur. stw 155

Weingart (Hg.): Technik als sozialer Prozeß. stw 795

Weizenbaum: Die Macht der Computer und die Ohnmacht der Vernunft. stw 274

Zilsel: Die sozialen Ursprünge der neuzeitlichen Wissenschaft. stw 152

suhrkamp taschenbücher wissenschaft
Psychoanalyse, Psychologie, Sozialpsychologie

Bareuther. u. a. (Hg.): Forschen und Heilen. stw 698

Bateson: Ökologie des Geistes. stw 571

Bateson u.a.: Schizophrenie und Familie. stw 485

Bauriedl: Beziehungsanalyse. stw 474

Bernfeld/Cassirer-Bernfeld: Bausteine der Freud-Biographik. stw 727

Bertram (Hg.): Gesellschaftlicher Zwang und moralische Autonomie. stw 450

Bruder: Psychologie ohne Bewußtsein. stw 415

Bungard/Lenk (Hg.): Technikbewertung. Philosophische und psychologische Perspektiven. stw 684

Castel: Die psychiatrische Ordnung. stw 451

Chasseguet-Smirgel: Das Ichideal. stw 682

Cremerius: Zur Theorie und Praxis der Psychosomatischen Medizin. stw 255

Cremerius (Hg.): Die Rezeption der Psychoanalyse in der Soziologie, Psychologie und Theologie im deutschsprachigen Raum bis 1940. stw 296

Dahmer: Libido und Gesellschaft. stw 345

Damon: Die soziale Welt des Kindes. stw 884

Deleuze/Guattari: Anti-Ödipus. stw 224

Devereux: Angst und Methode in den Verhaltenswissenschaften. stw 461

– Normal und anormal. stw 395

– Träume in der griechischen Tragödie. stw 536

Dolto: Psychoanalyse und Kinderheilkunde. stw 778

Dreeben: Was wir in der Schule lernen. stw 294

Drews/Brecht: Psychoanalytische Ich-Psychologie. stw 381

Eckstadt/Klüwer (Hg.): Zeit allein heilt keine Wunden. stw 308

Edelstein/Habermas (Hg.): Soziale Interaktion und soziales Verstehen. stw 446

Edelstein/Keller (Hg.): Perspektivität und Interpretation. stw 364

Edelstein/Nunner-Winkler (Hg.): Zur Bestimmung der Moral. stw 628

Erdély: Wie sag ich's meiner Mutter. stw 747

Erdheim: Die gesellschaftliche Produktion von Unbewußtheit. stw 465

– Psychoanalyse und das Unbewußte in der Kultur. stw 654

Erikson: Dimensionen einer neuen Identität. stw 100

– Gandhis Wahrheit. stw 265

– Identität und Lebenszyklus. stw 16

– Der junge Mann Luther. stw 117

suhrkamp taschenbücher wissenschaft
Psychoanalyse, Psychologie, Sozialpsychologie

Erikson: Der vollständige Lebenszyklus. stw 737

Federn: Ichpsychologie und die Psychosen. stw 852

Flader/Grodzicki/Schröter (Hg.): Psychoanalyse als Gespräch. stw 377

Foucault: Sexualität und Wahrheit 1. Der Wille zum Wissen. stw 716

– Sexualität und Wahrheit 2. Der Gebrauch der Lüste. stw 717

– Sexualität und Wahrheit 3. Die Sorge um sich. stw 718

– Überwachen und Strafen. stw 184

– Wahnsinn und Gesellschaft. stw 39

Furth: Intelligenz und Erkennen. Die Grundlagen der genetischen Erkenntnistheorie Piagets. stw 160

Geuter: Die Professionalisierung der deutschen Psychologie im Nationalsozialismus. stw 701

Goldstein/Freud/Solnit: Diesseits des Kindeswohls. stw 383

Goldstein/Freud/Solnit/Goldstein: Das Wohl des Kindes. stw 741

Grunberger: Vom Narzißmus zum Objekt. stw 392

Halbwachs: Das Gedächtnis und seine sozialen Bedingungen. stw 538

Helfer/Kempe (Hg.): Das geschlagene Kind. stw 247

Hoffmann: Charakter und Neurose. stw 438

Jacobson: Depression. stw 456

– Das Selbst und die Welt der Objekte. stw 242

Kernberg: Borderline-Störungen und pathologischer Narzißmus. stw 429

Khan: Entfremdung bei Perversionen. stw 775

Kohut: Die Heilung des Selbst. stw 373

– Introspektion, Empathie und Psychoanalyse. stw 207

– Narzißmus. stw 157

– Wie heilt die Psychoanalyse? stw 786

– Die Zukunft der Psychoanalyse. stw 125

Lang: Die Sprache und das Unbewußte. stw 626

Laplanche/Pontalis: Das Vokabular der Psychoanalyse. 2 Bde. stw 7

Lenk: Zwischen Sozialpsychologie und Sozialphilosophie. stw 708

Lorenzer: Sprachspiel und Interaktionsformen. stw 81

– Die Wahrheit der psychoanalytischen Erkenntnis. stw 173

de Mause (Hg.): Hört ihr die Kinder weinen. stw 339

McDougall: Plädoyer für eine gewisse Anormalität. stw 844

Menninger: Selbstzerstörung. stw 249

suhrkamp taschenbücher wissenschaft
Psychoanalyse, Psychologie, Sozialpsychologie

Mentzos: Interpersonale und institutionalisierte Abwehr. stw 709

Niemitz (Hg.): Erbe und Umwelt. stw 646

Oser: Moralisches Urteil in Gruppen. stw 335

Oser/Fatke/Höffe (Hg.): Transformation und Entwicklung. Grundlagen der Moralerziehung. stw 498

Piaget/Inhelder: Die Entwicklung des inneren Bildes beim Kind. stw 861

Redlich/Freedman: Theorie und Praxis der Psychiatrie. 2 Bde. stw 148

Rosenfeld: Zur Psychoanalyse psychotischer Zustände. stw 789

Scheidt: Die Rezeption der Psychoanalyse in der deutschsprachigen Philosophie vor 1940. stw 589

Schöfthaler/Goldschmidt (Hg.): Soziale Struktur und Vernunft. stw 365

Varela: Kognitionswissenschaft – Kognitionstechnik. stw 882

Vietinghoff-Scheel: Psychosoma-Analysen und trauma-analoge Verstehensmethode. 3 Bde. stw 744-746

– Aufzeichnungen eines seelischen Nacktflitzers. stw 745

– Es gibt für Schnee keine Bleibe. stw 744

– Seht doch, wie sie leben. stw 746

210/3/8.90